中国社会科学院庆祝中华人民共和国成立70周年书系

总主编 谢伏瞻

国家哲学社会科学学术研究史

新中国服务经济研究70年

夏杰长 李勇坚 姚战琪 / 主编
刘奕 魏翔 / 副主编

中国社会科学出版社

图书在版编目（CIP）数据

新中国服务经济研究70年/夏杰长，李勇坚，姚战琪主编.—北京：中国社会科学出版社，2019.9

（庆祝中华人民共和国成立70周年书系）

ISBN 978-7-5203-4920-8

Ⅰ.①新… Ⅱ.①夏… ②李… ③姚… Ⅲ.①服务经济学—研究—中国—1949-2019 Ⅳ.①F063.1

中国版本图书馆CIP数据核字（2019）第183479号

出 版 人	赵剑英
责任编辑	喻　苗
责任校对	季　静
责任印制	王　超

出　　版	中国社会科学出版社
社　　址	北京鼓楼西大街甲158号
邮　　编	100720
网　　址	http://www.csspw.cn
发 行 部	010-84083685
门 市 部	010-84029450
经　　销	新华书店及其他书店
印刷装订	北京君升印刷有限公司
版　　次	2019年9月第1版
印　　次	2019年9月第1次印刷
开　　本	710×1000　1/16
印　　张	21.75
字　　数	303千字
定　　价	129.00元

凡购买中国社会科学出版社图书，如有质量问题请与本社营销中心联系调换
电话：010-84083683
版权所有　侵权必究

中国社会科学院
《庆祝中华人民共和国成立 70 周年书系》
编撰工作领导小组及委员会名单

编撰工作领导小组：

  组　长　谢伏瞻

  成　员　王京清　蔡　昉　高　翔　高培勇　杨笑山
      姜　辉　赵　奇

编撰工作委员会：

  主　任　谢伏瞻

  成　员　（按姓氏笔画为序）

      卜宪群　马　援　王　巍　王立民　王立胜
      王立峰　王延中　王京清　王建朗　史　丹
      邢广程　刘丹青　刘跃进　闫　坤　孙壮志
      李　扬　李正华　李　平　李向阳　李国强
      李培林　李新烽　杨伯江　杨笑山　吴白乙
      汪朝光　张　翼　张车伟　张宇燕　陈　甦
      陈光金　陈众议　陈星灿　周　弘　郑筱筠
      房　宁　赵　奇　赵剑英　姜　辉　莫纪宏

夏春涛　高　翔　高培勇　唐绪军　黄　平
黄群慧　朝戈金　蔡　昉　樊建新　潘家华
魏后凯

协调工作小组：

组　长　蔡　昉
副组长　马　援　赵剑英
成　员（按姓氏笔画为序）
　　　　　王子豪　王宏伟　王　茵　云　帆　卢　娜
　　　　　叶　涛　田　侃　曲建君　朱渊寿　刘大先
　　　　　刘　伟　刘红敏　刘　杨　刘爱玲　吴　超
　　　　　宋学立　张　骅　张　洁　张　旭　张崇宁
　　　　　林　帆　金　香　郭建宏　博　悦　蒙　娃

总　序

与时代同发展　与人民齐奋进

谢伏瞻[*]

今年是新中国成立70周年。70年来，中国共产党团结带领中国人民不懈奋斗，中华民族实现了从"东亚病夫"到站起来的伟大飞跃、从站起来到富起来的伟大飞跃，迎来了从富起来到强起来的伟大飞跃。70年来，中国哲学社会科学与时代同发展，与人民齐奋进，繁荣中国学术，发展中国理论，传播中国思想，为党和国家事业发展作出重要贡献。在这重要的历史时刻，我们组织中国社会科学院多学科专家学者编撰了《庆祝中华人民共和国成立70周年书系》，旨在系统回顾总结中国特色社会主义建设的巨大成就，系统梳理中国特色哲学社会科学发展壮大的历史进程，为建设富强民主文明和谐美丽的社会主义现代化强国提供历史经验与理论支持。

壮丽篇章　辉煌成就

70年来，中国共产党创造性地把马克思主义基本原理同中国具体实际相结合，领导全国各族人民进行社会主义革命、建设和改革，

---

[*] 中国社会科学院院长、党组书记，学部主席团主席。

战胜各种艰难曲折和风险考验，取得了举世瞩目的伟大成就，绘就了波澜壮阔、气势恢宏的历史画卷，谱写了感天动地、气壮山河的壮丽凯歌。中华民族正以崭新姿态巍然屹立于世界的东方，一个欣欣向荣的社会主义中国日益走向世界舞台的中央。

我们党团结带领人民，完成了新民主主义革命，建立了中华人民共和国，实现了从几千年封建专制向人民民主的伟大飞跃；完成了社会主义革命，确立社会主义基本制度，推进社会主义建设，实现了中华民族有史以来最为广泛而深刻的社会变革，为当代中国的发展进步奠定了根本政治前提和制度基础；进行改革开放新的伟大革命，破除阻碍国家和民族发展的一切思想和体制障碍，开辟了中国特色社会主义道路，使中国大踏步赶上时代，迎来了实现中华民族伟大复兴的光明前景。今天，我们比历史上任何时期都更接近、更有信心和能力实现中华民族伟大复兴的目标。

中国特色社会主义进入新时代。党的十八大以来，在以习近平同志为核心的党中央坚强领导下，我们党坚定不移地坚持和发展中国特色社会主义，统筹推进"五位一体"总体布局，协调推进"四个全面"战略布局，贯彻新发展理念，适应我国社会主要矛盾已经转化为人民日益增长的美好生活需要和不平衡不充分的发展之间的矛盾的深刻变化，推动我国经济由高速增长阶段向高质量发展阶段转变，综合国力和国际影响力大幅提升。中国特色社会主义道路、理论、制度、文化不断发展，拓展了发展中国家走向现代化的途径，给世界上那些既希望加快发展又希望保持自身独立性的国家和民族提供了全新选择，为解决人类问题贡献了中国智慧和中国方案，为人类发展、为世界社会主义发展做出了重大贡献。

70年来，党领导人民攻坚克难、砥砺奋进，从封闭落后迈向开放进步，从温饱不足迈向全面小康，从积贫积弱迈向繁荣富强，取得了举世瞩目的伟大成就，创造了人类发展史上的伟大奇迹。

经济建设取得辉煌成就。70年来，我国经济社会发生了翻天覆地的历史性变化，主要经济社会指标占世界的比重大幅提高，国际地位和国际影响力显著提升。经济总量大幅跃升，2018年国内生产总值比1952年增长175倍，年均增长8.1%。1960年我国经济总量占全球经济的比重仅为4.37%，2018年已升至16%左右，稳居世界第二大经济体地位。我国经济增速明显高于世界平均水平，成为世界经济增长的第一引擎。1979—2012年，我国经济快速增长，年平均增长率达到9.9%，比同期世界经济平均增长率快7个百分点，也高于世界各主要经济体同期平均水平。1961—1978年，中国对世界经济增长的年均贡献率为1.1%。1979—2012年，中国对世界经济增长的年均贡献率为15.9%，仅次于美国，居世界第二位。2013—2018年，中国对世界经济增长的年均贡献率为28.1%，居世界第一位。人均收入不断增加，1952年我国人均GDP仅为119元，2018年达到64644元，高于中等收入国家平均水平。城镇化率快速提高，1949年我国的城镇化率仅为10.6%，2018年我国常住人口城镇化率达到了59.58%，经历了人类历史上规模最大、速度最快的城镇化进程，成为中国发展史上的一大奇迹。工业成就辉煌，2018年，我国原煤产量为36.8亿吨，比1949年增长114倍；钢材产量为11.1亿吨，增长8503倍；水泥产量为22.1亿吨，增长3344倍。基础设施建设积极推进，2018年年末，我国铁路营业里程达到13.1万公里，比1949年年末增长5倍，其中高速铁路达到2.9万公里，占世界高铁总量60%以上；公路里程为485万公里，增长59倍；定期航班航线里程为838万公里，比1950年年末增长734倍。开放型经济新体制逐步健全，对外贸易、对外投资、外汇储备稳居世界前列。

科技发展实现大跨越。70年来，中国科技实力伴随着经济发展同步壮大，实现了从大幅落后到跟跑、并跑乃至部分领域领跑的历史性跨越。涌现出一批具有世界领先水平的重大科技成果。李四光等人提出"陆相生油"理论，王淦昌等人发现反西格玛负超子，第一颗原子弹装置爆炸成功，第一枚自行设计制造的运载火箭发射成功，在世界上首次人工合成牛胰岛素，第一颗氢弹空爆成功，陈景润证明了哥德巴赫猜想中的"1+2"，屠呦呦等人成功发现青蒿素，天宫、蛟龙、天眼、悟空、墨子、大飞机等重大科技成果相继问世。相继组织实施了一系列重大科技计划，如国家高技术研究发展（863）计划、国家重点基础研究发展（973）计划、集中解决重大问题的科技攻关（支撑）计划、推动高技术产业化的火炬计划、面向农村的星火计划以及国家自然科学基金、科技型中小企业技术创新基金等。研发人员总量稳居世界首位。我国研发经费投入持续快速增长，2018年达19657亿元，是1991年的138倍，1992—2018年年均增长20.0%。研发经费投入强度更是屡创新高，2014年首次突破2%，2018年提升至2.18%，超过欧盟15国平均水平。按汇率折算，我国已成为仅次于美国的世界第二大研发经费投入国家，为科技事业发展提供了强大的资金保证。

人民生活显著改善。我们党始终把提高人民生活水平作为一切工作的出发点和落脚点，深入贯彻以人民为中心的发展思想，人民获得感显著增强。70年来特别是改革开放以来，从温饱不足迈向全面小康，城乡居民生活发生了翻天覆地的变化。我国人均国民总收入（GNI）大幅提升。据世界银行统计，1962年，我国人均GNI只有70美元，1978年为200美元，2018年达到9470美元，比1962年增长了134.3倍。人均GNI水平与世界平均水平的差距逐渐缩小，1962年相当于世界平均水平的14.6%，2018年相当于世界平均水平的85.3%，比1962年提高了70.7个百分点。在世界银行公布的人均GNI排名中，2018年中国排名第71位（共计192个经济体），比1978年（共计188个经济体）提高104位。组织实施了一系列中长期扶贫规划，从救济式扶贫到开发式扶贫再到精准扶贫，探索出一条符合中国国情的农村扶贫开发道路，为全面建成小康社会奠定了坚实基础。脱贫攻坚战取得决定性进展，贫困人口大幅减少，为世界减贫事业作出了重大贡献。按照我国现行农村贫困标准测算，1978年我国农村贫困人口为7.7亿人，贫困发生率为97.5%。2018年年末农村贫困人口为1660万人，比1978年减少7.5亿人；贫困发生率为1.7%，比1978年下降95.8个百分点，平均每年下降2.4个百分点。我国是最早实现联合国千年发展目标中减贫目标的发展中国家。就业形势长期稳定，就业总量持续增长，从1949年的1.8亿人增加到2018年的7.8亿人，扩大了3.3倍，就业结构调整优化，就业质量显著提升，劳动力市场不断完善。教育事业获得跨越式发展。1970—2016年，我国高等教育毛入学率从0.1%提高到48.4%，2016年我国高等教育毛入学率比中等收入国家平均水平高出13.4个百分点，比世界平均水平高10.9个百分点；中等教育毛入学率从1970年的28.0%提高到2015年的94.3%，2015年我国中等教育毛入学率超过中等收入国家平均水平16.5个百分点，远高于世界平均水平。我国总人口由1949年的5.4亿人发展到2018年的近14亿人，年均增长率约为1.4%。人民身体素质日益改善，居民预期寿命由新中国成立初的35岁提高到2018年的77岁。居民环境卫生条件持续改善。2015年，我国享有基本环境卫生服务人口占总人口比重为75.0%，超过中等收入国家66.1%的平均水平。我国居民基本饮用水服务已基本实现全民覆盖，超过中等偏上收入国家平均水平。

思想文化建设取得重大进展。党对意识形态工作的领导不断加强，党的理论创新全面推进，马克思主义在意识形态领域的指导地位更加巩固，中国特色社会主义和中国梦深入人心，社会主义核心价值观和中华优秀传统文化广泛弘扬。文化事业繁荣兴盛，文化产业快速发展。文化投入力度明显加大。1953—1957年文化事业费总投入为4.97亿元，2018年达到928.33亿元。广播影视制播能力显著增强。新闻出版繁荣发展。2018年，图书品种51.9万种、总印数100.1亿册（张），分别为1950年的42.7倍和37.1倍；期刊品种10139种、总印数22.9亿册，分别为1950年的34.4倍和57.3倍；报纸品种1871种、总印数337.3亿份，分别为1950年的4.9倍和42.2倍。公共文化服务水平不断提高，文艺创作持续繁荣，文化事业和文化产业蓬勃发展，互联网建设管理运用不断完善，全民健身和竞技体育全面发展。主旋律更加响亮，正能量更加强劲，文化自信不断增强,全党全社会思想上的团结统一更加巩固。改革开放后,我国对外文化交流不断扩大和深化,已成为国家整体外交战略的重要组成部分。特别是党的十八大以来,文化交流、文化贸易和文化投资并举的"文化走出去"、推动中华文化走向世界的新格局已逐渐形成,国家文化软实力和中华文化影响力大幅提升。

生态文明建设成效显著。70年来特别是改革开放以来,生态文明建设扎实推进,走出了一条生态文明建设的中国特色道路。党的十八大以来,以习近平同志为核心的党中央高度重视生态文明建设,将其作为统筹推进"五位一体"总体布局的重要内容,形成了习近平生态文明思想,为新时代推进我国生态文明建设提供了根本遵循。国家不断加大自然生态系统建设和环境保护力度,开展水土流失综合治理,加大荒漠化治理力度,扩大森林、湖泊、湿地面积,加强自然保护区保护,实施重大生态修复工程,逐步健全主体功能区制度,推进生态保护红线工作,生态保护和建设不断取得新成效,环境保护投入跨越式增长。20世纪80年代初期,全国环境污染治理投资每年为25亿—30亿元,2017年,投资总额达到9539亿元,比2001年增长7.2倍,年均增长14.0%。污染防治强力推进,治理成效日益彰显。重大生态保护和修复工程进展顺利,森林覆盖率持续提高。生态环境治理明显加强,环境状况得到改善。引导应对气候变化国际合作,成为全球生态文明建设的重要参与者、贡献者、引领者。[①]

新中国70年的辉煌成就充分证明,只有社会主义才能救中国,只有改革开放才能发展中国、发展社会主义、发展马克思主义,只有坚持以人民为中心才能实现党的初心和使命,只有坚持党的全面领导才能确保中国这艘航船沿着正确航向破浪前行,不断开创中国特色社会主义事业新局面,谱写人民美好生活新篇章。

---

① 文中所引用数据皆来自国家统计局发布的《新中国成立70周年经济社会发展成就系列报告》。

繁荣中国学术　发展中国理论
传播中国思想

70年来，我国哲学社会科学与时代同发展、与人民齐奋进，在革命、建设和改革的各个历史时期，为党和国家事业作出了独特贡献，积累了宝贵经验。

一　发展历程

——**在马克思主义指导下奠基、开创哲学社会科学**。新中国哲学社会科学事业，是在马克思主义指导下逐步发展起来的。新中国成立前，哲学社会科学基础薄弱，研究与教学机构规模很小，无法适应新中国经济和文化建设的需要。因此，新中国成立前夕通过的具有临时宪法性质的《中国人民政治协商会议共同纲领》明确提出："提倡用科学的历史观点，研究和解释历史、经济、政治、文化及国际事务，奖励优秀的社会科学著作。"新中国成立后，党中央明确要求："用马列主义的思想原则在全国范围内和全体规模上教育人民，是我们党的一项最基本的政治任务。"经过几年努力，确立了马克思主义在哲学社会科学领域的指导地位。国务院规划委员会制定了1956—1967年哲学社会科学研究工作远景规划。1956年，毛泽东同志提出"百花齐放、百家争鸣"，强调"百花齐放、百家争鸣"的方针，"是促进艺术发展和科学进步的方针，是促进中国的社会主义文化繁荣的方针。"在机构设置方面，1955年中国社会科学院的前身——中国科学院哲学社会科学学部成立，并先后建立了14个研究所。马克思主义指导地位的确立，以及科研和教育体系的建立，为新中国哲学社会科学事业的兴起和发展奠定了坚实基础。

——**在改革开放新时期恢复、发展壮大哲学社会科学**。党的十一届三中全会开启了改革开放新时期，我国哲学社会科学从十年

"文革"的一片荒芜中迎来了繁荣发展的新阶段。邓小平同志强调"科学当然包括社会科学",重申要切实贯彻"双百"方针,强调政治学、法学、社会学以及世界政治的研究需要赶快补课。1977年,党中央决定在中国科学院哲学社会科学学部的基础上组建中国社会科学院。1982年,全国哲学社会科学规划座谈会召开,强调我国哲学社会科学事业今后必须有一个大的发展。此后,全国哲学社会科学规划领导小组成立,国家社会科学基金设立并逐年开展课题立项资助工作。进入21世纪,党中央始终将哲学社会科学置于重要位置,江泽民同志强调"在认识和改造世界的过程中,哲学社会科学和自然科学同样重要;培养高水平的哲学社会科学家,与培养高水平的自然科学家同样重要;提高全民族的哲学社会科学素质,与提高全民族的自然科学素质同样重要;任用好哲学社会科学人才并充分发挥他们的作用,与任用好自然科学人才并发挥他们的作用同样重要"。《中共中央关于进一步繁荣发展哲学社会科学的意见》等文件发布,有力地推动了哲学社会科学繁荣发展。

——**在新时代加快构建中国特色哲学社会科学**。党的十八大以来,以习近平同志为核心的党中央高度重视哲学社会科学。2016年5月17日,习近平总书记亲自主持哲学社会科学工作座谈会并发表重要讲话,提出加快构建中国特色哲学社会科学的战略任务。2017年3月5日,党中央印发《关于加快构建中国特色哲学社会科学的意见》,对加快构建中国特色哲学社会科学作出战略部署。2017年5月17日,习近平总书记专门就中国社会科学院建院40周年发来贺信,发出了"繁荣中国学术,发展中国理论,传播中国思想"的号召。2019年1月2日、4月9日,习近平总书记分别为中国社会科学院中国历史研究院和中国非洲研究院成立发来贺信,为加快构建中国特色哲学社会科学指明了方向,提供了重要遵循。不到两年的时间内,习近平总书记专门为一个研究单位三次发贺信,这充分说明党中央对哲学社会科学的重视前所未有,对哲学社会科学工作者的关怀前所未有。在党中央坚强领导下,广大哲学社会科学工作者增强"四个意识",坚定"四个自信",做到"两个维护",坚持以习近平新时代中国特色社会主义思想为指导,坚持"二为"方向和"双百"方针,以研究我国改革发展稳定重大理论和实践问题为主攻方向,哲学社会科学领域涌现出一批优秀人才和成果。经过不懈努力,我国哲学社会科学事业取得了历史性成就,发生了历史性变革。

二 主要成就

70年来,在党中央坚强领导和亲切关怀下,我国哲学社会科学取得了重大成就。

马克思主义理论研究宣传不断深入。新中国成立后,党中央组织广大哲学社会科学工作者系统翻译了《马克思恩格斯全集》《列宁全集》《斯大林全集》等马克思主义经典作家的著作,参与编辑出版《毛泽东选集》《毛泽东文集》《邓小平文选》《江泽民文选》《胡锦涛文选》等一批党和国家重要领导人文选。党的十八大以来,参与编辑出版了《习近平谈治国理政》《干在实处 走在前列》《之江新语》,以及"习近平总书记重要论述摘编"等一批代表马克思主义中国化最新成果的重要文献。将《习近平谈治国理政》、"习近平总书记重要论述摘编"翻译成多国文字,积极对外宣传党的创新理论,为传播中国思想作出了重要贡献。先后成立了一批马克思主义研究院(学院)和"邓小平理论研究中心""中国特色社会主义理论体系研究中心",党的十九大以后成立了10家习近平新时代中国特色社会主义思想研究机构,哲学社会科学研究教学机构在研究阐释党的创新理论,深入研究阐释马克思主义中国化的最新成果,推动马克思主义中国化时代化大众化方面发挥了积极作用。

为党和国家服务能力不断增强。新中国成立初期,哲学社会科学工作者围绕国家的经济建设,对商品经济、价值规律等重大现实问题进行深入研讨,推出一批重要研究成果。1978年,哲学社会科学界开展的关于真理标准问题大讨论,推动了全国性的思想解放,为我们党重新确立马克思主义思想路线、为党的十一届三中全会召开作了重要的思想和舆论准备。改革开放以来，哲学社会科学界积极探索中国特色社会主义发展道路，在社会主义市场经济理论、经济体制改革、依法治国、建设社会主义先进文化、生态文明建设等重大问题上，进行了深入研究，积极为党和国家制定政策提供决策咨询建议。党的十八大以来，广大哲学社会科学工作者辛勤耕耘，紧紧围绕统筹推进"五位一体"总体布局、协调推进"四个全面"战略布局，推进国家治理体系和治理能力现代化，构建人类命运共同体和"一带一路"建设等重大理论与实践问题，述学立论、建言献策，推出一批重要成果，很好地发挥了"思想库""智囊团"作用。

学科体系不断健全。新中国成立初期，哲学社会科学的学科设置以历史、语言、考古、经济等学科为主。70年来，特别是改革开放以来，哲学社会科学的研究领域不断拓展和深化。到目前为止，已形成拥有马克思主义研究、历史学、考古学、哲学、文学、语言学、经济学、法学、社会学、人口学、民族学、宗教学、政治学、新闻学、军事学、教育学、艺术学等20多个一级学科、400多个二级学科的较为完整的学科体系。进入新时代，哲学社会科学界深入贯彻落实习近平总书记"5·17"重要讲话精神，加快构建中国特色哲学社会科学学科体系、学术体系、话语体系。

学术研究成果丰硕。70年来，广大哲学社会科学工作者辛勤耕耘、积极探索，推出了一批高水平成果，如《殷周金文集成》《中国历史地图集》《中国语言地图集》《中国史稿》《辩证唯物主义原理》《历史唯物主义原理》《政治经济学》《中华大藏经》《中国政治制度通史》《中华文学通史》《中国民族关系史纲要》《现代汉语词典》等。学术论文的数量逐年递增，质量也不断提升。这些学术成果对传承和弘扬中华民族优秀传统文化、推进社会主义先进文化建设、增强文化自信、提高中华文化的"软实力"发挥了重要作用。

对外交流长足发展。70年来特别是改革开放以来，我国哲学社会科学界对外学术交流与合作的领域不断拓展，规模不断扩大，质量和水平不断提高。目前,我国哲学社会科学对外学术交流遍及世界100多个国家和地区,与国外主要研究机构、学术团体、高等院校等建立了经常性的双边交流关系。坚持"请进来"与"走出去"相结合,一方面将高水平的国外学术成果译介到国内,另一方面将能够代表中国哲学社会科学水平的成果推广到世界,讲好中国故事,传播中国声音,提高了我国哲学社会科学的国际影响力。

人才队伍不断壮大。70年来,我国哲学社会科学研究队伍实现了由少到多、由弱到强的飞跃。新中国成立之初,哲学社会科学人才队伍薄弱。为培养科研人才,中国社会科学院、中国人民大学等一批科研、教育机构相继成立,培养了一批又一批哲学社会科学人才。目前,形成了社会科学院、高等院校、国家政府部门研究机构、党校行政学院和军队五大教研系统,汇聚了60万多专业、多类型、多层次的人才。这样一支规模宏大的哲学社会科学人才队伍,为实现我国哲学社会科学建设目标和任务提供了有力人才支撑。

三 重要启示

70年来,我国哲学社会科学在取得巨大成绩的同时,也积累了宝贵经验,给我们以重要启示。

坚定不移地以马克思主义为指导。马克思主义是科学的理论、人民的理论、实践的理论、不断发展的开放的理论。坚持以马克思主义为指导,是当代中国哲学社会科学区别于其他哲学社会科学的根本标志。习近平新时代中国特色社会主义思想是马克思主义中国化的最新成果,是当代中国马克思主义、21世纪马克思主义,要将这一重要思想贯穿哲学社会科学各学科各领域,切实转化为广大哲学社会科学工作者清醒的理论自觉、坚定的政治信念、科学的思维方法。要不断推进马克思主义中国化时代化大众化,奋力书写研究阐发当代中国马克思主义、21世纪马克思主义的理论学术经典。

坚定不移地践行为人民做学问的理念。为什么人的问题是哲学社会科学研究的根本性、原则性问题。哲学社会科学研究必须搞清楚为谁著书、为谁立说,是为少数人服务还是为绝大多数人服务的问题。脱离了人民,哲学社会科学就不会有吸引力、感染力、影响力、生命力。我国广大哲学社会科学工作者要坚持人民是历史创造者的观点,树立为人民做学问的理想,尊重人民主体地位,聚焦人民实践创造,自觉把个人学术追求同国家和民族发展紧紧联系在一起,努力多出经得起实践、人民、历史检验的研究成果。

坚定不移地以研究回答新时代重大理论和现实问题为主攻方向。习近平总书记反复强调:"当代中国的伟大社会变革,不是简单延续我国历史文化的母版,不是简单套用马克思主义经典作家设想的模板,不是其他国家社会主义实践的再版,也不是国外现代化发展的翻版,不可能找到现成的教科书。"哲学社会科学研究,必须立足中国实际,以我们正在做的事情为中心,把研究回答新时代重大理论和现实问题作为主攻方向,从当代中国伟大社会变革中挖掘新材料,发现新问题,提出新观点,构建有学理性的新理论,推出有思想穿透力的精品力作,更好服务于党和国家科学决策,服务于建设社会主义现代化强国,实现中华民族伟大复兴的伟大实践。

坚定不移地加快构建中国特色哲学社会科学"三大体系"。加快构建中国特色哲学社会科学学科体系、学术体系、话语体系,是习近平总书记和党中央提出的战略任务和要求,是新时代我国哲学社会科学事业的崇高使命。要按照立足中国、借鉴国外,挖掘历史、把握当代,关怀人类、面向未来的思路,体现继承性、民族性,原创性、时代性,系统性、专业性的要求,着力构建中国特色哲学社会科学。要着力提升原创能力和水平,立足中国特色社会主义伟大实践,坚持不忘本来、吸收外来、面向未来,善于融通古今中外各种资源,不断推进学科体系、学术体系、话语体系建设创新,构建一个全方位、全领域、全要素的哲学社会科学体系。

坚定不移地全面贯彻"百花齐放、百家争鸣"方针。"百花齐放、百家争鸣"是促进我国哲学社会科学发展的重要方针。贯彻"双百方针",做到尊重差异、包容多样,鼓励探索、宽容失误,提倡开展平等、健康、活泼和充分说理的学术争鸣，提倡不同学术观点、不同风格学派的交流互鉴。正确区分学术问题和政治问题的界限，对政治原则问题，要旗帜鲜明、立场坚定，敢于斗争、善于交锋；对学术问题，要按照学术规律来对待，不能搞简单化，要发扬民主、相互切磋，营造良好的学术环境。

坚定不移地加强和改善党对哲学社会科学的全面领导。哲学社会科学事业是党和人民的重要事业，哲学社会科学战线是党和人民的重要战线。党对哲学社会科学的全面领导，是我国哲学社会科学事业不断发展壮大的根本保证。加快构建中国特色哲学社会科学，必须坚持和加强党的领导。只有加强和改善党的领导，才能确保哲学社会科学正确的政治方向、学术导向和价值取向；才能不断深化对共产党执政规律、社会主义建设规律、人类社会发展规律的认识，不断开辟当代中国马克思主义、21 世纪马克思主义新境界。

《庆祝中华人民共和国成立 70 周年书系》坚持正确的政治方向和学术导向，力求客观、详实，系统回顾总结新中国成立 70 年来在政治、经济、社会、法治、民族、生态、外交等方面所取得的巨大成就，系统梳理我国哲学社会科学重要学科发展的历程、成就和经验。书系秉持历史与现实、理论与实践相结合的原则，编撰内容丰富、覆盖面广，分设了国家建设和学科发展两个系列，前者侧重对新中国 70 年国家发展建设的主要领域进行研究总结；后者侧重对哲学社会科学若干主要学科 70 年的发展历史进行回顾梳理，结合中国社会科学院特点，学科选择主要按照学部进行划分，同一学部内学科差异较大者单列。书系为新中国成立 70 年而作，希望新中国成立 80 年、90 年、100 年时能够接续编写下去，成为中国社会科学院学者向共和国生日献礼的精品工程。

是为序。

目　　录

绪　论 …………………………………………………………（1）

第一章　新中国生产劳动和非生产劳动研究 ………………（3）
　　第一节　前言 ……………………………………………（3）
　　第二节　1978年之前关于生产劳动与非生产劳动的
　　　　　　理论争论 ……………………………………（6）
　　第三节　1978年之后的生产劳动与非生产劳动争论 ………（12）
　　第四节　生产劳动与非生产劳动争论的实践意义 ………（27）

第二章　新中国服务业统计和核算研究 ……………………（31）
　　第一节　前言 ……………………………………………（31）
　　第二节　服务业统计和核算研究被忽视
　　　　　　阶段（1949—1985）…………………………（32）
　　第三节　服务业统计和核算研究向国际接轨的过渡
　　　　　　阶段（1985—1993）…………………………（33）
　　第四节　服务业统计和核算研究的全面探索
　　　　　　阶段（1993—2013）…………………………（37）
　　第五节　服务业统计和核算研究的新阶段
　　　　　　（2013年至今）………………………………（42）
　　第六节　研究展望 ………………………………………（46）

第三章　新中国服务业增长研究……………………………………（50）
　　第一节　前言………………………………………………………（50）
　　第二节　服务业增长研究的初步探索阶段
　　　　　　（1950—1990）……………………………………………（51）
　　第三节　服务业增长研究不断拓展阶段
　　　　　　（1992—2011）……………………………………………（57）
　　第四节　服务业增长研究的深入和丰富
　　　　　　阶段（2012年至今）………………………………………（61）
　　第五节　研究展望…………………………………………………（71）

第四章　新中国服务业生产率研究…………………………………（74）
　　第一节　前言………………………………………………………（74）
　　第二节　服务业生产率研究的孕育与萌芽期
　　　　　　（1949—1978）……………………………………………（76）
　　第三节　服务业生产率研究的争论与探索期
　　　　　　（1978—2000）……………………………………………（77）
　　第四节　服务业生产率研究迅速爆发期
　　　　　　（2001—2012）……………………………………………（82）
　　第五节　服务业生产率研究的深度拓展期
　　　　　　（2013年至今）……………………………………………（89）
　　第六节　研究展望…………………………………………………（96）

第五章　新中国服务业就业研究……………………………………（98）
　　第一节　前言………………………………………………………（98）
　　第二节　非物质生产劳动的就业算不算干正事？
　　　　　　（1949—1978）……………………………………………（99）
　　第三节　服务业就业功能研究（1979—1984）……………………（104）
　　第四节　服务业就业问题登入"大雅之堂"
　　　　　　（1985—2006）……………………………………………（109）

第五节　服务业就业研究的全新视野（2007年至今）……（120）
　　第六节　研究展望……………………………………………（129）

第六章　新中国服务业空间协调发展研究……………………（132）
　　第一节　前言…………………………………………………（132）
　　第二节　城市改革中第三产业作用的确认
　　　　　　（1982—1987）………………………………………（134）
　　第三节　空间规律初探和对服务业地位的再认识
　　　　　　（1988—2005）………………………………………（141）
　　第四节　空间规律的认识深化与研究视角的多维化
　　　　　　（2006年至今）………………………………………（147）
　　第五节　研究展望……………………………………………（155）

第七章　新中国生产性服务业研究……………………………（158）
　　第一节　前言…………………………………………………（158）
　　第二节　生产性服务业研究的零星火花（1949—1978）……（159）
　　第三节　生产性服务业研究是吉光片羽（1978—1985）……（160）
　　第四节　生产性服务业研究逐渐被重视（1985—2000）……（165）
　　第五节　生产性服务业研究日渐深入（2000年至今）………（170）
　　第六节　研究展望……………………………………………（184）

第八章　新中国消费性服务业研究……………………………（191）
　　第一节　前言…………………………………………………（191）
　　第二节　消费性服务业研究的萌芽期（1950—1978）………（192）
　　第三节　消费性服务业研究的起步时期（1979—1991）……（193）
　　第四节　消费性服务业研究热度高涨（1992—2006）………（196）
　　第五节　消费性服务业研究纵深推进（2007年至今）………（198）
　　第六节　研究展望……………………………………………（211）

第九章　新中国社会服务业研究 ……………………………（215）
　　第一节　前言 ……………………………………………（215）
　　第二节　社会服务业研究的孕育萌芽(1949—1992) ………（217）
　　第三节　社会服务业研究的拓展深入(1993—2011) ………（220）
　　第四节　社会服务业研究的创新突破(2012年至今) ………（225）
　　第五节　研究展望 ………………………………………（235）

第十章　新中国服务业改革研究 …………………………（237）
　　第一节　前言 ……………………………………………（237）
　　第二节　服务业改革的初步探索(1949—1978) ……………（239）
　　第三节　服务业改革的再认识(1978—1984) ………………（242）
　　第四节　服务业改革思想大解放(1984—1992) ……………（245）
　　第五节　服务业市场化改革的新探索(1992—2001) ………（252）
　　第六节　服务业改革新突破(2001—2012) …………………（256）
　　第七节　服务业改革再出发(2012年至今) …………………（264）
　　第八节　研究展望 ………………………………………（269）

第十一章　新中国服务业开放研究 ………………………（272）
　　第一节　前言 ……………………………………………（272）
　　第二节　服务业开放研究的起步阶段(1978—1989) ………（273）
　　第三节　服务开放研究的迅速发展期(1990—2000) ………（275）
　　第四节　服务业开放理论研究全新突破(2001年至今) ……（280）
　　第五节　研究展望 ………………………………………（300）

主要参考文献 ……………………………………………（303）

后　记 ……………………………………………………（324）

绪　　论

　　新中国成立以来,一辈辈、一批批中国经济学者扎根于中国土壤,立足于全球视野,借鉴和吸收国外服务经济理论有益成分,对中国服务业发展、改革和开放进行了多维度、广视角、深层次的研究,进行了艰辛的探索,构筑了新中国服务经济学术史上的壮丽篇章,为拓展中国经济学科体系和传承经济学术思想做出了应有的贡献。

　　通过对文献的时间线索进行梳理,我们基本可以把新中国服务经济研究的历程分为几个阶段:第一阶段(1949—1978年),服务经济研究零星点点。在这个阶段,由于服务经济(第三产业)的发展基本不被认可,甚至处于被批评的境地,这个领域的研究几乎是空白的,即便有,也是零星点点,碎片化的,基本处于边缘化地位。第二阶段(1978—1992年),服务经济研究逐渐起步。这个阶段,服务业逐渐被"正名",学术界开始关注服务经济问题。但总体看,这个阶段在服务经济领域的研究力量比较单薄,研究领域也比较窄,研究方法也比较单一,基本是定性分析,缺少严谨的实证研究。第三阶段(1992—2012年),服务经济研究热度迅速高涨。在这个阶段,我国社会主义市场经济体制得以正式确认,服务业发展、改革和开放经历了前所未有的高潮,服务业在国民经济中的地位迅速上升,服务经济成为学术界研究的热点议题,研究范式也从过去的规范分析为主转向实证分析为主,并且较多地吸收和引进西方经济学有关研究方法,研究视野也大大拓展,高水平理论研究成果不断推出。第四阶段（2012年至今），在这个阶段，服务业成为国民经济的"半壁江山"，当之无愧的主力军。实践的发展，催生了理论的演进。服务经济研究迈入了新阶段，无论是研究范围、深度和范式，都较过去有了长足进步，与国际服务经济理论前沿日趋接轨。更为重要的是，这个阶段的服务经济学研究视野更加开阔、研究对象更加确定、研究框架更加完善，学科建设日益成熟。总之，服务经济学的研究实现了边缘化到主流经济学的"根本变革"，备受学界和实际部门重视。

服务经济学的研究范围非常广泛，新经济新服务业层出不穷。一部服务经济学术思想史，无法囊括全部的研究内容。我们通过对文献的梳理和服务业发展实践的把握，挑选了11个最有代表性的主题进行比较深入的研究，即：生产劳动和非生产劳动；服务业统计和核算；服务业增长；服务业生产率；服务业就业；服务业空间协调发展；生产性服务业；消费性服务业；社会服务业；服务业改革；服务业开放。每一个主题，都对其研究背景、演变历程和研究展望，作了比较详细的论述或阐释。

中国正处在产业结构重大变革时期，服务业的地位和作用更加重要，服务业态和服务内容更加丰富多彩，服务业与相关产业的融合更加紧密，对经济社会的影响更加广泛。加强服务经济研究，创新研究范式，拓宽研究内容，加快建设中国特色社会主义服务经济学，是我们服务经济学界理论工作者的重要使命，我们当为之努力奋斗！

第 一 章

新中国生产劳动和非生产劳动研究

第一节　前言

自新中国成立之日起，我国就确立了马克思主义的指导思想地位。在马克思主义政治经济学的理论体系中，生产劳动理论是其中最基本的范畴之一[①]。马克思自己也写道，"生产劳动与不生产劳动之批评地区分，依然是全部资产阶级经济学的基础"[②]。而从马克思关于生产劳动的论述来看，既有从生产力或者劳动一般的视角来进

[①] 马克思非常重视生产劳动的研究。马克思关于这一理论的最初表述见于《1857—1858 年经济学手稿》；之后，在《资本论》第 1 卷出版前五年，即 1863 年，马克思曾经草拟了《资本论》第 1 卷的写作计划。他不但曾想把关于生产劳动和非生产劳动的讨论列为专章，而且把《关于生产劳动的学说》与《剩余价值的学说》并列，作为这本书的两大部分。在马克思留下的、后来用《剩余价值理论》（也译作《剩余价值学说史》）书名出版的笔记中，就有 100 多页篇幅专门论述生产劳动与非生产劳动理论的。在马克思去世之后留下的《直接生产过程的结果》的笔记中也专门讨论"生产劳动与非生产劳动"的问题。但在 3 卷《资本论》特别是在专门考察资本主义生产的第 1 卷中，没有专门章节讲资本主义生产劳动，只是在两个地方（《资本论》第 1 卷第五章和第十四章）简略地提到过。

[②] 马克思：《剩余价值学说史》，上海三联书店 1958 年版，第 247 页。

行的①，也有从生产关系或剩余价值的视角来进行的，还有一部分是通过对古典政治经济学家关于生产劳动的批评中对生产劳动与非生产劳动进行区分②。

需要指出的是，中国学界对这个问题的研究或阐释基本以引述与批评的形式进行的。这种论述的模式，使得对马克思关于生产劳动与非生产劳动理论的重新架构会产生很多歧义。另外，在马克思生活的时代，机器大工业生产处于快速发展与普及阶段，服务业等与生产劳动理论相关度极高的产业仍处于发展的初级阶段，对生产力发展的支撑作用并没有完全显现出来，对于这些领域的劳动如何定性问题，马克思并没有给出现成的答案。

更为重要的是，马克思关于生产劳动与非生产劳动的论述，大部分是基于资本主义生产关系进行的③，对于社会主义条件下的生产劳动与非生产劳动理论，需要根据社会主义的生产实践以及马克思对资本主义条件下的生产劳动理论，进行创造性的阐述。

在《资本论》中，就商品的生产过程范畴，有很多关于劳动的论述，包括"具体劳动""抽象劳动"，"私人劳动""社会劳动"，"简单劳动""复杂劳动"，"必要劳动""剩余劳动"等。这些劳动的重点关注劳动的自然过程，即生产的物理过程。但是，生产劳动将劳动这个范畴由单纯的物理过程，引申到了社会过程。马克思指出："生产劳动者的概念，决不仅包含活动与有用效果间的关系，劳动者与劳动生产物间的关系，而且包含一种特殊社会的，历史地发生的生产关系。"因此，有研究者指出，在马克思《资本论》及其

---

① 此方面的论述在《资本论》第 1 卷中有提到。

② 此方面的论述主要体现在《剩余价值理论》（即《剩余价值学说史》）中。

③ 马克思注意到生产劳动的概念，在不同的社会形式下具有不同的含义。在分析资本主义制度下的生产劳动问题时指出："只有把生产的资本主义形式当作生产的绝对形式、因而当作生产的永恒的自然形式的资产阶级狭隘眼界，才会把从资本的观点来看什么是生产劳动的问题，同一般说来哪一种劳动是生产的或什么是生产劳动的问题混为一谈。"（《马克思恩格斯全集》第 26 卷第 1 册，第 422 页）

手稿中，劳动范畴由"具体劳动""抽象劳动"，"私人劳动""社会劳动"，"简单劳动""复杂劳动"，"必要劳动""剩余劳动"，"生产劳动""非生产劳动"，"资本主义生产劳动""资本主义非生产劳动"，经过了一个由简单上升到复杂的过程（陆立军，1981）①。因此，对于"生产劳动""非生产劳动"的区分，要历史地、辩证地、发展地看待。

对于社会经济实践看，在社会主义条件下，如何按照中国经济社会发展的实际情况，对生产劳动与非生产劳动的区分进行深入研究，就成为一个重要的理论课题。从经济建设来看，明确什么是生产劳动，什么是非生产劳动，还能对社会资源的计划使用等方面提供指导作用。从具体发展历程看，由于对生产劳动的争议主要集中在服务部门（或者非实物生产部门）的劳动是否属于生产劳动，厘清此方面的认知，对制订服务业方面的发展战略具有重要意义。

在早期的研究者中，不管研究者对生产劳动持什么看法，但对生产劳动与非生产劳动划分与研究的意义都有着论述。如接近于"窄派"的卫兴华（1983）②指出，"我们讨论生产劳动和非生产劳动问题，也服从于一定的目的。那就是怎样安排我们的国民经济，怎样处理和安排好物质生产、精神生产、劳务以及其他活动之间的关系，怎样统计我国的国民收入及其分配"，"我们的商业服务和科、教、文、卫等精神生产部门发展得很不够，有必要重视和促进它们的发展"。而对生产劳动持其他观点的作者，也认为研究生产劳动具有重要意义。如于光远（1981）③指出，对生产劳动的错误认识，对我国的社会主义建设带来了巨大的损失，而且给精神生产领域、生活服务领域等发展带来了不利影响。还有研究者以翔实的数据说

---

① 陆立军：《马克思研究生产劳动问题方法论刍议》，《甘肃社会科学》1981年第3期。
② 卫兴华：《马克思的生产劳动理论》，《中国社会科学》1983年第6期。
③ 于光远：《社会主义制度下的生产劳动与非生产劳动》，《中国经济问题》1981年第1期。

明，对生产劳动的错误认知，使我国的生活服务、教育事业等发展严重不足①。

作者对这个领域的文献梳理，发现中国理论界关于生产劳动与非生产劳动的系统研究始于20世纪60年代，20世纪80年代这个问题的研究和争论达到高峰，之后基本很少触及，即便有，也只是零星点点。

第二节　1978 年之前关于生产劳动与非生产劳动的理论争论

根据已有的文献，新中国成立后对生产劳动问题的讨论起源于20世纪60年代。根据何炼成（1989）②的研究，厦门大学的草英、攸全（1962）合作发表了《关于生产劳动和非生产劳动》一文，是新中国成立后关于生产劳动与非生产劳动争论的起点③。根据我们的研究，在更早的一些文献中，虽然没有明确以生产劳动与非生产劳动的研究为题，但也零星涉及了生产劳动的范围等方面的问题。如岳巍（1956）④通过对"国民经济总产值"的系统研究，认为：物

---

① 例如，有研究者指出，新中国成立初期，全国共有商业、服务业的网点1000万个，经过多年的改造、限制、压缩，到1979年底，仅剩下约五分之一。据统计，1965年，全国工交系统科技人员占职工总人数的5.7%，但1979年只占3.9%。现在我国的大学生只有100多万人，根据联合国的一个统计资料，每1万人口中大学生所占的比例，在136个国家中，中国排在第129位，在印度之后。参见佟哲晖《关于生产劳动和非生产劳动的划分问题》，《财经问题研究》1981年第1期，第21—24页。

② 何炼成：《十年来我国学术界对生产劳动理论讨论的回顾与展望——纪念党的十一届三中全会10周年》，《西北大学学报（哲学社会科学版）》1989年第1期。

③ 草英、攸全：《关于生产劳动与非生产劳动》，《中国经济问题》1962年第9期。

④ 岳巍：《国民收入计算方法论》，《经济研究》1956年第3期。

质生产领域包括工业、农业、建筑业、货物运输业和为生产服务的邮电业、商业以及饮食业等部门，而商业流通部门、国家行政管理机关、军队、公安保卫机关、文教卫生和科学艺术机关以及为居民生活服务部门的劳动，均不属于生产物质产品的劳动。这个观点是后来生产劳动争论中"窄派"的一个很重要的理论基础。江诗永（1956）[1]则从商业利润与纯粹流通费用的补偿视角，对商业部门劳动的性质进行了探讨。刘日新（1957）[2]探讨了交通运输中的客运是否属于物质生产部门的问题。他认为，客运具有使用价值，属于物质生产领域，其劳动是生产劳动。杨坚白（1960）[3]从经济平衡发展的视角，对社会各个部门之间的比例问题进行了讨论。他认为，不同部门为了要有适合于各种不同社会需要的产品量，首先就要在国民经济各部门间按比例地分配社会劳动（包括活劳动和物化劳动）。但是，从整体上看，在1962年之前，生产劳动与非生产劳动的争论尚没有进入主流经济学研究的视角，研究也没有系统化。例如，1959年10月，《经济研究》刊发了《十年来我国经济科学的回顾和瞻望》，该文对新中国成立十年来经济学的一些重要理论成果进行了综述，但是，该文中并没有关于生产劳动与非生产劳动的讨论与主题，这说明在20世纪60年代之前，关于生产劳动的讨论还没有能够成为主题。

1962年开始，中国的经济学家开始陆续研究生产劳动的相关理论。草英、攸全（1962）关于生产劳动理论系统研究的较早一篇论文提出，生产劳动与非生产劳动的范畴区分，在社会主义制度下仍

---

[1] 江诗永：《论商业利润与纯粹流通费用的补偿问题——一个理论问题的研究》，《经济研究》1956年第4期。

[2] 刘日新：《客运是物质生产部门吗？——划分是生产领域与非生产领域的原则》，《教学与研究》1957年第6期。

[3] 杨坚白：《论社会主义经济发展的平衡和不平衡问题》，《经济研究》1960年第5期。

然是必要的①。他们进一步提出，社会主义制度下的生产劳动，仅包括与物质生产相关的劳动。论文发表之后，在经济学界引起了一些争论。何炼成（1963）②对社会主义制度下的生产劳动问题进行了较为系统的分析，并对草英、攸全（1962）关于生产劳动的外延进行了批评。他认为，要区分生产劳动与非生产劳动，要从生产劳动一般③与生产关系特殊④的结合出发进行研究，因此，生产劳动的研究，要从生产方式的两个不同方面（即生产力和生产关系）来考察。在这个前提下，他提出，在社会主义社会，一切物质生产部门的劳动，不管采取什么所有制形式（全民的、集体的，甚至个体的形式），都属于生产劳动。具体而言，包括农业、工业、建筑业、交通运输业和邮电业（只包括属于生产过程的那部分）；商业中的生产过程（包括商品的包装、分类、保管和运输过程）；物资技术供应部门；农副产品采购部门（仅指执行保管、分类、运送等生产过程）；为生产过程直接服务的科学研究部门；其他物质生产部门（如出版

---

① 据作者介绍，当时有一种观点认为，生产劳动与非生产劳动的概念，是马克思在批判古典经济学的基础上提出的，因此，生产劳动与非生产劳动这对概念的产生和存在，应该只是资本主义生产关系所特有的。社会主义社会已经消灭了生产资料的资本主义所有制，实现了生产资料的社会主义公有制，因此，区分生产劳动与非生产劳动已没有必要。参见草英、攸全《关于生产劳动与非生产劳动》，《中国经济问题》1962年第9期。

② 何炼成：《试论社会主义制度下的生产劳动与非生产劳动》，《经济研究》1963年第2期。

③ 马克思指出"要是我们从结果的观点，从生产物的观点，考察这全部过程，劳动手段与劳动对象，就表现为生产资料，劳动自身则表现为生产的劳动"。也就是说，生产劳动一般就是劳动力与生产资料结合创造一定生产物的劳动。这种劳动仅仅体现了"活动与有用效果间的关系，劳动者与劳动生产物间的关系"。转引自何炼成（1963）。

④ 马克思指出："生产劳动者的概念，决不仅包含活动与有用效果间的关系，劳动者与劳动生产物间的关系，而且包含一种特殊社会的、历史地发生的生产关系。"由于各个社会形态的生产关系不同，这也就决定了生产劳动的特殊含义。转引自何炼成（1963）。

业、电影制片厂的直接生产部分）。他所提出的这些部门，已大大拓展了草英、攸全（1962）关于生产劳动的外延。而且，他进一步提出，生产劳动的外延一直处于扩张状态，随着社会化大生产与分工的深入扩展，生产劳动的外延还会扩大，过去很多不属于生产劳动的部门也变成了生产劳动部门。在此基础上，他进一步提出，凡是能直接满足整个社会的物质和文化需要的劳动，就是生产劳动。只有间接有助于社会的物质文化需要的满足或不满足社会需要的劳动，就是非生产劳动。何炼成关于生产劳动的外延随着社会经济发展而扩大的观点，在当时具有突破意义。如果沿着这个观点进一步引申，就可以突破马克思定义生产劳动的时代局限，将生产劳动的理论体系构筑得更为完备。但是，由于时代的局限，何炼成并没有对生产劳动的概念进行全面拓展。

无论如何，在当时的背景下，何炼成关于生产劳动的观点具有突破性意义。这也引起了较大的争议，很多学者对其理论提出了批评，其中代表性的批评文章包括：胡培《什么是社会主义制度下的生产劳动与非生产劳动》[1]、徐节文《谈社会主义制度下的生产劳动和非生产劳动》[2]、许柏年《略论社会主义条件下的生产劳动》[3]、杨长福《社会主义制度下的生产劳动与非生产劳动》[4]。这些文章对何炼成的立论，尤其是基于生产力与生产关系的视角来研究生产劳动与非生产劳动是同意的。例如，杨长福（1964）指出，在资本主义制度下，不生产物质产品但能为资本家带来剩余价值的劳动可以是生产劳动。但他认为，社会主义制度，由于公有制的实行，不存在剩余价值，因此，

---

[1] 胡培：《什么是社会主义制度下的生产劳动与非生产劳动》，《浙江学刊》1963年第1期。

[2] 徐节文：《谈社会主义制度下的生产劳动和非生产劳动》，《光明日报》1963年12月16日。

[3] 许柏年：《略论社会主义条件下的生产劳动》，《江海学刊》1964年第1期。

[4] 杨长福：《社会主义制度下的生产劳动与非生产劳动》，《经济研究》1964年第10期。

只有生产物质产品的劳动才是生产劳动。他得出结论说，社会主义的生产劳动是在全民所有制和集体所有制下直接有助于生产物质产品的劳动；凡不是直接有助于生产物质产品的劳动就是非生产劳动。在这里，他还把生产劳动与所有制联系起来，认为个体劳动不论是生产什么，都不构成生产劳动①，这与何炼成的观点截然不同。他进一步指出，何炼成关于生产劳动的理论出发点是基于需要（需求、消费出发），而不是从生产出发，这违反了生产劳动的本意。胡培认为，社会主义制度下的生产劳动，是有计划地从事物质资料生产的劳动，它不仅要创造必要产品及其价值，还要创造剩余产品及其价值（纯收入），这对于生产劳动的范畴有了很大的缩减。但他认为，个体劳动与家庭副业劳动，只要生产产品或商品，就是生产劳动。这一点与杨长福的观点是不相同的。徐节文则从社会主义生产目的出发，对草英、攸全（1962）、何炼成（1963）的观点进行了批评，他认为，他们的研究出发点是，社会主义生产的直接目的是生产使用价值②，这是不对的。社会主义生产的直接目的和动机就是剩余产品的生产。因此，只有生产剩余产品的劳动，才是生产劳动。这一观点与胡培（1964）、许柏年（1964）是相通的。

对于这些批评意见，何炼成（1965）③进行了回应。他认为，他研究的出发点并不是"需要"，更不是"把需要放在首位"，而是从生产出发，从生产的目的出发，从生产关系的本质出发。以此为前提，他的理论逻辑，并不能得出"政法、公安、军事部门的所有

---

① 他写道，何炼成同志把个体的生产劳动者也看成了社会主义的生产劳动者，这正是脱离了社会主义生产关系的本质，单纯从所谓生产目的来考察生产劳动的结果。马克思在考察资本主义制度下的生产劳动时，是把个体生产劳动者（独立手工业工人或自耕农民）看作是既不属于生产劳动者，也不属于非生产劳动者的。参见杨长福（1964）。

② 草英、攸全（1962）与何炼成（1963）对使用价值范围的理解是不一致的。前者认为使用价值仅包括物质产品，后者认为使用价值还包括服务。

③ 何炼成：《再论社会主义制度下的生产劳动与非生产劳动》，《经济研究》1965年第1期。

人员，服务行业一切不制作物质产品的人员，不与生产直接联系的科学研究部门的人员等等，所从事的劳动都是生产劳动"这么一个结论。因此，何炼成认为，他之前的观点基本是正确的。但是，他认为，杨长福所提出的"社会主义社会个体所有制条件下的生产不能算作是社会主义的生产劳动"的观点是正确的。在关于生产劳动与所有制的关系方面，何炼成的观点与之前的观点相比，有所倒退。这可能与当时的社会大环境有着关系。

何炼成的观点发表之后，草英、攸全（1965）[①] 就何炼成（1965）[②] 的批评进行了回应。他们认为，何炼成从需要满足的视角出发，认为"凡是能直接满足整个社会的物质和文化需要的劳动，就是生产劳动；只是间接有助于社会的物质文化需要的满足或不能满足社会需要的劳动，就是非生产劳动"，这人为扩大了生产劳动的外延。在草英、攸全两位看来，何炼成观点的错误根源在于，在于从消费关系来考察生产劳动，根本违背了马克思主义政治经济学的基本观点。因此，何炼成关于生产劳动的观点，人为地扩大了生产劳动的外延。而许柏年（1965）[③] 也对何炼成进行了回应。他认为，何将"医生、文学艺术工作者及其他人等"的劳动，列入社会主义生产劳动范围，是不正确的。何炼成在实质上对社会主义生产劳动作了三重规定：第一重规定、从劳动一般来看，即生产物质资料的劳动都是生产劳动。第二重规定，从满足社会需要的角度来看，即直接满足整个社会的物质和文化需要的劳动，就是生产劳动。第三重规定，从生产关系的角度看，"因此，作为反映生产关系的生产劳动这一经济范畴的内容，也就不仅反映人们在直接进行物质资料的

[①] 草英、攸全：《怎样认识社会主义的生产劳动与非生产劳动？——与何炼成同志商榷》，《中国经济问题》1965年第6期。

[②] 何炼成：《再论社会主义制度下的生产劳动与非生产劳动》，《经济研究》1965年第1期。

[③] 许柏年：《再论社会主义生产劳动——与何炼成同志商榷》，《经济研究》1965年第5期。

生产中的关系,而且反映在直接进行物质资料的生产以后所发生的分配、交换和消费等关系"。而许柏年认为,从生产关系角度研究生产劳动,并不能理所当然地认为分配、交换和消费等关系就天然地具有生产性,或者生产劳动的范畴延伸到这些领域。因此,何炼成的观点具有自相矛盾之处。

从总体上看,在 20 世纪 60 年代所进行的"生产劳动与非生产劳动"的争论,在当时的背景下,具有较深的理论价值与实践意义。首先,通过争论,学界基本认同了社会主义制度下,生产劳动与非生产劳动的范畴区分是存在的,是有必要的。这为之后的研究与讨论提供了良好的基础。其次,考虑到马克思并没有对社会主义制度下的生产劳动与非生产劳动作出直接论述,中国的经济学家在新中国成立之后,根据中国社会主义建设的现实,对社会主义下的生产劳动与非生产劳动问题进行深入探讨,是马克思主义中国化的一个重要方面。再次,在讨论中,产生了很多具有价值的观点,如对生产劳动范围的扩大;提出了生产劳动的范围随着社会经济发展出现扩大;提出了生产劳动与所有制之间的关系问题等,这些问题不仅在当时具有很强的现实意义,在今天仍有一定的参考价值。最后,这些争论为改革开放后关于生产劳动与非生产劳动,乃至服务劳动是否创造价值等方面的研究、服务业统计与核算问题的研究打下了很好的基础。

第三节　1978 年之后的生产劳动与非生产劳动争论

1978 年改革开放之后,由于国家经济结构调整、个体劳动的兴起、统计部门加大对西方的 SNA 核算体系的研究,使生产劳动与非生产劳动的划分问题在实践中变得更为重要,而在理论上的论争也开始激烈起来。从整体上看,据当时的一些亲历者的研究,对生产性劳动的问题,大致可以归纳为三方面的观点,即宽派、窄派、中派，其具体观点等可以参见表1—1。

表1—1　　　　　　　　关于生产性劳动的争议

学术派别	出发点	划分标准	适用范围	代表人物
窄派	生产结果	是否生产物质产品	只局限于创造物质财富的劳动	孙冶方
中派	生产结果	是否生产使用价值	还包括非物质生产中的服务劳动	何炼成
宽派	社会形式	是否进行交换	包括所有生产商品及服务的劳动	于光远

资料来源：笔者根据历史文献整理。

在1981年5月25日至6月3日召开的第二次全国统计科学讨论会上，这三种观点基本成型①。而《经济管理》编辑部也于1981年6月12日、6月26日两次召开生产劳动与非生产劳动问题座谈会。会议邀请了各派在京代表参加了讨论②。从这些讨论及随后发表的论文看，关于生产劳动与非生产劳动，不但各种派别之间存在着争议，而且，在三种观点内部，也存在着一些细微的差别③。

一　"宽派"的主要观点及简要评论

1978年全国科学大会召开，科学技术对社会生产力进步的作用与意义受到了极大的重视。但是，科、教、文、卫等非物质生产部门的劳动是否属于生产劳动，却存在争议。当时主流的观点是这些部门不生产具体物质，因此不属于生产劳动。这个认知带来了很多问题，例如"没有把教育部门看作生产部门的弊病"就有："教育

---

①《统计科学讨论的一次盛会——第二次全国统计科学讨论会简介》，《中国统计》1981年第3期。

② 参见李成瑞、孙冶方、王积业《首都经济理论界座谈生产劳动与非生产劳动问题》，《经济学动态》1981年第8期；杨坚白、于光远、钟兆修：《首都经济理论界继续座谈生产劳动与非生产劳动问题》，《经济学动态》1981年第9期。

③ 陆立军：《关于研究社会主义生产劳动的指导思想问题》，《江淮论坛》1981年第6期。

部门不按经济规律办事","不能贯彻物质利益原则","教育工作者待遇低下"[1]。很多经济学家开始对原有的固有观念提出挑战,提出应对生产劳动理论进行深入研究,侧重从社会主义生产目的等视角对生产劳动问题进行再思考,从而扩大生产劳动的范围。刚开始是一些研究者对某个具体部门是否属于生产劳动提出了不同看法。肖灼基(1980)[2]、孙凯飞(1980)[3] 率先提出,教育部门的劳动也应该属于生产劳动。杨百揆(1980)[4] 则提出,商业部门,包括服务业、饮食业部门职工的劳动,都属于物质产品生产劳动。他认为,对"生产"的认识和理解也是随着生产的发展而发展的。商业、饮食业、服务业成为独立的经济部门是社会生产发展必然造成的生产分工所要求的。他们在社会生产中的地位日益重要,对生产的促进作用非常明显[5]。杨百揆的观点引起了较大的争议,余鑫炎(1981)[6] 认为,纯粹的商业劳动(主要指零售部门的劳动)并不是物质生产劳动。张友挚(1982)[7] 对余鑫炎的观点又做出了反驳。他认为,站在生产劳动的价值创造的视角,商业部门的劳动应属于生产劳动。

1980年底,张寄涛、夏兴园(1980)[8] 对生产劳动的概念进行

---

[1] 肖灼基:《应该把教育看作生产部门》,《人民日报》1980年2月2日。
[2] 同上。
[3] 孙凯飞:《教育实际上也是一种生产》,《文汇报》1980年5月19日。
[4] 杨百揆:《商业部门职工的劳动是物质生产劳动》,《经济研究》1980年第4期。
[5] 但杨百揆并没有提出第三产业或服务业的理论。而是基于商业、餐饮、个人生活服务等领域的劳动也应该属于物质生产劳动,基于这一视角来论证这些劳动属于生产劳动。
[6] 余鑫炎:《商业部门职工的劳动主要是非生产性劳动——与杨百揆同志商榷》,《经济研究》1981年第7期。
[7] 张友挚:《为什么说我国商业劳动是生产性劳动——与余鑫炎同志商榷》,《现代财经—天津财经学院学报》1982年第3期。
[8] 张寄涛、夏兴园:《社会主义制度下生产劳动与非生产劳动》,《经济研究》1980年第12期。

了拓展，他们提出，作为反映社会主义生产关系的生产劳动概念，不像反映资本主义生产关系的生产劳动概念那样局限在榨取剩余价值的限度内，而是变得更加扩大，以满足整个社会日益增长的物质和文化需要为目的作为限制条件，生产劳动应该包括以下部门：（1）物质资料生产部门（农业、工业、采矿业、建筑业、交通运输业、邮电业），在这些部门中，不仅各种生产工人和辅助工人的劳动是生产劳动，而且一切从事与这些部门生产有关的劳动，也都属于生产劳动。（2）精神财富生产部门。指科学研究、文学创作、音乐、绘画、雕塑等。这些劳动创造出的精神财富同样也提供一个使用价值满足社会的需要。（3）满足社会消费需要的劳务部门。主要指旅游、医疗、环境保护、照相、理发、浴池等。这些劳务部门创造了一个使用价值直接满足劳动者的消费需要。（4）商业部门和金融部门。（5）教育部门。这是对何炼成观点的一个拓展，是关于生产劳动的极其宽泛的定义。他们的核心观点是，对于生产劳动的定义要注意到社会生产目的，或者社会形式。生产劳动随着生产目的的演进而演进。在社会主义制度下，只要符合社会主义生产目的（满足整个社会日益增长的物质和文化需要）的劳动，都是生产劳动。在这个理论支撑下，经济学家对生产劳动的理论进行了深入研究。还有的经济学者从服务劳动（劳务）、服务消费等视角对生产无形产品（服务）的劳动是否属于生产劳动进行研究。何小锋（1980）[①]从劳务价值的视角，对生产性劳动与服务性劳动进行了研究，他认为，劳务是服务部门的劳动者生产的、用来交换的一种特殊产品。这种劳务与商品一样，具有价值，是国民经济中的一部分[②]。在文中，他还提出，服务业的发展是同生产的发展成正比的，随着生产的社会

[①] 何小锋：《劳务价值论初探》，《经济研究》1981 年第 4 期。
[②] 何小锋的观点得到了于光远的认同。于光远认为，劳务应计入社会生产成果统计之中。参见于光远《在社会生产成果的统计中应不应该包括劳务》，《经济研究》1983 年第 7 期，第 24—37 页。

化，分工不断深入，社会生活专业化程度增加，服务业发展将加快，在国民经济中的作用将日益提升。而且，生产与服务一体化①的趋势也正在形成。因此，劳务价值论是服务经济学的理论基础。沙吉才、孙长宁（1981）②进一步论述了服务劳动的概念。他们认为，服务劳动（又称劳务）和物质生产、精神生产共同构成社会生产，是社会三大生产领域之一。生产劳动既包括生产物质资料的劳动，也包括生产精神财富的劳动和提供服务的劳动。李江帆（1981）③认为，服务消费品具有使用价值，而生产服务消费品的产业，就是第三产业。生产服务消费品的劳动，应该作为生产劳动。罗浞尘、施宗全（1981）④从第三产业的理论与发展现实出发，提出生活服务的内容也属于社会再生产理论之中，因此，生活服务部门是直接的产业部门，也是价值创造部门。

于光远（1981a，1981b)⑤对生产劳动理论进行了系统论述。他认为，劳动的物质规定性和区分生产劳动与非生产劳动毫无关系。生产劳动包括物质生产部门与非物质生产部门。物质生产方面，他从生产协作发展的视角，提出：以直接或间接方式处理劳动对象的劳动都是生产劳动；非物质部门，只要为社会所需要，都属于生产劳动。但这些生产劳动必须符合生产关系的要求。具体包括：（1）生产物质财富的劳动；（2）生产能够直接满足社会消费需要的劳务的劳动；（3）从事教育的劳动；（4）生产能满足生产和人的消

---

① 这实际上是后来的"制造服务化"理论。
② 沙吉才、孙长宁：《论社会主义的服务劳动》，《财贸经济》1981年第3期。
③ 李江帆：《略论服务消费品》，《华南师范大学学报（社会科学版）》1981年第3期。
④ 罗浞尘、施宗全：《服务人员不创造价值吗？——从第三次产业谈起》，《文汇报》1981年5月5日。
⑤ 于光远：《社会主义制度下的生产劳动与非生产劳动》，《中国经济问题》1981年第1期。于光远：《马克思论生产劳动与非生产劳动》，《中国经济问题》1981年第3期。

费需要的精神财富的劳动；(5) 为保护环境、改善环境而进行的劳动；(6) 为了使上述各类生产劳动得以进行和人的消费得以实现而从事的产品分配和交换所进行的劳动。而这些劳动之间，应该有一个恰当的比例关系。在参加《经济管理》编辑部组织的座谈会时[①]，他进一步提出，凡属于生产、分配、交换（流通）、消费领域的劳动，就属于生产劳动。随着社会分工的发展，生产服务部门的规模将进一步扩大。在此基础上，他还提出了对"第三产业"概念的看法，即主张对这个概念宽容，可以在工作中使用。

陆立军（1981）[②] 在于光远研究的基础上，进一步提出生产劳动与非生产劳动的划分，除了要考虑社会形式（生产关系）、生产目的之外，还要考虑劳动主体问题。在资本主义制度下，"生产劳动和非生产劳动始终是从货币所有者、资本家的角度来区分的，不是从劳动者的角度来区分的"。而社会主义制度下的生产劳动划分，要从劳动者的角度来进行。从这个角度来看，作为社会主义经济必要补充的个体劳动，其所从事的劳动也应该属于生产劳动。他的一个基本观点是，对于生产劳动与非生产劳动的划分，必须充分认识到社会现实的变化，不能过分拘泥于前人的结论[③]。

罗劲柏、何祚庥（1981）从生产部类的视角，对生产劳动问题进行了新的审视。他们认为，随着信息产业的发展，现代化生产和消费的要素将包括三个，即物质、能量和信息。服务业是以信息生产为主的行业，应划分为第三部类。在马克思的再生产理论中，应

---

① 参见杨坚白、于光远、钟兆修、杨春旭《首都经济理论界继续座谈生产劳动与非生产劳动问题》，《经济学动态》1981年第9期，第13—18页。

② 陆立军：《关于研究社会主义生产劳动的指导思想问题》，《江淮论坛》1981年第6期。

③ 参见陆立军《生产劳动与非生产劳动理论再探讨》，载《学习与探索》1981年第4期；陆立军《马克思研究生产劳动问题方法论》，载《社会科学》1981年第3期；陆立军《马克思研究生产劳动问题方法论刍议》，《甘肃社会科学》1981年第3期。

该还包括一个第三部类，这个部类以科技、教育等为主导。在现代化的生产体系中，第三部类优先增长是一个必然的趋势。李江帆（1984）[①]从服务消费品的视角出发，认为服务消费品具有使用价值，生产服务消费品的劳动创造价值，是生产劳动。

从整体上看，宽派的理论主要是强调要从社会生产目的及生产关系的视角来看待生产劳动与非生产劳动之分，不能单纯依据劳动的物质规定性来看这个问题。这个理论进一步拓展，使研究者看到了很多社会发展过程中的规律，例如，研究者看到，随着社会分工的发展，直接从事物质生产的劳动者会越来越少，而服务行业的劳动越来越多（杨百揆，1980）[②]。服务劳动的这种发展趋势，必然使服务消费品成为人们消费的一部分，从而使服务与商品的消费能够并列起来（李江帆，1981）[③]，而在此基础上，服务劳动有独出来的趋势（沙吉才、孙长宁，1981）。在国民经济管理的实践中，宽派普遍主张引进西方的国民经济核算体系（SNA），并对第三产业的概念予以接受[④]。在价值观方面，宽派普遍认为，劳务也是财富，服务劳动也是创造财富的劳动，在国民经济核算过程中要体现出来（何小锋，1981；李江帆，1981；刘伟，1985）[⑤]。这些论述，对党和国家重视服务业的发展、建立包括服务领域在内的国民经济核算体系，以及在国家五年计划中明确提出服务业（第三产业）发展目标，都具有极其重要意义。

二 "中派"的主要观点及简要评论

中派的观点源于20世纪60年代。当时何炼成在几篇论文中，详细说明了其观点。即主张从需要满足的角度来区分生产劳动与非

---

① 李江帆：《服务消费品的使用价值与价值》，《中国社会科学》1984年第3期。
② 杨百揆：《商业部门职工的劳动是物质生产劳动》，《经济研究》1980年第4期。
③ 李江帆：《略论服务消费品》，《华南师院学报（社会科学版）》1981年第3期。
④ 于光远虽然认为第三产业并不是一个科学的经济学范畴，但是，在实际工作中使用这个概念，能够解决很多相关的现实问题，因此这个概念具有现实意义。
⑤ 刘伟：《第三产业与国民收入》，《改革》1985年第2期。

生产劳动，他们的逻辑是只要能够满足需要的劳动，都可以作为生产劳动。何炼成（1981）[1]仍坚持在20世纪60年代提出的观点，即两个方面来划分生产劳动，第一是从简单劳动过程，即生产力的角度来研究；第二是从社会主义生产关系的特点来研究。主要从生产目的出发来划分。即，凡是能直接满足人民的物质和文化需要的劳动，就是生产劳动。因此，提供特殊使用价值的服务部门[2]和文教卫生部门等一些非物质生产部门的劳动属于生产劳动。但纯粹商业部门、财政金融部门、各级党政部门、国防部门等部门的劳动是非生产劳动。何炼成的观点与前述宽派的观点主要区别在于对需要的满足是直接满足还是间接满足，他认为间接满足需要的劳动都不能算生产劳动。例如，关于知识型服务业是否属于生产劳动，何炼成在初期认为这些劳动是非生产劳动。但后期对其观点有所修正[3]。杨坚白等（1981）[4]明确表示其观点介入宽派与窄派之间，属于中派的观点。应该按照生产关系而不是只按照劳动的物质内容来区分生产性劳动和非生产性劳动[5]。因此，生产劳动应是新创造的价值超过消费的价值的劳动。一部分的客运、生活用品修理和营业性服务，属于服务性生产部门。但是，科研、教育、公益性医疗、政府等部门不属于生产部门。

在实践经济工作中，中派的观点认为，不能照搬西方的国民经

---

[1] 何炼成：《三论社会主义制度下的生产劳动与非生产劳动》，《学术研究》1981年第2期。

[2] 主要是生活服务部门提供的服务或劳务，也包括教师、艺术家、医生等提供的服务。

[3] 何炼成：《三论社会主义制度下的生产劳动与非生产劳动》，《学术研究》1981年第2期。

[4] 杨坚白、于光远、钟兆修、杨春旭：《首都经济理论界继续座谈生产劳动与非生产劳动问题》，《经济学动态》1981年第9期。

[5] 在之后的一篇论文中，杨坚白写道"马克思在肯定物化在商品中的劳动为生产劳动的同时，又提出从生产关系上区分生产劳动与非生产劳动的定义"。参见杨坚白《关于第三次产业和国民生产总值指标》，《财贸经济》1985年第11期，第8—15页。

济经济体系，因为这个体系将全部劳务活动都列入国民收入之中。而 MPS（物质产品平衡表体系，System of Material Product Balances）体系则只考虑物质生产过程，对满足需要的劳务活动没有予以考虑，也是不完整的；因此，要综合 MPS 与 SNA 体系，建立符合中国社会主义生产实践的经济核算体系[①]。对于第三产业概念，也需要辩证地看，不能直接用于中国经济实践。作为一个折中的办法，可以使用"服务业"这个概念取代第三产业中的营利性服务部分，进入到国民经济核算之中[②]。

中派的观点在生产劳动与非生产劳动的争论中具有非常重要的意义与地位。中派率先突破"生产劳动等于物质产品生产过程中的劳动"这个理论上的误区，将生产劳动的概念与生产目的、交换活动等联系起来，这在当时是一个大的理论突破。而且，在中派代表人物何炼成早期的论文中，还提出了生产劳动与所有制无关的命题，对当时的理论研究突破也产生了非常重要的作用。但是，中派的观点强调生产结果与市场化交换，忽略了对社会财富创造具有重要意义的教育、科技研发等部门的劳动，对金融、商业等活动是否属于生产劳动也摇摆不定，这些问题局限了中派观点的进一步延伸，并在国民经济管理实践中发挥出更大的作用。

三 "窄派"的主要观点及简要评论

窄派的核心观点是，只有生产物质资料的劳动才是生产劳动；其他劳动虽然也是有益的劳动，但它是非生产劳动。孙冶方（1981）[③] 对这一观点进行了系统性论述。他认为，非物质资料生产

---

① 杨坚白：《关于第三次产业和国民生产总值指标》，《财贸经济》1985 年第 11 期。
② 杨坚白、于光远、钟兆修、杨春旭：《首都经济理论界继续座谈生产劳动与非生产劳动问题》，《经济学动态》1981 年第 9 期。
③ 孙冶方：《关于生产劳动和非生产劳动：国民收入和国民生产总值的讨论——兼论第三次产业这个资产阶级经济学范畴以及社会经济统计学的性质问题》，《经济研究》1981 年第 8 期。

部门的比重及重要性将随着经济发展而不断上升，并不能改变只有物质资料生产部门的劳动才是生产劳动的理论基础。而且，这一理论还与 MPS 具有一致性。因此，为了确保这一体系里的相关指标的"纯洁性"，在生产劳动体系里，不能掺入非物质的因素。如果将精神生产等非物质生产部门的劳动也列入为生产劳动，还会影响到物质与精神的二分法，影响到经济基础与上层建筑的划分。而第三产业这个概念，在本质上混淆了物质生产和精神生产的界线、混淆了分配和再分配的界线，从而混淆了生产和消费的界线。对这个概念要予以否定。在实际工作中，如果将科、教、文、卫等非物质生产部门计入国民生产总值中，等于将"M"和"V"的收入作了重复计算，造成国民生产总值的虚增。因此，生产劳动只能是直接的物质资料生产领域的劳动[①]。王积业（1981）[②] 则从生产劳动一般和生产劳动特殊的视角认为，"马克思讲资本主义意义上的生产劳动是生产剩余价值的劳动，是就物质生产劳动者的劳动来说的，不包括非生产领域劳动者的劳动"。"社会主义制度下的生产劳动是生产剩余产品的劳动。生产剩余产品的劳动是满足社会日益增长的物质和文化生活需要的劳动。但是不能反过来说，凡是满足这种需要的劳动都是生产劳动，因为在后一种情况下，既有生产剩余产品的劳动，也有非生产领域不生产剩余产品的劳动"。他还研究了个体劳动的问题，他认为，"个体劳动者的劳动，从生产劳动一般的角度看是生产劳动；从生产劳动特殊的角度看它不属于生产劳动"。卫兴华（1981）[③] 从生产协作的视角，就生产劳动的范围问题，对于光远等人提出的宽派观点

---

① 孙冶方否认一些生产辅助部门的劳动属于生产劳动，如科学研究。参见李成瑞、孙冶方、王积业、戴世光《首都经济理论界座谈生产劳动与非生产劳动问题》，《经济学动态》1981 年第 8 期，第 6—11 页。

② 王积业：《关于社会主义制度下生产劳动与非生产劳动的区分问题》，《经济研究》1981 年第 9 期。

③ 卫兴华：《关于生产劳动和非生产劳动问题——与于光远、童大林等同志商榷》，《经济理论与经济管理》1981 年第 6 期。

进行了批评。他认为，虽然马克思在对生产劳动的研究过程中，根据劳动协作的发展情况，将生产劳动从直接生产工人的劳动，扩大到总体工人的劳动①。因此，"凡是参加物质生产过程的一切成员，包括体力劳动者，也包括脑力劳动者——如工程技术人员，管理人员等，都是生产劳动者"。但是，对这种扩大并不能无限推论，应限于生产辅助部门。如果在生产劳动的概念里，再引入生产关系的维度，则会将生产劳动的范畴缩小②。因此，于光远等人的生产劳动概念过于扩大了总体工人的范围，对生产关系维度的生产劳动缩小问题忽略，导致了其生产劳动的领域过宽。因此，"把托儿所、幼儿园、影剧院、银行、信托业、保险业、广告业、婚姻介绍所，以及教育、体育等部门，统统规定为创造国民收入的生产部门，既无理论根据，又无实际意义"③。因为这些部门都不是属于国民收入的创造部门，而只是国民收入的扣除。李成瑞等（1981）④认为，只有物质生产部门的劳动才是生产劳动，但物质部门的具体范围，则应该进一步研究⑤。在统计工作中，也可以研究西方的统计体系，以便于进行比较。他还介绍了南斯拉夫和罗马尼亚对于这个问题的观点。

---

① 马克思写道："随着劳动过程本身的协作性质的发展，生产劳动和它的承担者即生产工人的概念也就必然扩大。为了从事生产劳动，现在不一定要亲自动手；只要成为总体工人的一个器官，完成他所属的某一种职能就够了。"《马克思恩格斯全集》第 23 卷，人民出版社 1972 年版，第 556 页。

② 在卫兴华看来，"不能把生产剩余价值的劳动，同生产物质产品的劳动割裂开来和对立起来。生产物质产品的劳动不一定是生产剩余价值的劳动，但生产剩余价值的劳动必然是在物质生产领域中进行的劳动"。

③ 卫兴华：《马克思的生产劳动理论》，《中国社会科学》1983 年第 6 期。

④ 李成瑞、孙冶方、王积业、戴世光：《首都经济理论界座谈生产劳动与非生产劳动问题》，《经济学动态》1981 年第 8 期。

⑤ 例如，他介绍南斯拉夫按物质生产部门的净产值计算国民收入，但把旅游业列入了物质生产部门。罗马尼亚原则上也坚持物质生产部门是生产性劳动，但他们把旅游业、科研、书籍报刊编辑出版、信息收集处理、洗染、照相列入了物质生产部门。

奚兆永（1981）[①]认为，社会主义下的生产劳动既必须符合劳动过程的一般规定（必须是物化在产品中的劳动），又必须符合社会主义生产关系的特殊规定（生产者与公有的生产资料相结合进行的劳动），二者缺一不可，其范围既不应该任意扩大，也不应任意缩小[②]。因此，银行、商业、科技、教育等都不属于生产性劳动。个体劳动也不属于生产劳动。

窄派从生产结果出发，基于生产结果的物质性，对生产劳动进行定义。此类观点在苏联属于正统观点，而且，基于这一理论，苏联还建立了与之相匹配的国民经济管理与核算体系，即物质产品平衡表体系 MPS。在计划经济体制下，物质产品具有可视性，其数量、质量等的控制度较好，有利于以中央计划的方式进行调度与统筹。因此，窄派的观点与计划经济及相关核算体系形成了一个较为完备的体系，在社会生产力较低下，服务业不发达的情况下，具有一定的适用性。但是，随着社会经济的发展，服务业的兴起，以及生产服务在社会生产力提升方面发挥出越来越大的作用，窄派的观点与社会现实日益脱钩，其理论适用度越来越差。而且，在理论上，从物质生产结果出发来划分生产劳动和非生产劳动是有问题的，这不符合马克思关于生产劳动论述的原意。

四 关于生产劳动与非生产劳动讨论的余波

从 1984 年开始，中央开始对第三产业发展问题高度重视。1984 年，中央领导同志指出，今后要大力发展第三产业。并明确提出，"发展第三产业，可以解决就业问题，发展生产，繁荣

---

① 奚兆永：《关于社会主义制度下的生产劳动和非生产劳动问题》，《中国经济问题》1981 年第 6 期。

② 作者认为，除生产工人外，那些为生产物质产品服务的工程技术人员、企业管理人员的劳动理应也视为生产劳动。

经济"。还提出了一个重要观点,"社会越是进步,搞第三产业的人越多"[1]。在我们的研究范围内,这是领导人对第三产业发展规律的较早的公开表达。同时,还有领导同志将第三产业作为增长的动力提出来,并提出第三产业的市场化将对增长具有重要意义。他们指出,"随着生产力水平的提高和专业化、社会化的发展,'第三产业'将迅速发展。在一些发达国家中,'第三产业'占就业人口的60%—70%,在国民生产总值中占了50%—65%。我们国家的经济不发达,'第三产业'发展缓慢,据统计仅占就业人口的15%左右,占国民生产总值的20%左右"。"所有的城市和集镇,不要老是把注意力放在办地方工业上,以为办工业才能安排就业,而应当把主要力量放在搞基础设施,放在'第三产业'上。""我国的各种服务行业,包括文化娱乐、旅游业等,前途无量,发展之快,将会出人预料。过去第三产业,公用事业发展不起来,有一系列的问题。主要在于我们没有把它当成企业,而是当成福利事业甚至慈善事业来办,谁办谁赔钱,根本缺乏活力。这种办法必须改变。"[2] 1984年下半年,时任中共中央总书记胡耀邦在山东视察时指出:"放手发展'第三产业',包括鼓励个体户经营'第三产业',放开了没有?广东的经验证明,要想在较短时期内把经济搞活,打开新局面,从'第三产业'抓起是一个好办法。发展'第三产业',投资少,见效快,很有必要。"

1985年4月5日,国务院同意并转发了国家统计局《关于建立第三产业统计的报告》,较为明确地界定和划分了第三产业的范畴和领域。首次将第三产业纳入正式的统计指标中。之

---

[1] 参见《领导同志谈今后要大力发展第三产业》,《经济工作通讯》1984年第15期,第2页。

[2] 参见《国务院领导同志谈要进一步把"第三产业"放开》,《经济工作通讯》1984年第18期,第2页。

后发布的《中共中央关于制定国民经济和社会发展第七个五年计划的建议》把"加快发展为生产和生活服务的第三产业，逐步改变第三产业同第一、第二产业比例不相协调的状况"列为经济建设的战略布局的"第四条方针"。指出："第三产业的兴起和发达是社会分工进一步发展和劳动生产率不断提高的必然趋势，是现代化经济的一个重要特征。长期以来，我国第三产业严重落后，交通不畅，信息不灵，产前产后的服务以及商业、金融、技术咨询等事业都很不发达，造成资金使用效益差，生产效率低，并且使群众生活十分不便。必须加快第三产业的发展，提高它在整个国民经济中的比重，这既是形成新的经济发展格局的一项战略措施，也是发展商品经济的一项重大改革。"建议还提出，这是在中共中央文件中首次出现第三产业概念。这个文件首次明确提出了第三产业的兴起是经济发展过程中的一个必然趋势，阐明了第三产业在现代经济发展过程中的重要作用。

中央的这些决定，不但在国民经济管理实践中承认了第三产业的地位，更明确了第三产业的生产劳动性质。至此，关于生产劳动的讨论逐渐减少[1]。之后的一些研究主要集中在服务劳动是否创造价值。苏星（1992）[2] 认为，只有物质生产领域的劳动才能创造价值。他强烈批评谷书堂（1989）[3] 所提出的活化劳动与物化劳动均参与价值创造的观点，并认为这种观点取消了生产劳动和非生产劳动的界限，认为物质生产领域和非物质生产领域的劳动都创造价值，不符合马克思的劳动价值论。谷书堂与柳欣（1993）[4] 对苏星的批评

---

[1] 钱伯海：《深化劳动价值认识的理论思考》，载逄锦聚、柳欣、周立群《社会主义劳动与劳动价值论研究》，南开大学出版社 2002 年版，第 310 页。

[2] 苏星：《劳动价值论一元论》，《中国社会科学》1992 年第 6 期。

[3] 谷书堂等：《社会主义经济学通论》，上海人民出版社 1989 年版。

[4] 谷书堂、柳欣：《新劳动价值论一元论——与苏星同志商榷》，《中国社会科学》1993 年第 6 期。

予以回应。他们认为，商业、金融、科技研发、教育培训等行业在社会生产中的作用越来越大，这些行业的劳动必然是创造价值的劳动。钱伯海也多次发表文章，论证"第三产业劳动也是创造价值的劳动"的观点。他的观点在其出版的专著中得到了系统论述[1]。吴易风（1995）[2]认为，第三产业是西方经济学家提出的一个概念，同马克思的劳动价值论没有任何关系，因此，"没有必要、也没有可能给三次产业分类法提供劳动价值论基础"。具体而言，有部分第三产业的行业的劳动是生产劳动，创造有价值。李江帆在1996—1997年发表了近十篇论文讨论服务劳动是否为生产劳动，是否创造价值的问题。李江帆（1996）[3]认为，创造有价值的劳动的两个条件：一是创造出使用价值（不论是实物形式的还是非实物形式的）；二是用于交换。因此，第三产业的劳动也是创造价值的劳动。在之后，李江帆（1997）[4]对"服务劳动不是生产劳动，服务劳动不创造价值"的观点进行了更为系统的批评。程恩富（2001）[5]则提出，创造价值的劳动包括为市场交换而生产的一切生产领域，所以市场化的服务部门的劳动创造价值。但是，非市场化的服务部门的劳动不创造价值。程恩富（2001）的观点与李江帆（1997）的观点有相同之处。

2001年之后，虽然关于生产劳动与非生产劳动的理论争论还偶有一些声音，但是，理论创新的突破并不大，整体上不再是服务经济学研究的主流内容。

---

[1] 钱伯海：《社会劳动价值论》，中国经济出版社1997年版。
[2] 吴易风：《价值理论"新见解"辨析》，《当代经济研究》1995年第4期。
[3] 李江帆：《劳动价值理论的新发展——服务价值理论》，《经济学家》1996年第2期。
[4] 李江帆：《服务劳动不创造价值吗？——与否定服务劳动创造价值的流行论点商榷》，《财贸经济》1997年第9期。
[5] 程恩富：《科学地认识和发展劳动价值论——兼立"新的活劳动价值一元论"》，《财经研究》2001年第27期。

第四节 生产劳动与非生产劳动争论的实践意义

生产性劳动与非生产性劳动的争论,对推动中国服务业发展、改进服务业统计与核算具有重大的理论和现实意义。

一 为加快服务业发展扫清了理论障碍

在新中国成立之后相当长一段时间里,我们将服务领域的劳动视为非生产性劳动,这导致了这些领域的发展极其缓慢,不但影响了百姓的生活水平,也对经济增长形成了不利影响。1952—1978年,虽然全国的人口从57482万人增加到了96259万人,增加了67.5%,但从事零售商业、餐饮服务业和日杂物品经营的人员却从950万降低到610万,零售业从业人员从550万降低到130万。据测算,全国平均每千户城市居民所需要商业网点面积以700—800平方米为宜,但实际上只有320平方米左右。1952—1978年,我国全民所有制商业、服务业的职工占整个全民所有制职工的比重,由18.5%下降到11.9%;按大口径计算的服务部门职工所占比重,由36.1%下降到26.7%[1]。各省的数据也印证了这一点。据调研,1955年,北京市有商业、饮食业、服务业网点59625个,1979年下降到14221个[2]。据统计,1957—1979年辽宁省城市人口增加了18%,商业、饮食服务业的网点却减少了86%。沈阳市出现了全市性的吃饭难、修鞋难和修车难的局面[3]。这些生活服务领域的网点及就业人数的下

---

[1] 沙吉才、孙长宁:《论社会主义的服务劳动》,《财贸经济》1981年第3期。
[2] 《北京市第三产业发展情况——全国政协和北京市政协经济建设组调查报告摘要》,《计划工作动态》1985年第8期。
[3] 林宏桥、徐兴田、黄祖馨、秦广生:《正确认识和对待城镇个体商业服务业》,《经济研究》1980年第11期。

降，与将这些领域的劳动视为非生产性劳动有很大的关系。而通过生产劳动与非生产劳动的理论争论，社会各界就"服务部门的劳动也属于生产劳动"，这为服务业的快速发展提供了良好的基础。从实际发展成就看，1978—2018 年，中国改革开放走过 40 年，这 40 年间，服务业（第三产业）是唯一一个占 GDP 比重与就业比重保持着持续上升的行业。服务业名义增加值从 860.5 亿元增加到 2018 年的 469575 亿元，占 GDP 的比重从 23.4% 增加到 52.2%，就业人数从 4890.0 万人，增加到 34872.0 万人，自 2011 年开始，我国服务业就成了吸纳就业人数最多的产业部门，至 2018 年，服务业就业人数占比为 46% 左右，持续保持为吸纳就业最多的产业部门，极大地缓解了我国的就业压力。

二　推动了服务业价格的回归，为服务业市场化提供了理论依据

长期以来，服务业的相当一部分行业被作为福利事业或者准福利事业运营，加上当时的体制，使服务业的价格体制一直未能理顺，这导致了服务业的供给不足，效率低下。于泰厚（1986）[①] 指出，在当时的情况下，把第三产业的劳动看作非生产性劳动，在资源分配等方面受到歧视，在定价方面，忽略第三产业的生产劳动性质，将第三产业作为慈善事业办，这使大量服务行业的价格偏低，缺乏扩大再生产的资金，甚至连简单再生产都不能维持。通过讨论，社会各界认知到第三产业的劳动也属于生产劳动，这为建立合理的服务业价格打下了基础，也为未来将服务领域推进市场化改革提供了基础。有利于党和国家对服务业发展作出统筹安排。

随着争论的深入，对服务业劳动的生产劳动认识不断加深，党和国家对服务业的发展高度重视。1985 年，六届人大三次会议的政府工作报告明确指出："大力发展包括商业、外贸、交

[①]　于泰厚：《第三产业价格改革的方向》，《辽宁大学学报（哲学社会科学版）》1986 年第 2 期。

通、邮电、旅游、金融、保险、咨询、技术服务和其他社会服务的第三产业……应当把国民生产总值的增长情况，作为考核大城市经济发展的主要指标。"这是在政府工作报告中首次详细论述"第三产业"发展，并将其作为大城市考核的主要指标。1986年4月六届人大四次会议通过的《中华人民共和国国民经济和社会发展第七个五年计划》提出，第三产业发展是经济结构调整的一个重要方面，要"大力发展为生产和生活服务的第三产业，特别是要大力开展咨询服务，积极发展金融，保险，信息等事业"，并规定了第三产业的发展目标。这是在中国五年计划中首次出现"第三产业"概念。中共中央、国务院在1992年6月发布《关于加快发展第三产业的决定》（中发〔1992〕5号）。这是第一个中央层面专门促进第三产业发展的政策文件。1992年10月召开的党的第十四次代表大会指出："第三产业的兴旺发达，是现代化经济的一个重要特征。"[1]

这些相关政策文件的陆续出台，说明党和政府充分尊重学术界的理论研究成果，对服务业发展高度重视。

三 有利于建立更为适合国情的国民经济统计体系

通过生产劳动与非生产劳动的讨论，统计部门也根据这些讨论的成果，对既有的统计体系（SNA 与 MPS）进行了更加深入的研究与探讨[2]。而到 1985 年时，我国正式建立第三产业统计制度。并自 1992 年起从 MPS 向 SNA 平稳过渡，国家统计局制定了《中国国民经济核算体系（试行方案）》，宣布自 1995 开始实行国民经济核算体系。这些统计制度方面的改革，加快了我国统计体系与国际接轨的步伐，为中国的经济发展提供了更好的统计学基础。

---

[1] 《江泽民在中国共产党第十四次代表大会上的报告》，1992 年 10 月 12 日。
[2] 参见《统计科学讨论的一次盛会——第二次全国统计科学讨论会简介》，《中国统计》1981 年第 3 期，第 7—11 页。

总之，关于生产劳动与非生产劳动的理论争论，为我国改革开放，尤其是服务经济领域的改革开放，提供了非常有价值的理论基础，并为我国服务业发展的政策制定等提供了方向，在新中国服务经济思想史上占据了极为重要地位。

第 二 章

新中国服务业统计和核算研究

第一节 前言

新中国成立70年以来，服务经济得到飞速发展，2018年，中国服务业增加值占GDP的比重达到历史最高点52.2%。与此同时，伴随着我国国民经济核算体系的逐步完善，服务业统计核算相关研究大量涌现。

服务业统计和核算是国民经济核算和服务经济研究的交叉领域。国民经济核算体系理论与实践的每一次演进，都推动了服务业统计与核算制度改革。由于服务业的无形性、同时性和差异性，世界各国的服务业统计与核算都存在困难和缺陷，中国也不例外。新中国成立70年以来，统计学和经济学专家学者对该领域进行了大量研究和探索。根据服务业统计和核算领域的国内相关文献，按中国国民经济核算理论和实践的发展线索进行全面系统梳理，大致可以分为4个阶段：第一阶段：服务业统计和核算研究被忽视阶段（1949—1985），受物质生产观的影响，国民经济统计核算中几乎没有统计第三产业（除交通运输业外）。第二阶段：服务业统计和核算研究不断向国际接轨的过渡阶段（1985—1993），服务业逐步纳入国民经济统计核算范围内，MPS体系和SNA体系（试行）并行阶段。第三阶段：服务业统计和核算研究的全面探索阶段（1993—2013），这一阶段的服务业统计核算方法日益完善，统计核算资料日益丰富，中国全面进入新国民经济核算体系。第四阶段：服务业统计和核算研究的新阶段（2013年至今）。随着新经济的快速发展和全球价值链深入发展，对服务业的统计和核算提出了新要求和新挑战，统计理论方法急需新突破。

第二节　服务业统计和核算研究被忽视阶段(1949—1985)

我国最早有国民经济核算是在第二次世界大战时期，但真正建立起这一体系则是新中国成立初期，这一时期是物质产品平衡体系的建立和发展阶段（1952—1985）。新中国成立以来，我国实现统一的计划经济，借鉴苏联的经验，建立了物质产品平衡体系，且MPS得到了迅速发展。该体系中国民经济总产值以工农业总产值核算为标志，基本上不包括第三产业。

MPS体系与SNA体系最大区别在于非物质生产领域的核算。因为MPS不核算非物质部门的生产，所以我国以前用MPS体系核算的GDP实际上低估了我国的国民生产总值。根据产品形态及其在社会再生产中的地位，国民经济生产活动包括物质生产和非物质生产，其中物质生产部门包括农、工、建筑、商业、运输、邮电业等行业，非物质生产部门包括其他各种服务行业。根据产品形态及其使用特点，国民经济的生产活动包括货物生产和服务生产，其中，服务是物质生产活动以外一切只能以活动形式提供的产品，它的特点是生产活动与生产成果合而为一，服务不可储存，其生产、流通和使用过程同步进行，同时完成，生产多少就使用多少。因而，在改革开放之前，受计划经济条件的影响，理论界对马克思劳动价值论和再生产理论的片面理解，长期认为大部分第三产业行业部门是非物质生产部门，只消耗社会财富，不创造价值和使用价值，作为非生产性劳动的第三产业甚至未被当作国民经济中的一个部门来考虑，故而一直游离在理论研究的视野之外。因此，在MPS体系下几乎不存在服务业统计核算，对服务业的统计和核算的研究非常小。

第三节　服务业统计和核算研究向国际接轨的过渡阶段（1985—1993）

随着改革开放加快推进，市场经济深入人心，为了适应市场经济的要求，我国开始探索和建立国民账户体系（SNA体系，有时也称为国民账户体系）。这个时期开始意识到服务业统计在国民经济核算体系中的地位和重要性，我国逐步由MPS体系向SNA体系转换，开始试算SNA体系的国内生产总值，这一时期，MPA和SNA两套体系处于并行阶段。要完全转向SNA体系，必须解决服务业的非生产性问题，才能名正言顺地对服务业进行统计和核算。因此，学术界和政府部门的一些专家学者开始对服务业的非生产性这一理论问题进行探讨。

第三产业劳动具有什么性质，是经济理论界一直有争论的一个问题，分歧点在于它究竟是生产性劳动还是非生产性劳动。骆耕漠（1985）则直接从第三产业的性质和内容进行讨论，认为"第三产业论"以及"服务业论"，并没有准确理解第三产业所要刻画的经济现象和经济行为，而应当从马克思的"第四物质生产领域"理论和服务理论来理解生产性服务业和非生产性服务业同服务业事业的结构与本质关系[①]。骆耕漠（1985）较早地从性质视角探讨服务业

[①] 骆耕漠：《必须分清"第三产业"的大杂烩性质——发展"第三产业"（服务业）问题之一》，《经济学动态》1985年第8期。

发展，为后期服务业的发展提供了理论基础。服务消费的发展趋势决定了服务业的重要战略地位，随着人均国民收入的提高，居民消费结构必然发生变化，对消费服务业提出了不同层次的需求。另一方面，随着城市功能的充分发挥，服务业必将得到充分发展[1]。因此，服务业的发展要充分利用政策促进服务业多样性的快速发展[2]。温端云（1986）对第三产业劳动的性质进行进一步分析，进而说明其经济效益的评价和产值的核算[3]。

1987年在广州召开了第二次国民经济核算体系理论与方法论科学讨论会，会议主要讨论了如何进行生产劳动和非生产劳动、如何划分物质生产部门和非物质生产部门及同质性计算问题。这些问题的讨论为我国新国民经济核算体系方案提供了理论基础。对生产劳动范围的界定，不能停留在五大物质生产部门的原有划分上，要承认所谓非物质性劳务在经济发展中也可以具有生产性；也不能停留在纯粹的理论上，要紧密结合宏观经济管理的现实需要，把生产劳动的划分建立在我国国民经济核算体系这个系统工程之中，考虑实践的可行性。这次会议说明有关第三产业的生产性和非生产性的讨论从理论走向实践，理论上基本上达成一致，政府和学界正式承认在国民经济核算中引入"综合生产观"，着手对第三产业纳入生产核算。黄良文（1988）指出：第三产业一般是属于非物质生产领域的，然而能不能把非物质生产等同于非生产，值得讨论。……不能用物质产品的特性来要求非物质产品的特性，而得出非生产的结论。表示第三产业的规模及其在国民经济中的产品的地位，可以有许多方法，但最基本的方法是通过服

---

[1] 骆耕漠：《必须分清"第三产业"的大杂烩性质——发展"第三产业"（服务业）问题之一》，《经济学动态》1985年第8期。

[2] 顾纪瑞、张君诚、徐七凌：《有计划商品经济和服务业的发展》，《商业经济研究》1985年第4期。

[3] 温端云：《试论第三产业劳动的性质及其效益、产值的核算》，《湖北大学学报（哲学社会科学版）》1986年第5期。

务业的生产成果来反映，这就要用到国民生产总值指标[①]。第三产业的经济学理论方面的研究集大成著作为李江帆的《第三产业经济学》，该书获 1990 年孙冶方经济学奖[②]。

与此同时，这一时期对第三产业的统计问题进行了大量研究，主要聚焦在以下两个方面：一是如何划分第三产业；二是第三产业的生产核算和使用核算。第三产业生产核算是指第三产业增加值核算，使用核算是指最终消费、资本形成和进出口核算。

（1）如何划分第三产业：1985 年 3 月 19 日，国家统计局向国务院提交了《关于建立第三产业统计的报告》，提出了三次产业分类和建立第三产业统计及国内生产总值核算的必要性。这是服务业统计和核算正式走向落实的重要标志。1985 年报告对三次产业的划分为：第一产业：农业，包括农业、林业、牧业和渔业；第二产业：工业和建筑业，其中工业包括采掘业、制造业、自来水、电力蒸汽、热水、煤气；第三产业：除上述第一、第二产业以外的其他各业，可以分为两个部分：一是流通部门；二是服务部门。进一步可分为四个层次：第一层次：流通部门，包括交通运输业、邮电通信业、商业饮食业、物资供销和仓储业。第二层次：为生产和生活服务的部门，包括金融保险业、地质普查业、房地产业、公用事业、居民服务业、旅游业、咨询信息服务业和各类技术服务业等。第三层次：为提高科学文化水平和居民素质服务的部门，包括教育、文化、广播电视事业，科学研究事业，卫生、体育和社会福利事业等。第四层次：为社会公共需要服务的部门，包括国家机关、政党机关、社会团体，以及军队和警察等。钟兆修（1985）对如何划分第三产业从社会历史发展规律、国际比较等角度进行了论述，认为三次产业可以划分为：第一产业：农、牧、渔、林业；第二产业：工矿业，建筑业；第三产业：不属于第

---

① 黄良文：《第三产业统计的几个理论问题》，《中国经济问题》1988 年第 2 期。
② 李江帆：《第三产业经济学》，广东人民出版社 1990 年版。

一、第二产业的所有行业①。方秉铸(1986)对1985年报告三次产业的划分提出了两条值得注意的意见:一是,继续做好社会总产值和国民收入统计,保持原有国民经济统计核算体系不变;二是,关于第三产业和国民生产总值的计算口径,与西方国家计算范围有所区别,这是符合我国发展第三产业的需要的。方秉铸(1986)进一步指出,由于资本主义生产关系带来的反映资本主义制度的腐朽性的活动,不应作为第三产业加以核算,如国家官僚机构的臃肿庞大,投机事业的猖獗,下流娱乐的盛行,娼妓赌博的泛滥等②。

(2)第三产业的生产核算和使用核算:在过渡阶段,一些专家学者对采用什么指标来反映第三产业的生产核算进行了探讨。相关研究一般强调在现有的统计基础上,如何向SNA过渡,并力求国际可比性。在MPS阶段,我国第三产业内部行业的统计非常薄弱,亟待加强。一些细分行业既有价值指标,也有实物指标,如交通运输业有运输总收入,也有货物吨公里。有些只有实物指标,没有价值指标,教育行业一般只统计学校、教职员工和学生数,但是财务收支没有统计,因此,第三产业的统计基础和数据明显比第一产业、第二产业薄弱,为了形成了SNA国民经济核算体系,第三产业的统计指标应该与第一产业、第二产业相匹配,这些指标包括发展规模、速度、结构等等。王杰(1986)指出:建立具有中国特色的第三产业统计是形势发展的要求。如何结合我国实际,准确计量第三产业的服务价值,确定其核算范围和方法,是首先需要解决的问题③。此外,为了核算不变价的第三产业产值、增加值,需要对第三产业价格进行核算。进行国民经济核算时,以市场价格为主,但是,要正确评价发展速度,消除价格因

---

① 钟兆修:《第三产业统计问题初探》,《财经问题研究》1985年第3期。
② 方秉铸:《发展第三产业与国民经济核算体系——关于建立有中国特色的统计核算体系问题》,《统计研究》1986年第4期。
③ 王杰:《关于第三产业服务产值统计问题》,《统计研究》1986年第4期。

素，就需要对第三产业的价格指数进行统计。

第四节　服务业统计和核算研究的全面探索阶段(1993—2013)

在过渡阶段，MPS 体系和 SNA 体系是并行的。而从 1993 年开始，以取消 MPS 体系的国民收入核算为主要标志，我国进入 SNA 体系的迅速发展阶段。在正式进入新的国民经济核算体系后，又细分为三个阶段：第一次经济普查前、第一次经济普查年度和第一次经济普查后。2004 年开展的第一次全国经济普查，在中国国民经济核算体系发展历史上具有重要的里程碑意义。国家统计局利用这次经济普查机会，改善了中国国民经济核算的资料来源，细化了基本分类，完善了核算方法，提高了数据质量，有力地推动了中国国民经济核算体系的发展。自第一次全国经济普查以后，我国的国民经济核算工作基本上和国际接轨。

1995 年，我国的旧国民经济核算体系全部转到新核算体系（SNA 核算体系）。而旧核算体系（主要是 MPS）和新核算体系的根本区别是：新核算体系扩大了生产核算范围，把第三产业完全纳入 GDP 核算范围内。这一实际做法，对比过去只认定物质生产才是生产的 MPS 核算观点，是一次巨大的突破。然而，受传统 MPS 的影响，仍然有一些反对观点：认为推行新的国民核算体系，是走一条非马克思主义的路子，与传统劳动价值论不相容，是与资产阶级庸俗经济学同流合污。为此，一些学者再次对此进行了争论，如钱伯海（1994）提出了社会劳动创造价值的观点，着重指出社会劳动包括企业的物化劳动（生产资料）也创造价值[1]。李定中（1994）也

---

[1]　钱伯海：《社会劳动创造价值之我见》，《经济学家》1994 年第 2 期。

进行了相关辩论①。随后，钱伯海（1995）以三次产业与劳动价值理论的议题，对李定中同志的观点进行再商榷②。

除了一些对第三产业的生产性和非生产性的理论上的再探讨，这一时期，更多的研究集中于第三产业统计实践中遇到的问题以及解决方法。我国服务业统计日益完善，形成了常规统计和周期性普查的两种统计形式。赵同录（2006）指出：我国现行服务业统计主要采取常规统计和周期性普查两种形式，其中以常规统计为主。常规统计分两类：第一类是传统服务业，主要以部门统计为主，即除部分服务业统计（批发和零售业、餐饮业、房地产开发业等）由国家统计局负责外，诸如交通运输业、邮政电信业、金融保险业、教育、卫生、文化、体育等服务行业统计由有关业务管理部门负责。第二类是一些新兴服务业（如租赁业、商务服务业、娱乐业、居民服务业等）主要由国家统计局负责抽样调查。周期性普查由国家统计局负责，有关部门参与。迄今为止，服务业普查已进行了两次，第一次第三产业普查，调查了1991年和1992年各类服务业的发展情况；第二次是2004年全国经济普查，将第三产业普查纳入经济普查，对其进行了全面调查。经国务院批准，全国经济普查每10年进行两次，分别在逢3、逢8的年份实施。服务业普查是经济普查的重要组成部分③。

对于三次产业的划分进行修订，2003年，国家统计局废止了1985年的第三产业划分，根据新颁布的《国民经济行业分类》（GB/T4757—2002），进行重新划分：第一产业：农、林、牧、渔业（包括农林牧渔服务业）。第二产业：采矿业，制造业，电力、燃气、水的生产和供应业，建筑业。第三产业：除第一、二产业以外的其

---

① 李定中：《关于先进技术创造价值的问题——兼与钱伯海同志商榷》，《经济学家》1994年第5期。

② 钱伯海：《劳动价值理论与三次产业》，《经济学家》1995年第3期。

③ 赵同录：《加快服务业统计改革，完善GDP核算》，《统计研究》2006年第9期。

他行业。包括：(1) 交通运输、仓储和邮政业。(2) 信息传输、计算机服务和软件业。(3) 批发和零售业。(4) 住宿和餐饮业。(5) 金融业。(6) 房地产业。(7) 租赁和商务服务业。(8) 科学研究、技术服务和地质勘探业。(9) 水利、环境和公共设施管理业。(10) 居民服务和其他服务业。(11) 教育。(12) 卫生、社会保障和社会福利业。(13) 文化、体育和娱乐业。(14) 公共管理和社会组织。(15) 国际组织。从此，从统计应用角度上，服务业和第三产业出现了差异。值得一提的是，由于以前我国工业企业的产值都算作第二产业的产值，但是随着经济的发展，工业企业的生产方式发生了很大的变化。工业企业内部服务活动的比重也逐渐上升，例如科技研发等费用和产值的上升，这些虽然属于服务业的范畴，但是由于目前统计现状，我们把它统计在工业企业的产值中，同时也无法精确地从工业企业的投入产出核算里面分离出来，所以目前仍然是作为工业企业产值的一部分。

这一阶段，第三产业的统计正式纳入 GDP 核算，第三产业增加值核算正式进入统计实践，一些专家学者开始对第三产业的具体生产和使用核算方法和问题进行了研究。田小青 (1993) 介绍了生产法、收入法和支出法三种核算第三产业增加值的方法[①]。刘厚甫、王中华 (1993) 指出：由于我国过去采用 MPS 核算体系，对第三产业的很多细分行业不计算产出，改用新的国民经济核算体系，这个体系刚成立，难免存在一些问题，问题大体分为：(1) 基层统计不全，遗漏较多。(2) 基层单位存在瞒报、少报或不报资料的情况。(3) 居民服务领域增加值少计。(4) 核算方法制度上有漏洞。(5) 对地下经济活动无法进行统计。(6) 企业办社会问题[②]。岳希明、张曙光 (2002) 对我国服务业增加值估算中存在的问题的研究

---

① 田小青：《GDP 及第三产业增加值的核算方法》，《中国统计》1993 年第 7 期。
② 刘厚甫、王中华：《我国第三产业核算中的问题》，《经济与管理研究》1993 年第 1 期。

中指出：由于历史原因和服务业本身的一些特点，我国现价服务业增加值被严重地低估了，服务业增长率计算也可能存在偏差。从长远的角度来说，服务业增加值核算的改善在很大程度上取决于统计调查的完善。但是，在现有的条件下，仍然有很大的改善余地[①]。许宪春（2004）对我国服务业核算及其存在的问题进行了全面系统的研究，阐述了服务业现价核算和不变价核算中存在的若干问题，包括资料来源缺口和口径问题，金融媒介服务的处理问题，房地产业核算问题，计算机软件的处理问题，服务业价格指数问题等[②]。在不变价核算中，服务业生产者价格指数存在缺口。中国目前只有工业品的价格指数，而没有编制服务业生产者价格指数，许多服务业不变价增加值计算采用的是居民消费价格指数对应的服务项目价格指数。消费性服务的价格可以用来代替部门服务业的价格指数，但是，有些服务，如计算机服务、会计师服务、广告服务，其服务对象往往不是居民住户，属于生产性服务，就需要建立与此对应的服务业价格指数。然而，我国对这些服务业不变价增加值测算实际上没有对应的价格指数。在这种情况下，只能用有关价格指数做替代，这将影响到不变价增加值测算的准确性。生产性服务的价格指数是我国国民经济核算中的一大空白，这也是我国需要深入研究的领域。其次是服务业贸易价格指数缺乏。中国目前还没有编制服务贸易价格指数，服务进出口的不变价计算只能参考货物贸易价格指数和国内外相关服务价格指数。

随着第三产业的加快发展，对第三产业的发展的原因、评估和衡量指标出现了大量研究结果。李江帆（1994）指出：一个地区的第三产业发展状况应由服务的社会需求决定，而人均 GDP、城市化

---

① 岳希明、张曙光：《我国服务业增加值的核算问题》，《经济研究》2002 年第 12 期。

② 许宪春：《中国服务业核算及其存在的问题研究》，《经济研究》2004 年第 7 期。

水平、人口密度和服务的输出状况是影响服务需求的主要因素。第三产业发展水平的衡量指标：第三产业比重、人均服务占有量和服务密度[①]。吴凡（1991）一文探讨了如何建立第三产业统计指标体系，并认为：第三产业作为国民经济的一个重要组成部分，它的指标体系原则上应与第一、第二产业的指标体系匹配，否则无法形成国民经济核算体系。要反映第三产业的发展规模、速度、结构及其与第一、第二产业之间的关系，采用分配于或使用于第一、第二、第三产业的劳动力、固定资产、投资等指标是必要的，而更为重要的还是以货币表现的总量指标即产值指标[②]。

服务业统计调查是社会各界了解服务业发展状况的重要渠道，也是国家制定相关政策措施的重要依据。为了进一步完善服务业统计调查工作，2011年国家统计局出台了《关于加强和完善服务业统计工作的意见》，意见中提出：为保证服务业统计数据的完整性和系统性，保持与其他专业统计数据的协调和统一，服务业统计应贯彻国民经济核算体系的统一要求，坚持"在地统计""权责发生制"和"市场价格估价"等原则。"在地统计"原则是指根据统计单位的常住地确定其统计归属地，即一个统计单位在我国境内设立生产经营场所，并长期（一年及以上）从事生产经营活动，按其生产经营活动发生地进行统计。"权责发生制"原则是指根据交易活动发生时间确定统计的报告期。企业（单位）财务统计指标的报告期确定，原则上应与其执行的会计制度保持一致。"市场价格估价"原则是指根据交易双方认定的成交价格进行统计。没有货币支付行为的交易，按市场上同类产品和服务的市场价格或按所发生的实际成本估价。

总之，这一时期我国服务业统计和核算工作取得了积极进展。通过第二次全国经济普查，基本摸清了我国服务业的总量、结构和

---

① 李江帆：《第三产业的产业性质、评估依据和衡量指标》，《华南师范大学学报（社会科学版）》1994年第3期。

② 吴凡：《第三产业的统计指标体系初探》，《浙江学刊》1991年第3期。

变化情况，在此基础上制定了服务业统计相关的国家标准，并在重要的服务业领域陆续建立了比较健全规范的常规统计制度。但是，我国服务业统计工作起步较晚，仍存在一些不容忽视的问题，如统计基础比较薄弱，统计范围覆盖不全，统计调查制度有待完善，在资料报送、信息共享和数据发布等方面尚未建立起有效的部门间协调合作机制，与服务业快速发展的形势不相适应，与加强和改善宏观调控的要求不相适应。必须尽快采取切实措施，着力解决服务业统计的突出问题，进一步加强和完善服务业统计工作。

第五节　服务业统计和核算研究的新阶段（2013年至今）

快速发展的第三产业对经济的主导作用日益增强。服务业新产业、新业态、新模式蓬勃兴起，对经济增长的贡献持续提升，成为新旧动能转换的推进器。服务业与传统产业的新融合、线上与线下的深度融合以及移动支付、人工智能等技术的日臻成熟等，催生带动如平台经济、智能经济、共享经济等新产业、新业态的发展。这些新经济的蓬勃发展，对统计工作提出了新的挑战，党的十九大报告指出要"完善统计体制"。许宪春（2016）对我国的国民经济核算发展和问题进行了精辟的阐述，指出我国国民经济核算存在的最大问题就是服务业核算问题，国民经济核算存在的问题的一个重大来源就是服务业核算中方法数据的缺乏或者实践经验、统计资料的缺乏，像餐饮业、物业管理业这些根本没有统计数据或者说没有很好的统计数据[①]。国内学者对第三产业的现有统计制度缺陷和新出现问题，尤其是新经济和全球价值链对服务业统计核算的影响两个方

---

① 许宪春：《中国国民经济核算：发展·改革·挑战》，《统计研究》2016年第7期。

面进行了研究。

由于网络购物的兴起，引起最终消费支出统计的误差。杨新洪（2018）指出：因网购消费的存在，地方层面按在卖方地统计的社会消费品零售总额难以准确反映当地的最终消费支出，而地方层面（省以下）难以获得网购消费买方数据[①]。制造业与服务业高度融合，新经济业态多元化，而实际统计实践中仅统计总部企业的主体业务，而忽略了其延伸业务。现行统计制度下，一般仅统计总部企业主体业务板块，而忽略附属经济业务。例如，华为公司的业务已多元化发展，不仅仅是电信制造商，但目前仅以"华为技术有限公司"存在规模以上工业一套表数据库中，季度增加值核算时采用全市通信设备制造行业平均增加值率计算企业的增加值。实际上，华为自身工业增加值率比平均值高几个点，而且其软件、服务等板块业务比重逐年上升，这块业务的增加值率更是远高于前者。这种制造业和服务业融合趋势，改变了华为的业务形态，对现行单一法人化的统计方法提出了挑战，完善全行业、全覆盖的综合统计制度势在必行。新业态、新模式的出现，这些新经济一般属于第三产业，而这些新业务按现在统计制度一般没有完全纳入统计口径，低估了服务业的增加值。共享单车成为许多城市居民短途出行的重要交通工具，成为连接公交车、地铁的重要纽带，改变和方便了人们的出行方式。然而共享单车提供的这些服务并没有进入服务业统计口径。很多互联网网站提供大量的免费或者低价的服务，比如信息服务、商品信息、旅游信息、医疗信息等，这些企业主要是通过在线广告获得收入。因此互联网企业提供的免费或者价格低廉的服务生产及居民关于这些服务的最终消费被忽略或者严重低估。

2018年国家统计局印发并实行《新产业新业态新商业模式统计分类（2018）》，为科学界定"三新"活动范围，监测"三新"经济活

[①] 杨新洪：《我国第三产业发展与现行统计制度及核算方法研究》，《调研世界》2018年第5期。

动规模、结构和质量提供了依据和标准，也有利于通过政府统计更好地反映经济发展的质量，有利于客观描述中国经济由高速度向高质量发展的进程。"三新"范围确定为现代农林牧渔业、先进制造业、新型能源活动、节能环保活动、互联网与现代信息技术服务、现代技术服务与创新创业服务、现代生产性服务活动、新型生活性服务活动、现代综合管理活动九大领域，其中涉及的大部分是第三产业。

这个阶段，技术进步对服务业发展的影响日益深刻。知识密集型服务业逐渐成为服务业的主导力量。知识密集型服务业如何统计，学术界也有了初步探讨。比如，魏和清（2017）在界定知识密集型服务业统计范围的基础上，根据最新的国民经济行业分类目录，提出了我国知识密集型服务业核算分类体系及核算体系，对知识形态下如何改进与完善国民核算体系进行了有益探索[1]。

近30年来，全球价值链深入发展，极大地改变了全球的生产格局和贸易本质。价值链已经成为世界经济的主导性特点。生产者在价值链序列生产过程中附加价值，以中间品形式传递到下一个生产者，经过多阶段生产和多次跨境交易，最后到达最终需求者。[2] 对全球价值链量化测度大致可归为两个维度：价值和位置。价值维度的测算文献已非常丰富，并日臻成熟，如 Hummels 等（2001）[3]、Koopman 等（2014）[4]、倪红福和夏杰长（2016）[5]。从全球价值链的

---

[1] 魏和清：《我国知识密集型服务业统计核算问题研究》，《科技进步与对策》2017年第12期。

[2] OECD, WTO, UNCTAD, 2013, Implications of Global Value Chains for Trade, Investment, Development and Jobs, Report Prepared for the G-20 Leaders Summit, Saint Petersburg (Russian Federation).

[3] Hummels, David, Ishii, Jun and Yi, Kei-Mu, 2001, The nature and growth of vertical specialization in world trade, *Journal of International Economics*, Elsevier, Vol. 54, No. 1.

[4] R. Koopman, Z. Wang and S. J. Wei, 2014, Tracing Value-Added and Double Counting in Gross Exports, *American Economic Review*, Vol. 104, No. 2.

[5] 倪红福、夏杰长：《中国区域在全球价值链中的作用及其变化》，《财贸经济》2016年第11期。

视角重新认识服务业,成为服务业统计核算研究中一个新的领域。服务在贸易中的作用一直被忽略,直到近年来,随着服务贸易自由化,对服务业作用的认识从作为中间投入到服务创造价值的作用升华。根据传统总值贸易统计数据,服务贸易只占全球贸易中的1/5左右。但是,从增加值贸易视角来看,根据增加值贸易数据库(TiVA)测算,服务业大致占到全球出口贸易的50%。不同统计方法衡量出口中服务业出口占比存在较大差异,主要原因是传统总值贸易统计存在"重复统计"[Koopman 等(2014)]。传统总值贸易方法低估了服务业在国际贸易中的作用。同时,中国服务贸易也得到快速发展。中国服务贸易规模稳居世界第二位。然而,中国服务业在国际贸易中的作用一直被忽视,出现了"服务业占半壁江山,而出口贸易中服务业比重很低"的矛盾现象。夏杰长和倪红福(2017)从全球价值链的视角,利用最新的增加值贸易测算和分解方法,测算分析了中国服务业在出口贸易中的作用,并初步考察了企业内置高端服务活动价值。研究发现:服务业增加值的直接出口相对比较少,主要通过隐含在制造业部门而间接出口。服务业各行业前向联系的增加值出口与相应行业总值出口的比率几乎都大于1,且该比率远大于第二产业;服务业在国际贸易中发挥的作用被低估。[1]程大中、程卓(2015)采用增加值贸易方法,测算出中国出口贸易中的服务含量所占比重大约是采用传统 BOP 统计口径测算结果的两倍,其中来自国外的服务含量占比趋于上升,来自国内的服务含量占比趋于下降;在双边贸易中,中国的增加值贸易出口中来自美国、日本、德国、韩国等发达经济体的服务含量较高。[2]程大中等(2017)从全球价值链的视角重新评估了服务贸易竞争力,研究发现:新算法实

---

[1] 夏杰长、倪红福:《服务贸易作用的重新评估:全球价值链视角》,《财贸经济》2017年第11期。

[2] 程大中、程卓:《中国出口贸易中的服务含量分析》,《统计研究》2015年第3期。

际测得中国服务出口占贸易总量35%左右，可见服务贸易被严重低估，研究结果也一定程度上解释了服务经济在一国的产业结构和贸易结构中存在地位的显著非对称性问题；中国制造业服务化趋势越来越明显，中国服务贸易出口通过自身直接出口的比重从2000年的32.16%下降到2014年的26.07%，呈现不断下降的趋势，而更多的服务价值是通过制成品出口而随之出口；无论是整体还是细分部门，中国服务贸易只是规模意义上的大国，而非服务贸易强国，国际竞争力不强[1]。

第六节 研究展望

随着服务业的大发展，尤其是近年来新经济和全球价值链的深入发展背景下，对服务业统计和核算提出了新问题、新要求。未来在服务业统计和核算的研究方面，急需在以下几个方面加强研究。

一 进一步加强建设完善的服务业统计调查制度和指标体系

我国服务业统计调查的起步较晚，调查手段和报表制度还不够成熟，服务业统计调查在GDP核算中应用还处于探索阶段，许多统计难点和问题还有待解决，如规模以上企业行业覆盖面不均衡，数据质量有待提高，服务业调查数据与部门统计数据的衔接不足。因此，建立完善的服务业统计调查制度和指标体系是一项重要的工作，也是研究重点。我们要建立和完善规模以上服务业统计报表制度和部门服务业财务统计报表制度，尽可能多地考虑行业覆盖问题。同时加强规模以下服务业的抽样调查统计报表制度和专门服务业统计报表制度。

---

[1] 程大中、郑乐凯、魏如青：《全球价值链视角下的中国服务贸易竞争力再评估》，《世界经济研究》2017年第5期。

二 完善服务业相关核算方法

服务业增加值核算中存在一些问题,如需要完善不变价增加值的核算,尽量使用双缩减法。至今为止,我国目前没有编制服务业生产者价格指数,大部分服务业不变价增加值计算采用的是居民消费价格指数中对应的服务项目价格指数。但是,有些服务,如计算机服务、会计师服务、广告服务,其服务对象往往不是居民住户。我国大部分服务行业核算目前还停留在使用单缩法的阶段,不仅缺乏中间投入的价格指数也缺乏理想的生产价格指数,还缺乏科学编制的工资率指数,部分物量指标也缺乏代表性。应学习借鉴各国不变价增加值核算的经验。电信服务业、互联网和相关服务业、房地产业、租赁和商务服务业、居民服务业、卫生行业、文体和娱乐业,各国多采用双缩法;研发行业、教育行业采用最多的是投入关联指数外推法。由于这些服务业不变价增加值核算实际上没有对应的消费者价格指数,我们急需逐步建立服务业生产者价格指数和服务贸易价格指数。房地产统计中的低估也是一个非常重大的问题,主要体现在以下几个方面:(1)房地产统计中没有包括房地产开发经营企业以外的企业和城乡居民住户从事的以营利为目的的房屋出租活动。(2)房地产统计中没有包括企业、事业和行政单位向本单位职工及其家庭提供的住房服务。(3)城市房地产管理部门提供的是一种国家补贴的低房租的福利性住房,其房租远低于市场价格。(4)城乡居民自有住房服务的增加值是按折旧计算的,估算偏低。(5)固定资产折旧数据一般是按历史成本计算的,也存在偏低的成分。

三 适应新经济和信息技术发展要求,改进国民经济核算的数据收集和方法

首先,新经济的发展对国民经济统计既是机遇也是挑战。机遇是带来了新的数据收集和统计调查方法,也是我国在对新经济统计

国际标准的制定发挥作用的机会。挑战是对基本概念、统计分类、统计调查方法、劳动力统计、价格指数编制方法、GDP核算原则和核算方法等诸多方面带来新的挑战。受益于技术水平的高速发展，产品质量的快速提升，而价格指数的编制中难以调整质量。典型的例子是一些电子产品在推出后不久就大幅降价。然而，尽管产品价格大幅下降，产品质量不仅没有下降，甚至还可能有所提高。同样，对于一些服务业产品也是一样的，如医疗服务的质量调整问题。互联网时代的免费服务，如智能手机中免费地图服务，这些服务在现有国民经济核算中，免费服务都没有统计和计入GDP。由于电子商务的发展，越来越多个人通过电商网站（淘宝平台等）、自媒体等出售商品或提供服务。但是这些服务可能并非以法人单位或个体经营户的名义发生，这给统计调查带来了一定的困难，可能造成GDP的低估。

其次，互联网平台下的分享经济的发展也给国民经济核算和统计带来新的挑战，以滴滴出行、美团为代表的共享经济模糊了生产与消费的边界。如不在滴滴平台上，私人汽车属于耐用消费品；而通过滴滴平台，汽车车主能够成为服务提供者，私人汽车在相当大程度上演变为具备持续商业运营价值的投资品。这样在分享经济背景下，如果仅仅把私人购买的汽车当作消费品，就低估了其对GDP的贡献。互联网平台下的分享经济给经济生活带来重要影响，对国民经济核算和统计提出了新的要求。探讨分享经济的内涵和界定，就分享经济对国民经济核算生产边界的扩大、核算原则和方法带来的挑战，以及统计数据收集和统计方法的改进方面带来的影响进行分析[1]。

---

[1] 宋旭光、贾玮：《分享经济对国民经济核算的影响》，《统计与信息论坛》2018年第3期。

四 基于从全球价值链视角下重新统计和核算服务业

服务贸易在全球经济活动中越来越重要。然而根据传统总值贸易统计数据,服务贸易只占全球贸易的1/5左右。但是,从增加值贸易视角来看,根据增加值贸易数据库(TiVA)测算,服务业大致占到全球出口贸易的50%。全球价值链分工体系下,传统总值贸易方法低估了服务业在国际贸易中的作用。利用全球价值链统计和核算方法重新评估服务业在国际贸易中作用,是值得深入探讨的问题。此外,随着制造业和服务业融合发展,尤其是随着人工智能的发展,机器人的逐渐普及,制造业企业内部从事生产活动的劳动力将减少,而从事服务活动的劳动力将增加,企业内部的服务活动创造的价值比重将进一步提高。因此,准确的测度企业内置的服务活动的价值,进而分析其中出口产品的比重,具有重要的理论和现实意义。对于该内置服务业问题,Miroudot(2013)利用详细企业内部的职业分类数据进行了初步探讨[1]。夏杰长和倪红福(2017)在此基础上和数据可获得性条件下,尝试对中国企业内部内置的服务活动的价值进行测算和分析[2]。然而这些研究都是建立在一系列的假设基础上的初步估算,需要进一步建立可靠的全球价值链统计数据库。

---

[1] Miroudot, S., D. Rouzet and F. Spinelli, 2013, Trade policy implications of global value chains: case studies, *OECD Trade Policy Papers*, No. 161, OECD Publishing, Paris.

[2] 夏杰长、倪红福:《服务贸易作用的重新评估:全球价值链视角》,《财贸经济》2017年第11期。

第 三 章

新中国服务业增长研究

第一节　前言

本章将通过代表性学者的论著勾勒新中国服务经济增长理论研究 70 年的基本脉络，并展望未来可能的研究趋势。

根据新中国服务业发展历程特征，本章把服务业增长研究分为三个重要阶段：初步探索期、不断拓展期和全面突破期。初步探索期是指新中国成立至邓小平 1992 年南方谈话，这一时期内中国经济的发展模式处于不断改革变化与探索中，中国服务经济发展与结构优化的研究也处于初步探索中，对服务业的认知逐渐成熟。总体看，在这个阶段，服务业问题基本边缘化，学界对服务业增长这样的重要议题也很少问津。不断拓展期是指邓小平 1992 年南方谈话至 2011 年，这段时间，党的文件正式确认社会主义市场经济地位，市场取向改革向纵深推进，中国服务经济高速发展，结构不断优化。全面突破期是指 2012 年党的十八大召开至今，这一时期服务经济对国民经济的贡献度达到历史最高水平，占 GDP 比重超过 50%，服务业稳居半壁江山，对国民经济贡献率显著提高，中国服务经济迈入了新的发展阶段。

第二节 服务业增长研究的初步
探索阶段(1950—1990)

一 服务业发展的初步认识

新中国成立后百废待兴,初始几年并没有商业的相关研究。仅有的研究主要是对社会主义商业改造情况的介绍,以及商业发展程度的初步判断。1956年的《统计工作通讯》发表了关于新中国商业纲的发展和1955年基本情况的文章,文章称商业纲经过社会主义改组和改造,新型的全国商业纲体系已经巩固地建立起来。新中国成立至1955年间中国社会主义商业纲的建立发展可以分两个阶段:1949—1952年、1953—1956年。第一阶段是中国服务经济的恢复时期,从经营主要商品的行业着手逐步扩展到国营商业批发机构,并在农村普遍建立供销合作社组织,以控制市场的领导权和稳定物价。第二阶段是社会主义商业的迅速发展时期,由于对私营商业实行了统筹兼顾、全面安排和全行业改造的方针,整个市场的组织性和计划性进一步得到了加强[1]。在新中国成立后这六年里,中国完成了私营商业社会主义改造工作,除少数边疆地区外,全部资本主义工商业都实行了公私合营,手工业也都实现了各种不同程度的合作化[2]。

社会主义改造完成之后,工商业的发展定位问题成为一个重要问题。商业工作在社会主义建设事业中,有重大的政治意义和经济意义。所有的商业工作中,采购部门、批发部门和零售单位,都应努力

---

[1] 本刊资料室:《我国商业纲的发展和1955年的基本情况》,《统计工作通讯》1956年第18期。

[2] 杨波:《我国私营商业社会主义改造过程的初步分析》,《统计工作通讯》1956年第15期。

服务生产、促进生产①。社会主义商业在国民经济发展中的作用是由商品交换在社会再生产过程中的地位和它的社会主义性质决定的。商品交换是社会主义再生产过程中的一个重要环节,是保证社会主义再生产得以连续不断进行的必要条件。社会主义商业对促进工农业生产发展和满足人民生活需要等方面起着重要的作用。比如,社会主义商业对工业生产的促进作用主要表现在满足工业生产所需原料、为工业产品开辟销路、工业建设积累资金等方面②。社会主义商业如何促进工农业生产高潮的发展是另一个需要探讨的重要问题。杨春旭(1965)论述了"及时收购,积极推销,生意做活,活而不乱"的商业发展原则,认为这一原则可以有效促进工农业生产高潮发展③。

生产力决定生产关系,生产关系一定要适合生产力的发展水平。关于服务业对经济发展和就业的认识逐步增强,但必须认识到,这些认识仍受限于当时的生产关系和生产力发展水平。值得肯定的是,个体商业的作用开始受到重视。1956年社会主义改造以后,个体商业虽然在国民经济中的比重很小,但对国有经济和集体经济起到了不可或缺的补充作用。后期的政治进程影响了服务业的发展,在改革开放初期对服务业的发展又有了新的认识,即在当时生产力发展水平的条件下,个体商业、服务业是有存在基础和客观必要的④。随着全国城镇个体经济的恢复和发展,经济学界对服务业的作用、性质和发展趋势等问题进行了热烈的讨论。就发展方面,恢复和发展个体商业、服务业,是扩大就业门路的有效途径,可以有效补充国有企业和集体企业所有制经济的不足,从而可以为社会主义经济发

---

① 刘莱夫:《商业工作要促进生产的发展》,《前线》1959年第1期。
② 唐一大:《略论社会主义商业在国民经济发展中的作用》,《财经研究》1960年第9期。
③ 杨春旭:《社会主义商业如何促进工农业生产高潮的发展——论"及时收购,积极推销,生意做活,活而不乱"的原则》,《经济研究》1965年第7期。
④ 秦瑞杰:《谈适当恢复和发展个体商业、服务业问题》,《山西财经学院学报》1980年第4期。

展服务①。截至1979年底，全国城镇有证个体商贩约占城镇零售商业人员总数的1.6%。随着政策的放宽，1980年城镇个体商业服务业进一步发展。因此，对发展个体商业服务业的呼声进一步提高，主要是主张以国营商业为主体、集体商业为助手、个体商业为补充②。发展服务业是安排劳动就业的主要途径，兴办集体经济和个体经济是主要抓手③。

1978年，改革开放拉开了序幕，学术界对服务业发展的作用有了进一步提升。经济学界认为发展商业和服务业不仅仅是解决就业矛盾和人民群众生活需求的需要，更是经济发展的客观要求。商业和服务业是联系生产和消费的桥梁，它同社会生产和人民生活息息相关，是国民经济的重要组成部分。章钟基（1981）对比国外商业和服务业发展情况后，认为中国商业和服务业发展缓慢，走过一条曲折的道路。一个主要原因是，中国劳动生产率比较低，不能够像西方发达国家一样大力发展商业和服务业。党的十一届三中全会后，各地积极发展扶植城镇集体经济，允许个人开业，服务性行业较快。这些情况说明，随着经济发展到一定水平，外加经济供需矛盾解决压力的推动，中国加快发展商业和服务业的条件是具备的，而且是很有潜力的④。李江帆（1983）首次对国民经济的发展水平与服务业就业比重进行了定量分析，并大胆预测了17年后服务领域的发展前景：到2000年，如果中国人均国内生产总值达到1000美元，服务业在就业结构中的比重将为28%左右⑤。根据国家统计年鉴的数

---

① 李哲、石亮元：《城镇个体商业、服务业的作用、性质及其发展趋势》，《商业研究》1980年第6期。

② 汪绍铨：《要适当发展个体商业服务业》，《商业研究》1980年第5期。

③ 武光汤：《发展服务业，是今后安排劳动就业的主要途径》，《经济问题》1981年第10期。

④ 章钟基：《发展商业和服务业是经济发展的客观要求》，《统计》1981年第3期。

⑤ 李江帆：《国民经济的发展水平与服务业就业比重定量分析》，《未来与发展》1983年第2期。

据来看，2000年中国第三产业就业占比约为27.5%，与李江帆当时的估计基本一致。他的研究主要表明，服务消费品的生产有其客观规律，随着第一层次需求的满足，第二三层次需求会随之发展，即服务业的发展是经济发展的客观要求和规律。

二 服务业发展的路径研究

如何发展服务业是学者们进一步讨论的重要议题。刘堂（1984）认为需要坚持国营商业的主导地位，同时需要发展多种形式的商业和服务业[1]。提高认识和依靠政策是扶植和推动服务业发展的重要方式[2]。骆耕漠（1985）则直接从第三产业的性质和内容进行讨论，认为"第三产业论"以及"服务业论"，并没有准确理解第三产业所要刻画的经济现象和经济行为，而应当从马克思的"第四物质生产领域"理论和服务理论来理解生产性服务业、非产性服务业和服务业事业的结构与本质关系[3]。这应该是较早从性质视角探讨服务业发展，为后期服务业的发展提供了理论基础。服务消费的发展趋势决定了服务业的重要战略地位，随着人均国民收入的提高，居民消费结构必然发生变化，对消费服务业提出了不同层次的需求。另一方面，随着城市功能的充分发挥，服务业必将得到充分发展。因此，服务业的发展要充分利用政策促进服务业多样性的快速发展[4]。截至20世纪80年代中期，中国服务业价格水平长期偏低，物质商品和服务商品价格的"剪刀差"日益扩大。服务业价格集中过多，管得过

---

[1] 刘堂：《坚持国营商业主导地位 发展多种经济形式商业、服务业》，《北京商学院学报》1984年第1期。

[2] 曹文斌：《提高认识 依靠政策 大力扶植服务业的发展》，《消费经济》1985年第1期。

[3] 骆耕漠：《必须分清"第三产业"的大杂烩性质——发展"第三产业"（服务业）问题之一》，《经济学动态》1985年第8期。

[4] 顾纪瑞：《张君诚和徐七凌：有计划商品经济和服务业的发展》，《商业经济研究》1985年第4期。

死。这种情况导致服务业服务质量低下，企业发展缓慢甚至萎缩。价格改革是促进服务业发展的重要工具，对服务业价格实行有步骤的稳步改革，以实现放开搞活、多元化的服务价格体系的目标[①]。党诚恩（1985）则提出要发展中国特色的服务业：一是要办多种经济成分的服务业；二是要办多层次多规格和多样化的服务业；三是要办城乡结合的服务业；四是要办外引内联的开放性服务业[②]。

随着社会经济的进一步发展，服务业发展已经不再囿于生活服务业，80年代背景下的新兴服务业发展引起了较为广泛和深入的讨论。王法锟（1987）总结了信息服务业发展的现状和存在的问题，认为中国信息服务业虽有发展，但较发达国家来说仍然落后，发展较缓慢，不适应商品经济发展的客观要求[③]。虽然对服务业发展有了一定的共识，但是基本的思路和路径还是以计划经济为纲。林文益（1987）则较早地明确提出以市场为中心发展服务业[④]。他从社会主义经济仍是商品经济，社会主义经济是生产资料公有制基础上的计划商品经济为出发点，认为要发展社会生产力，实现社会主义现代化，必由之路是大力发展商品经济。服务业是一种满足社会生活消费和生产消费的需要而提供劳务产品的经济事业，它是生产和流通结合在一起的社会经济部门。服务业区别于物质生产部门、流通部门以及商业部门，它的存在和发展是社会分工的必然产物，是商品经济发展的结果。因此，社会主义条件下一定要面向市场、围绕市场，以市场为中心来组织社会经济，继而大力发展服务业。

[①] 王玉臣：《改革服务价格促进服务业的发展》，《经济体制改革》1986年第1期。
[②] 党诚恩：《第三产业的划分及我国服务业发展方向》，《商业经济研究》1985年第4期。
[③] 王法锟：《发展我国信息服务业初探》，《经济纵横》1987年第9期。
[④] 林文益：《以市场为中心发展服务业》，《经济理论与经济管理》1987年第4期。

随着服务业的发展，服务业结构问题成为重要的问题。纪良纲（1987）就传统服务业发展中的结构问题和服务劳动的性质问题进行了讨论，认为合理的服务劳动是生产性劳动，也创造价值；一个地区、一个城市的服务业结构是否合理，主要是看它是否使人民群众的生活感到方便，是否有助于社会生产力的发展[①]。刘彪（1987）比较早地从服务业在国民经济结构中的地位和服务业的部门构成及各部门之间的内在联系两个方面考查了中国服务业结构问题。一方面，中国服务业发展必须依赖于社会物质生产的发展，即服务业发展需要切合于社会物质生产发展的实际水平，不能够急于发展以免超越社会物质生产的承受能力。另一方面，服务业内部可以分为三个层次：从社会服务活动的效用看可以分为生产性和生活性服务；从生产服务的效用看可以分为直接生产服务部门和再生产服务部门，还有物质生活部门和精神生活部门[②]。我们可以发现，这些服务结构方面的研究主要是定性层面，而非定量研究。

城市是服务业发展的重要载体，其以空前的密集型，创造了高度的运转节奏和劳动效率，形成了诸多的中心功能和集约优势。现代城市发展中的公共服务业，以其延伸在各个角落和各个领域的触角，织起了一张社会化协作的巨大网络。城市公共服务业与城市发展存在着天然的血缘关系，可以认为现代城市公共服务业的发展是城市发展的支点[③]。

20世纪90年代之前，学界对服务业的认识逐渐厘清，从承认服务业的经济作用，到提出以市场为中心大力发展服务业，并主张借助财政税收等政策工具推动服务业的发展。服务

---

① 纪良纲：《关于发展传统服务业两个理论问题的探讨》，《江西财经学院学报》1987年第5期。
② 刘彪：《我国服务业结构初探》，《经济纵横》1987年第3期。
③ 程安东：《论城市发展与公共服务》，《江西社会科学》1989年第2期。

业的结构方面，注重实践是检验真理的唯一标准，凡是满足人民群众服务需求的服务业结构就是合理的，并进一步从多层次讨论服务业的结构，从而可以为支持多维度服务业的发展提供理论基础。城市作为服务业发展的重要载体，也被学界所承认。这为中国经济高速增长时期的服务业增长和结构优化的认识奠定了学理基础。

第三节　服务业增长研究不断拓展阶段（1992—2011）

自 20 世纪 90 年代以来，中国经济持续高速发展，为服务业进入快速发展、在国民经济中地位上升提供了重要基础。这一发展过程中，学界对服务业发展和增长的认识、判断、深层次影响因素的研究不断拓展。

服务业在国民经济发展中具有重要的地位，华而诚（2001）认为未来中国国际竞争力的强弱很大程度上要取决于服务业的发展水平[1]。20 世纪 90 年代中国服务业的发展与国民经济发展不成比例，即服务业增加值增长幅度很小。从 1991 年到 2002 年，服务业所占比重由 33% 到 34%，仅增加 1 个百分点。这一水平明显低于同等发展水平的国家。对于中国服务业发展比较缓慢、比重偏低的这一现象，江小涓和李辉（2004）研究发现，统计口径、补偿性增长与常规性增长差异、低消费率、服务业参与全球化程度较低、观念体制和政策障碍等都是影响因素。进一步地，他们通过跨国数据回归分析发现，当一个国家人均国民总收入（Gross National Income，GNI）增值幅度较小时，收入增长与

---

[1] 华而诚：《论服务业在国民经济发展中的战略性地位》，《经济研究》2001 年第 12 期。

服务业发展的对应关系并不明显，但经历长期经济增长后，GNI从低收入到中等收入、中等收入到高收入跨越后服务业的发展会实现阶梯式的跨越，占经济总体的比重会显著上升。基于中国省际数据，他们发现人口规模对服务业增加值比重的影响最大，因为人口规模是决定城市服务业比重的重要因素；人口密度对服务业就业的比重影响最大；城市化水平是影响城市服务业增加值比重的重要因素[1]。

早在2005年，江小涓提出我国服务业应该并有可能在"十一五"期间进入增长加速、国民经济中地位上升的发展阶段[2]。她认为需求和供给两个方面的因素会为服务业加快发展提供有利的环境和条件。需求方面主要体现在：服务含量高的消费需求成为新的需求热点，收入水平上升加大对服务业的需求，分工细化产生新的服务需求，城市化进程加快。供给方面主要体现在：基础设施改善，垄断不断被打破，开放程度提升，社会共识开始形成。服务业除了自身加快发展外，其对国民经济发展的影响也更加突出。其中之一表现在"黏合剂"作用，体现市场供需之间，也体现在不同产业与部门之间，还体现在国际经济的相互联系方面。程大中（2004）认为信息化是中国加快实现工业化和现代化的必然选择，发挥服务业的黏合剂作用需要正确处理好制造业与服务业的关系[3]。2010年，夏杰长对中国服务经济发展做出判断，认为"十二五"是中国战略机遇期的一个关键时期，期间服务业将扮演异常重要的角色，服务经济将占据国民经济的主导地位，服务业劳动就业将是全社会就业的主要渠道，中国有望在2020年左右迎

---

[1] 江小涓、李辉：《服务业与中国经济：相关性和加快增长的潜力》，《经济研究》2004年第1期。

[2] 江小涓：《"十一五"期间中国服务业发展的思路、目标和体制政策保障》，《管理世界》2005年第1期。

[3] 程大中：《论服务业在国民经济中的"黏合剂"作用》，《财贸经济》2004年第2期。

来服务经济时代[①]。判断中国是否进入"服务经济时代",固然要参考国际标准,最经典的就是美国著名服务经济学家富克斯提出的"服务业占比超过50%"就进入服务型社会的标准。但是,我们又不能简单照搬这个标准。中国有自己的特殊国情,是从一个传统农业大国转向工业大国再转向服务业大国,是在工业化还没有完成和工业化进程全国差异很大的背景下,服务业占比就快速上升。显然,只以这个服务业占比超过50%就断定中国进入"服务经济时代",是过于简单和武断了[②]。

2011年,江小涓从服务业的复杂性和研究难点出发,研究了服务业增长的真实含义、影响因素以及探讨未来的发展趋势[③]。她认为服务业的复杂性主要表现在构成庞杂、性质差异和目标多元三个方面,而且服务业在国民经济中比重上升的含义与制造业有很大差异,即服务业增长可从真实增长和名义增长两个维度刻画。真实增长主要体现在新增服务消费,名义增长体现在相对价格上升、服务专业化和外移、自我服务转化为市场化服务三个方面。

随着服务业发展水平的不断提升,我国经济是否已经发生根本改变,即中国经济是否进入服务化阶段,这是重要的问题。从统计数据来看,纵向来看,历史上中国服务业获得了持续快速的增值,占GDP比重不断上升;横向来看,与其他国家相比,占比仍然偏低。经济服务化的判定有多种标准,其一是看产业结构中服务业的比重,若其比重超过工业,成为经济活动的中心,则可判断该经济体进入服务化阶段;其二是从动态角度看服务业占GDP

---

① 夏杰长:《迎接服务经济时代的来临》,《财贸经济》2010年第11期。
② [美]维克托·R.富克斯:《服务经济学》,许微云等译,商务印书馆1987年版;夏杰长、李勇坚、刘奕、霍景东著:《迎接服务健身时代来临——中国服务业发展动力、路径与战略》,经济管理出版社2011年版;霍景东著:《迎接服务健身时代来临——中国服务业发展动务、路径与战略》,经济管理出版社2011年版。
③ 江小涓:《服务业增长:真实含义、多重影响和发展趋势》,《经济研究》2011年第4期。

比重不断上升，同时工业等生产型产业内部服务性活动的发展与重要性增加，反映了服务活动在经济领域的广泛渗透。通过21世纪初期的数据来看，中国服务业存在着较大的发展空间，中国经济尚未进入服务化阶段[①]。

服务经济增长可以多视角刻画。一般地，分析服务业与经济增值关系的视角可以分为：需求视角、供给视角和一般均衡视角。需求视角是指服务需求随着收入水平的提高而增长；供给视角则相对复杂，既有正相关也有负相关的结论；一般均衡视角把服务消费等纳入效用函数分析服务消费偏好与经济增长的关系。程大中（2010）在一般均衡框架下，使用中国1991—2006年数据研究了中国服务经济发展与经济增长的关系，结果表明服务经济发展对整体经济增长有显著促进效应[②]。必须注意，用名义和实际增加值来看服务业的发展，有着显著不同。从服务经济高速发展时期的省级层面数据来看，中国总体及大多数省区市的服务业名义增加值显著提升，但实际值来看变化并不明显，反而中国经济工业化的趋势远胜过服务化趋势[③]。与世界其他国家相比，程大中（2004）认为，中国服务业的发展有"三低"现象：服务业的增加值比重偏低、就业比重偏低、劳动增加值偏低。程大中认为这背后隐藏的问题与鲍莫尔－富克斯假说密切相关，即服务业劳动生产率增长滞后论、服务业就业增长过快论以及成本病理论[④]。服务业结构优化研究最重要的问题是服务业"成本病"问题。这一个

---

① 李勇坚、夏杰长：《我国经济服务化的演变与判断——基于相关国际经验的分析》，《财贸经济》2009年第11期。

② 程大中：《中国服务业与经济增长：一般均衡模型及其经验研究》，《世界经济》2010年第10期。

③ 程大中：《中国经济正在趋向服务化吗？——基于服务业产出、就业、消费和贸易的统计分析》，《统计研究》2008年第9期。

④ 程大中：《中国服务业增长的特点、原因及影响——鲍莫尔－富克斯假说及其经验研究》，《中国社会科学》2004年第2期。

概念是由鲍莫尔在 1967 年提出，核心是指服务业生产率低下甚至是停滞的。

在这一时期，黄少军的《服务业与经济增长》是国内比较有影响的专门论述服务业发展和服务业增长的著作。黄少军的这部著作，从理论和实证两个方面论述了服务业与经济增长的关系，特别是对"服务业增长之谜"的阐释，是服务经济学术界一直关注的热点和难点问题。遗憾的是，其研究基本是引述西方著名学者富克斯、钱纳里、林达尔、鲍莫尔、辛格的论述，并没有得出明确的结论，也没有对中国改革开放以来服务业增长和服务业结构优化的现象作出理论解释和实证评判[①]。

第四节 服务业增长研究的深入和丰富阶段（2012年至今）

一 服务经济发展阶段的新判断

中国服务经济高速发展历程中有两个标志性事件：一是2012年服务经济总量首次超过第二产业；二是2015年服务经济总量占国内生产总值的比重超过50%。这两个标志性事件意味着中国服务经济发展迈入新时代。随着服务经济在中国经济中的地位日益提升和作用日趋重要，服务经济是否成为中国经济发展的第一支柱和首要驱动力？中国经济是否进入到服务经济时代？如果已经进入，是初步还是全面迈入服务经济时代？进一步地，中国服务经济发展的质量如何？

江小涓（2018）认为中国经济已经进入服务经济时代，其判断的依据主要是服务经济占 GDP 比重超过50%，而且是 GDP 的主

[①] 黄少军：《服务业与经济增长》，经济科学出版社2000年版，第216—230页。

要贡献者[1]。李勇坚和夏杰长（2012）根据商务部外商直接投资数据研究发现，2011年中国服务业利用外资金额占整体比重首次超过制造业，外商投资正在向服务业转移，中国利用外资正式步入服务经济时代[2]。夏杰长和姚战琪（2016）总结了"十二五"期间中国经济的发展特征，预测了"十三五"期间的服务经济发展态势，他们认为服务业增加值占GDP比重，劳动就业占比和固定投资占比等将进一步提升，服务业的主导地位进一步巩固，服务业的开放再迈新台阶。这些意味着中国经济结构面临重要的转型，迎来中国服务经济时代的"窗口期"及服务经济跨越发展的重要机遇期[3]。

综上来看，中国经济持续增长和转型过程中，是否已经迈入到"服务经济时代"，学术界有一些争议。但不可否认的是，服务经济对国民经济发展、社会就业和产业升级的作用更加凸显。

二　多视角探究服务业增长和结构优化

中国服务业的发展与经济增长之间关系的深层次研究需要超越简单的经验判断和逻辑分析，要借助经济学前沿研究方法挖掘深层次信息。在中国经济高速发展时期，服务业对经济增长起着重要的作用。服务经济学者对此从多方面进行了研究，对服务业与经济增长关系有了清晰的认识、深度地把握。服务经济是宏观经济的一部分，服务经济的增长本身就是整体经济的一部分。因此，服务经济与整体经济的关系是研究经济增长的一个重要问题。

---

[1]　江小涓：《中国进入服务经济时代》，《北京日报》2018年8月27日第14版。
[2]　李勇坚、夏杰长：《我国利用外资正步入"服务经济时代"》，《中国经济时报》2012年2月8日第7版。
[3]　夏杰长、姚战琪：《迎接服务经济时代"窗口期"：指标预测与对策思路》，《经济与管理研究》2016年第6期。

(一) 服务业发展与经济增长之间的关系

随着对中国服务经济发展阶段认识的深入，中国服务经济与经济增长关系的研究呈现出显著特征。服务经济增长方面的研究主要体现在经济服务化视角下探讨中国经济是否能够持续增长。

一是，服务经济的发展放缓了经济增长。服务经济对经济增长的影响主要体现在自身生产率较低这一特征事实上。随着工业化和城市化的发展，服务业比重的提升是产业结构调整的重要趋势。服务业对经济增长起着愈加重要的作用。这一趋势过程中可能会出现"服务业成本病"，进而导致经济增长的"结构性减速"。相对生产率决定相对价格水平，相对价格的提高导致了服务业部门份额的提升，进而降低了经济增长速度。宋建和郑江淮（2017）使用中国省级数据实证检验工业生产率相对上升导致服务业价格相对提高和就业份额提升，进而引发经济增速放缓[1]。

二是，服务经济并没有起到放缓经济的作用。经济服务化是"服务经济时代"的一个重要刻画，主要体现在服务经济增加值占GDP比重、服务经济容纳就业人口情况等。众所周知，中国服务业增加值占GDP比重已经超过50%，但张月友等（2017）按照1990年不变价格衡量三次产业增加值占GDP比重，发现截止到2015年，中国服务业的实际增加值比重始终小于第二产业。就业结构方面，2013年开始中国服务业就业人数相对快速增长，其主要源泉仍然是农村生育劳动力的转出和社会新增劳动力的投入。当前决定中国处于"结构性减速"阶段的经济服务化条件上不具备，从而认为中国已经进入"结构性减速"阶段的观点缺乏足够的证据支持[2]。

---

[1] 宋建、郑江淮：《产业结构、经济增长与服务业成本病——来自中国的经验证据》，《产业经济研究》2017年第2期。

[2] 张月友、董启昌和倪敏：《中国经济进入"结构性减速"阶段了吗》，《经济学家》2017年第5期。

(二) 服务业对经济增长的影响因素和机制

一方面,服务业自身存在生产率低下的特征。李建华、孙蚌珠(2012)把服务业划分为可标准化和不可标准化两类,把服务业的结构问题使用鲍莫尔模型再讨论,发现可标准化的服务业增长会保障经济的可持续增长。也就是说,服务业的发展应该充分考虑其异质性问题[①]。另一方面,虽然服务业结构变迁促进经济增长效率提高,但由于短期内受到要素扭曲等多种因素影响,服务业结构变迁对经济增长效率的影响过程非常复杂。孙湘湘和周小亮(2018)把服务业结构变迁划分为服务业结构合理化和高度化,使用1999—2012年中国省级数据研究发现,服务业结构合理化与经济增长效率显著正相关,服务业结构高度化则与经济增长效率显著负相关。由于人才、知识等要素"质量"不匹配,中国知识密集型服务业的附加值偏低,在全球价值链分工中处于"低端嵌入"状态,从而使得服务业结构高度化抑制了经济增长效率提高[②]。李勇坚(2007)从体制变革视角分析发现,体制变革通过民营化降低了企业内部无效率,提升了服务业生产率,促进了服务业增长[③]。

(三) 外商直接投资对服务业增长和结构优化的作用

随着我国服务业对外开放进程的加快,服务业直接投资的规模要大于制造业直接投资的规模,外商直接投资(FDI)对服务业的影响越来越大,在推动服务业增长、优化服务业结构,促进服务业就业等方面发挥了积极的作用[④]。

[①] 李建华、孙蚌珠:《服务业的结构和"成本病"的克服——Baumol模型的扩展和实证》,《财经研究》2012年第11期。

[②] 孙湘湘、周小亮:《服务业结构变迁与经济增长效率》,《经济与管理研究》2018年第8期。

[③] 李勇坚:《体制变革背景下的服务业增长:一个定量分析框架》,《经济与管理》2007年第3期。

[④] 姚秋萍:《服务业直接投资的经济增长效应研究》,硕士学位论文,华东师范大学,2015年。

就业结构是经济结构的重要方面,在这里,我们以结构为例来分析服务贸易和服务业外商直接投资对就业结构优化的不同效应。一方面,就服务经济高速发展时期的数据来看,服务进口对中国服务业就业结构优化具有显著的抑制作用,而服务出口和服务业 FDI 则具有显著的促进作用。服务进口对中高技术行业就业结构的负向影响相对更小,而服务出口对其的正向影响相对更大;服务业 FDI 有助于我国中低技术行业就业结构的优化升级,而对中高技术行业就业结构却产生了不利影响[1]。另一方面,服务业 FDI 对服务业结构优化有多重传导效应。相关定性和定量研究认为,中国服务业 FDI 通过资本补缺效应、技术外溢效应、竞争与示范效应和收入增加效应促进了服务业结构的优化升级。一言概之,服务业 FDI 对中国服务业结构的优化作用主要是通过技术进步效应和收入增加效应两个渠道来实现[2]。

此外,相关研究也表明 FDI 通过人力资本流动效应来促进服务业结构优化[3]。服务业外商直接投资通过资本补缺效应、知识外溢效应以及收入需求效应对服务业的结构调整施加积极影响。服务业经济增长与人力资本优化有利于服务业结构高级化,而政府过度干预以及以传统服务业为主导的需求结构则对服务业结构升级具有消极作用[4]。

(四)服务经济对经济增长和结构优化的影响

一是,服务经济包含服务行业较多,生产性服务业对经济增长

---

[1] 张志明、崔日明:《服务贸易、服务业 FDI 与中国服务业就业结构优化——基于行业面板数据的实证检验》,《财经科学》2014 年第 3 期。

[2] 崔日明、张志明:《服务业 FDI 与我国服务业结构优化:机理分析与实证研究》,《辽宁大学学报(哲学社会科学版)》2012 年第 7 期。

[3] 方慧、魏文菁:《中国服务业 FDI 与服务业结构优化的实证研究》,《山东财政学院学报》2014 年第 7 期。

[4] 钟晓君:《服务业外商直接投资与服务业结构升级:作用机理与实证研究》,《暨南学报(哲学社会科学版)》2015 年第 7 期。

与经济结构优化有重要作用。段炼（2014）使用中国行业数据研究发现，生产性服务业中有 3 个行业对 GDP 增长有显著的影响，分别是租赁和商务服务业、科学研究技术服务和地质勘查业、信息传输计算机服务和软件业。促进生产性服务业产业结构调整和优化，有助于促进整体经济的持续健康发展，而且有助于就业问题的解决[①]。

二是，服务经济结构呈现出区域特征。中国区域辽阔，不同区域的服务业结构呈现出不同特征。中国省市间投入产出表数据为我们了解各地区生产性服务业发展水平、部门结构提供基础。吴三忙和李善同（2012）使用 1992 年、1997 年、2002 年和 2007 年投入产出表数据发现：生产性服务业对国民经济的影响程度不高，服务业的增长不仅不能对国民经济产生应有的带动作用，而且其本身受其他部门的需求拉动作用也不大[②]。

三是，服务经济集聚也推动着服务业内部结构的升级和转型。王智渊和马晶（2014）研究发现，服务业专业化集聚对服务业内部结构演进有正的显著的影响，它推动着服务业内部结构的升级和转型[③]。

（五）多维度探究服务业结构调整与优化

马风华和李江帆（2016）从调整幅度、调整合理性、调整方向和调整路径四个维度，为测度 1999—2012 年间中国服务业结构的调整，构建了服务业结构变动幅度指数、服务业结构合理化指数、服务业结构高级化指数和服务业结构相似度指数。他们研究发现，这一研究时间段内中国服务业结构变动幅度及其区域

---

① 段炼：《中国生产性服务业内部结构的经济效应》，《经济管理》2014 年第 7 期。

② 吴三忙、李善同：《中国各地区生产性服务业发展的比较研究》，《资源与产业》2012 年第 6 期。

③ 王智渊、马晶：《服务业专业化集聚与服务业内部结构演进》，《产业经济评论》2014 年第 4 期。

差异均呈逐渐上升趋势,服务业结构合理化指数下降后呈相对稳定趋势,服务业结构趋于合理;服务业结构侧重于知识密集型行业,东部服务业结构高级化程度高于中西部;服务业结构调整路径与先进经济体极为相似[①]。在高速增长与新时代交替过程中,中国服务业结构调整呈现出相应的转换特征,这为中国服务经济结构调整提出了新的问题。

中国服务经济与结构优化体现在两个层面:一是制造业与服务业的结构优化,二是服务经济内部结构的优化。服务经济新时代下,经济学者对中国服务经济与结构优化关系又有新的认识。

首先,服务经济对中国产业结构升级的影响是多维度的。一是,服务业对外开放影响到中国产业结构升级。我国服务业对外开放有助于产业结构升级,促进产业结构高级化;服务业对外开放的就业效应和资本效应在服务业开放对我国产业结构升级的影响中存在中介效应,而服务业对外开放的技术效应在服务业开放对我国产业结构升级的影响中的中介效应不显著;东部地区通过服务贸易进口获得的技术溢出对该地区产业结构合理化和产业结构高级化的促进作用均显著,而中西部地区通过服务贸易进口获得的技术溢出对该地区产业结构高级化的促进作用不显著[②]。

其次,服务业内部资源配置会影响服务业结构升级。2004—2014年间,中国经济高速增长,但生产性服务业增加值占服务业增加值的比重由35%增长到37.1%,仅增长了2.1个百分点。也就是说,我国服务业增加值的增长主要是源于传统服务业部门。因此,产生了中国经济高速增长和服务业结构升级滞后并存的现象。余泳

---

① 马风华、李江帆:《我国服务业结构调整四个维度的测度》,《经济管理》2016年第2期。

② 姚战琪:《服务业对外开放对我国产业结构升级的影响》,《改革》2019年第1期。

泽和潘妍（2019）基于地方经济增长目标约束视角对此做了解释，认为增长目标主要通过影响要素资源在服务业内部的配置显著抑制了服务业结构升级①。

再次，服务需求结构会影响服务业结构变化。服务业的增长受到需求因素的影响，而根据需求结构，需求又分为最终需求、中间需求和外部需求。李惠娟基于区域间投入产出分析的视角，分析了这三类需求对服务业增长的影响程度。研究发现，中国服务业外向度较低，服务业与其他产业的关联较弱，整体服务业、生活服务业增长主要受本地最终需求的影响，生产服务业增长主要受本地中间需求的影响，各类需求对生产服务业增长的促进作用强于对生活服务业增长的促进作用②。

最后，服务产业集聚也会影响到产业结构升级。服务产业集聚会产生外部性，而外部性的效应方向、大小以及显著性程度会影响到产业结构的升级。于斌斌（2019）研究发现生产性服务业集聚会通过"波特外部性"促进产业结构升级，但影响效应会受制于城市规模，即生产性服务业集聚在促进产业结构升级方面存在明显的"大城市优势"③。宣烨（2012）发现生产性服务业空间集聚不仅能够提升本地区制造业效率，且能够通过空间外溢效应提升周边地区制造业效率。生产性服务业空间集聚会通过竞争效应、专业化效应以及外部性等途径降低制造业交易成本，进而提高制造业效率④。刘

---

① 余泳泽、潘妍：《中国经济高速增长与服务业结构升级滞后并存之谜——基于地方经济增长目标约束视角的解释》，《经济研究》2019 年第 3 期。

② 李惠娟：《需求结构与中国服务业增长——基于区域间投入产出分析的视角》，《产业经济研究》2013 年第 4 期。

③ 于斌斌：《生产性服务业集聚如何促进产业结构升级？——基于集聚外部性与城市规模约束的实证分析》，《经济社会体制比较》2019 年第 2 期。

④ 宣烨：《生产性服务业空间集聚与制造业效率提升——基于空间外溢效应的实证研究》，《财贸经济》2012 年第 4 期。

奕、夏杰长和李垚（2017）研究发现生产性服务业集聚特别是支持性服务业集聚与制造业升级之间高度关联、融合促进的内在联系。社会创新体系、综合交易成本、需求规模通过生产性服务业集聚间接作用于制造业升级，要素禀赋与政策环境也会对制造业升级产生正向的直接影响①。

三 服务业与制造业融合发展的新认识

中国经济进入服务经济时代，自然而来的问题是，未来中国经济增长是由工业还是由服务业主导？还是有第三条道路？在这一个问题上，学者的观点存在分歧。一个观点是，中国经济增长的动力机制正在发生历史性变化，服务业开始成为中国经济增长的主导②。另一个观点是，到2020年中国经济的主要动力仍是第二产业，第三产业难以成为中国经济增长的动力产业③。

夏杰长、倪红福（2016）认为要认识中国未来经济增长的动力，需要突破传统的产品定义和统计分类体系，从新方法和新视角重新认识服务业和工业的新本质特性。这主要体现在三个方面：一是制造业产品中内含大量服务价值；二是制造业的竞争力与服务业活动日益紧密；三是服务业制造业趋势明显。在此基础上，可知简单断言服务业将主导中国未来经济增长或者认为工业仍然主导中国未来经济增长，都是有失偏颇的。

服务业与制造业融合发展是中国经济未来发展的重要路径。中国当下和未来经济增长的路径在于服务业与工业的双轮驱动，不

---

① 刘奕、夏杰长、李垚：《生产性服务业集聚与制造业升级》，《中国工业经济》2017年第7期。

② 迟福林：《走向服务业大国的转型与改革》，《经济参考报》2014年12月22日第8版。

③ 李钢：《服务业能成为中国经济的动力产业吗》，《中国工业经济》2013年第4期。

是谁主导,而是相互补充和相互促进①。渠慎宁和吕铁(2016)数值模拟发现,从经济增长潜力看,随着服务业占 GDP 比重的上升,其将会降低工业技术创新拉动 GDP 增长的效果,而服务业技术创新对 GDP 增长的影响却不会发生多少变化。服务业具备"经济稳定器"的作用,但其技术进步对宏观经济的外部性影响要弱于工业。在未来推进"产业结构迈向中高端"的过程中,应保持工业和服务业的均衡发展态势②。实证研究也发现,生产性服务业与本国制造业发展水平相匹配时,才能够促进制造业的增长和核心竞争力的提升③。

随着中国经济的持续增长,中国处于由中等收入水平向高收入水平的跨越阶段。国际经验表明,这一阶段也是充满增长分化的阶段,即转型时期面临多方面的不确定性和风险。一方面,服务经济占 GDP 比重上升,工业比重下降,从而可能伴随工业萧条,进而城市化成本病会阻碍内生增长动力形成。另一方面,服务经济的发展可能无法实现转型升级,这主要由服务要素不能实现有效配置引起。此外,作为门槛跨越基石的消费效率补偿环节缺失,知识生产配置和人力资本结构升级路径受阻。这几方面的风险影响着服务经济对整体经济增长的作用。袁富华等认为以知识要素和人力资本要素积累为核心的效率模式重塑,是跨越中等收入阶段的根本任务。也就是说,中国服务经济发展应该顺应服务业的要素化趋势,在防止服务业盲目扩张、做好工业/服务业协调推进的同时,通过制度改革促

---

① 夏杰长、倪红福:《中国经济增长的主导产业:服务业还是工业?》,《南京大学学报(哲学·人文科学·社会科学)》2016 年第 3 期。

② 渠慎宁、吕铁:《产业结构升级意味着服务业更重要吗——论工业与服务业互动发展对中国经济增长的影响》,《财贸经济》2016 年第 3 期。

③ 国家、李橙:《生产性服务业结构与制造业协调发展研究——基于新结构经济学视角的分析》,《学习与探索》2019 年第 4 期。

进效率模式重塑①。

第五节 研究展望

中国经济在发展过程中遇到了新的问题与挑战，呈现出前所未有的显著特征。中国服务经济增长和结构优化需要解决几个重要问题，主要表现在网络时代的互联互通特征、全球价值链等几个方面。

一 网络和信息技术对服务业效率和不可贸易性的改变，改变了服务经济低速增长的认知

现代技术特别是网络技术的发展，正在改变服务业的基本性质，引起了广泛的资源重组与聚合，对传统服务经济理论提出根本挑战②。传统服务业效率较低，且具有不可贸易的特征。信息技术的发展，使得各种与信息生产加工相关的服务业不仅可以远距离提供，而且成本极低。借助网络，服务全球化呈现出新特点与新态势，大量服务通过网络空间跨境提供，极大地提高了服务业特别是网络空间服务业的生产率，有些具体部门甚至超出了现代制造业的水平③。也就是说，网络技术发达的当今，进入服务经济时期并不一定意味着低速增长④。换句话说，在这一新的技

---

① 袁富华、张平、刘霞辉、楠玉：《增长跨越：经济结构服务化、知识过程和效率模式重塑》，《经济研究》2016年第10期。

② 江小涓：《高度联通社会中的资源重组与服务业增长》，《经济研究》2017年第3期。

③ 江小涓、罗立彬：《网络时代的服务全球化——新引擎、加速度和大国竞争力》，《中国社会科学》2019年第2期。

④ 江小涓：《网络空间服务业：效率、约束及发展前景——以体育和文化产业为例》，《经济研究》2018年第4期。

术特征下，中国服务经济增长与结构调整优化充满了想象空间与广阔前景。

二 服务业通过全球价值链嵌入到全球生产与分工体系，释放增长新动能

在全球生产分工视角下，服务业通过全球价值链嵌入到全球生产与分工体系，可以释放增长新动能，提升国际竞争力，也将为推动中国经济发展与结构优化贡献力量。在全球价值链视角下，一方面在服务贸易上，服务经济在国际贸易中发挥的作用被低估[1]；另一方面，中国制造业服务化趋势越来越明显，中国服务贸易出口通过自身直接出口的比重呈现不断下降趋势，而更多是通过制成品出口而随之出口[2]。服务经济的发展不仅是自身规模、出口、生产效率等方面的提升，也体现在对制造业生产率提升、产业融合发展等方面。制造业投入服务化反映了制造业与服务业的融合程度，是制造业转型升级的重要推动力。当前中国制造业直接服务化和国内服务化中传统服务比重较高，不利于企业创新和参与生产分工，从而对企业技术进步呈现一定的抑制效应，而来自国外的服务投入却有显著的促进作用[3]。

随着中国不断深化改革，对外开放继续扩大，中国服务经济参与全球生产分工的领域将更宽广，嵌入全球价值链的程度将更加深入。生产网络化与信息网络化并驾齐驱，互相促进。服务经济对中国经济增长的贡献度将会继续提升，对经济结构优化升级的推动力也必将加强。推动服务业高质量发展需要深化服务业供给侧结构性

---

[1] 夏杰长、倪红福：《服务贸易作用的重新评估：全球价值链视角》，《财贸经济》2017年第11期。

[2] 程大中、郑乐凯、魏如青：《全球价值链视角下的中国服务贸易竞争力再评估》，《世界经济研究》2017年第5期。

[3] 刘维刚、倪红福：《制造业投入服务化与企业技术进步：效应及作用机制》，《财贸经济》2018年第8期。

改革、加强服务业的融合创新、破解产业升级难题、创新服务业监管和治理方式、推动形成服务业更高水平开放新格局，中国经济必将迈入服务经济高质量发展新时代！[①]

[①] 夏杰长：《服务业高质量发展助力中国经济行稳致远》，《光明日报》2019年6月4日。

第 四 章

新中国服务业生产率研究

第一节 前言

  站在历史的关口回望70年波澜壮阔的建设史，不难发现一个典型的特征，即中国经济的服务化正在成为不可逆转的潮流与趋势。国家统计局数据显示，在新中国成立初期的1952年，服务业增加值在GDP中的占比为29.89%，在社会主义的艰难探索期，受计划经济体制影响和思想认识的局限，1977年，服务业在GDP中的占比下降到了24.31%，1978年党的十一届三中全会之后，中国开启了"对内改革、对外开放"的新征程，中国经济开始走上了快速发展的快车道。1990年，服务业占比达到了32.30%并开始逐渐攀升，2001年加入WTO，中国经济融入世界市场的广度和深度再次提升，当年服务业占比达到了41.82%。2015年，中国服务业增加值占GDP的比重首次超过了50%，2018年，服务业占比是52.35%，中国迎来了名副其实的服务经济时代[①]。

  服务经济的飞速发展，促进了中国学术界服务经济理论的深入

---

  ① 数据来自历年《中华人民共和国国民经济和社会发展统计公报》。

推进。在实践的艰辛探索中，西方国家主流观点中的服务经济经典理论——"鲍莫尔-富克斯"假说受到了质疑，该假说认为，在两部门的非均衡增长模型中，实体经济体系可分为技术进步部门（制造业）和技术进步停滞的部门（服务业），随着名义工资的同水平增长，服务业的工资成本会不可避免地逐渐攀升，在这种情况下，如果滞后部门的产品缺乏需求价格弹性，那么滞后部门的消费成本将会越来越大，这就是所谓的"成本病"现象，认为服务业在GDP中占比上升及服务业就业增加的主要原因在于服务业劳动生产率增长的滞后[1]。但从实际情况来看，中国的情况却是，服务业劳动生产率自20世纪90年代开始，呈现出了十分明显的提升趋势[2]。在1952年，中国服务业生产率只有1037.21元/人，1978年为1850.92元/人，2000年加入WTO前后，其开始迅速跃升，2000年的服务业生产率为20126.67元/人，2010年更是攀升至69138.89元/人，2018年攀升至新中国成立以来的最高峰，为130663.15元/人[3]。

本章的研究正是从此角度出发，试图通过对新中国成立70年以来，中国经济学人对服务业生产率研究成果梳理，拨开服务业生产率认知的迷雾，并擘画未来服务发展的可能路径。

---

[1] Baumol W. J., 1967, "Macroeonomics of Unbalanced Grwoth: The Anatomy of Urban Crisis", *American Economic Eeview*, Vol. 57, No. 6, pp. 415 – 426.

[2] 服务业生产率 = 第三产业增加值（亿元）/ 第三产业就业人员（万人），我们将其单位统一为：元/人；数据来源为国家统计局。其中：三次产业分类依据国家统计局2012年制定的《三次产业划分规定》，第三产业即服务业，是指除第一产业、第二产业以外的其他行业；按照我国国内生产总值（GDP）数据修订制度和国际通行做法，在实施研发支出核算方法改革后，对2016年及以前年度的GDP历史数据进行了系统修订；1980年以后国民总收入与国内生产总值的差额为国外净要素收入；全国就业人员1990年及以后的数据根据劳动力调查、人口普查推算，2001年及以后数据根据第六次人口普查数据重新修订。城镇单位数据不含私营单位。2012年行业采用新的分类标准，与前期不可比。

[3] 根据历年《中华人民共和国国民经济和社会发展统计公报》计算。

第二节 服务业生产率研究的孕育与萌芽期(1949—1978)

在新中国成立初期,面对特殊的历史情况,中国实施了重工业优先发展的赶超战略,具体来说,这段时间以农业为基础、以工业为主导,是我国发展国民经济的总方针,是毛泽东同志对马克思列宁主义关于社会主义建设的经济理论的重大发展(许涤新,1962)[①]。受此影响,相当长一段时间里,经济工作的重心是抓好农业生产并集中精力进行大规模的工业化建设,对服务业的忽视,客观上造成了服务业发展水平的严重滞后,服务业生产率的研究更是无从谈起,这其中一个重要的原因就在于,对第三产业(服务业)的投入不够重视,国民经济系统中形成了"大而全"和"小而全"的生产组织模式,服务业的功能大部分依存于工业企业和工业部门之中。

在此期间的服务经济学理论研究,主要是围绕国内经济建设需要,对马克思主义学说的剖析与解释。在社会主义现代化建设的准备和启动时期,以及社会主义现代化建设的曲折和延误时期,服务业的主要作用是满足社会生产和居民生活的需要。在理论层面的研究重视程度不够,研究也不够深入。

很长一段时间,学术界的主流观点是服务产品不产生价值,服务产品的生产不属于生产劳动。但是随着研究的深入,"服务这个名词,不过是指这种劳动所提供的特殊使用价值,就像其他一切商品也提供自己的特殊使用价值一样"[②]。马克思认为资本主义社会服务

[①] 许涤新:《论农业在国民经济中的地位和发展农业生产的关键》,《经济研究》1962年第12期。

[②] 《马克思恩格斯全集》第26卷,人民出版社1972年版,第435页。

劳动，可能是生产劳动，也可能是非生产劳动。马克思说"假定不存在任何资本而工人自己占有自己的剩余劳动，即他创造的价值超过他消费的价值余额，只有在这种情况下才可以说，这种工人的劳动是真正生产的"。[①] 马克思的这些论述引起了国内学术界对第三产业（服务业）的重新审视和再认识，这些探索为服务业生产率的研究做出了积极的贡献。

直至 1978 年改革开放，国内学术界关于服务业生产率的研究都依然存在着一个事实上的真空地带，不过以马克思主义的基本理论为准绳，围绕服务生产究竟是不是属于生产劳动、服务产品的物质性问题和服务产品的核算等领域的讨论，为改革开放后服务业生产率研究的起步，奠定了坚实的理论基础并作出了有益的铺垫。

第三节 服务业生产率研究的争论与探索期(1978—2000)

西方国家服务经济的蓬勃发展，引起了国内学者对服务经济的关注。吉峰（1982）[②] 在对西方经济学进行研究的过程中，发现第三产业是英国经济学家阿伦·G. 费希尔在《进步与安全的冲突》一书中首创，并将这种服务性行业分为两类，一类是跟物质生产紧密相连的行业，另一类是直接为消费者服务的行业。1940 年英国著名经济学家柯林·克拉克著《经济进步的条件》一书，借用了费希尔的提法，并对"三大经济产业"作了较系统的分类，从而使第三产业的说法广为使用。

改革开放之后，随着人们思想上的大解放，在实事求是及实

[①] 《马克思恩格斯全集》第 26 卷，人民出版社 1972 年版，第 143 页。
[②] 吉峰：《"第三产业"》，《现代情报》1982 年第 2 期。

践是检验真理的唯一标准的指引下，国内学者开始逐渐关注服务经济领域的问题并展开了激烈的讨论，针对国内学术界开始出现认为科学研究、教育、文学艺术、医疗卫生部门以及一切服务行业的劳动都和物质生产部门一样，都是生产劳动的声音，孙冶方（1981）认为，这些劳动只能是精神生产的劳动，而不是物质生产劳动，但是，"四人帮"遗留下来的轻视科、教、文、卫，特别是鄙视商业服务行业的思想，应该加以批判[1]。他还认为，正是由于我们物质生产部门的劳动生产率非常低，才导致了不能养活更多人去从事"精神生产"。孙冶方对这一问题的关注，开启了服务业研究的一个时代，其敏锐地意识到了服务经济的重要性，但受制于时代所限，其把更多的精力还是放到了物质生产部门劳动生产率的研究中去，认为物质生产和"精神生产"的界限不能混淆。

在 20 世纪 80 年代服务经济的探索阶段，学术界其中一个焦点之一，即服务产品的价值问题。李江帆（1981）[2]研究发现，在消费品中，除了以商品形式存在的消费品以外，还包括一定量的以服务形式存在的消费品，即服务消费品。其价值是由生产它所耗费的社会必要劳动时间决定，同样分为简单劳动和复杂劳动，和形成实物产品价值的抽象劳动并无区别。而针对从劳动价值论出发的质疑声音，李江帆（1984）[3]坚定地认为，马克思讲了物品有价值，但从来没说过只有物品才有价值。不承认服务劳动和物质劳动一样表现为价值，就根本不能解释服务消费品生产上耗费的并实现为社会劳动的抽象劳动的实质。围绕劳动价值论对服务业展开的讨论，开

---

[1] 孙冶方：《关于生产劳动和非生产劳动；国民收入和国民生产总值的讨论——兼论第三次产业这个资产阶级经济学范畴以及社会经济统计学的性质问题》，《经济研究》1981 年第 8 期。

[2] 李江帆：《略论服务消费品》，《华南师院学报（社会科学版）》1981 年第 3 期。

[3] 李江帆：《略论服务消费品的价值问题》，《上海经济研究》1984 年第 10 期。

辟了服务业生产率研究的新天地。董小麟（1985）[①]认为，现代商品经济和自然经济不同的属性，使得社会分工协作更加细密，从而会促进第三产业的兴盛。对于这段时间蓬勃发展的服务业新态势，陶桓祥（1982）[②]认为，服务业在社会再生产总过程中的地位和作用愈来愈显得重要，必须要尽快建立服务经济学，解决好应该怎样以最小的消耗取得最大的经济效果等问题。实际上，这也是如何提升服务业生产率的问题。关于提升服务业生产率的积极作用，骆耕漠（1989）[③]认为，随着社会生产的发展和社会生产水平的提高，许多非生产劳动关系的个人生活服务转化为社会化和专业化的各种生活服务业，并继续增加新项目和扩大规模，原因之一就是作为社会分工生产部门之一的生活服务业有提高各种生活服务活动的生产率的作用。

为了更好地深入了解如何提升服务业生产率，以及这方面的国际经验，这段时间，国内学者们也作出了积极的探索，崔维（1983）[④]在对美国的第三产业进行研究后发现，战后美国第三产业之所以能够迅速发展，主要是由战后科技革命所引起的劳动生产率的空前提高和物质生产的巨大增长所决定的。第三次科技革命对劳动生产率的提高和经济结构的影响，是以往的科技革命所无法比拟的。而劳动生产率的提高，又迫切要求加快发展第三产业并为第三产业的发展提供充分的人力、物力和财力。这一发现，在一定程度上和孙冶方（1981）[⑤]的观点不谋而合，即第三产业生产率的提升，

[①] 董小麟：《论第三产业的崛起》，《中山大学学报（哲学社会科学版）》1985年第4期。

[②] 陶桓祥：《尽快建立服务经济学》，《财贸经济》1982年第4期。

[③] 骆耕漠：《个人服务的社会化和分类统计问题》，《财经问题研究》1989年第2期。

[④] 崔维：《美国第三产业的发展》，《世界经济》1983年第7期。

[⑤] 孙冶方：《关于生产劳动和非生产劳动：国民收入和国民生产总值的讨论——兼论第三次产业这个资产阶级经济学范畴以及社会经济统计学的性质问题》，《经济研究》1981年第8期。

需要其他产业提升发展水平为前提和基础。通过对第三产业发展现状的国际比较,杨霞(1986)[①]认为,农业生产力的发展和劳动生产率的提高,工业生产力的发展以及消费水平的提高,是第三产业发展的基本条件。

至此,自80年代末期开始,中国学术界和政策层面基本达成了发展服务业,提升经济发展效率和效益的共识。在对"六五"期间我国第三产业的发展情况进行分析后,国务院发展研究中心第三产业专题组(1986)[②]发现,长期形成的第三产业严重落后仍未得到根本改变,国民经济增长所必需的某些重要行业的发展水平依然很低,部分直接为生产部门服务的行业生产率严重落后,损害了国民经济发展的总体效益。为此,1992年,国务院颁布《关于加快发展第三产业的决定》(以下简称《决定》),要求全党和各级政府高度重视第三产业,将加快发展第三产业作为重大战略任务予以落实。《决定》的颁布,是中国服务业发展史上的一个重要里程碑,标志着中国服务业发展理论和实践进入了一个新的历史阶段[③]。

经过改革开放十余年学术界的讨论探索,服务业对整个社会生产率提升的作用路径基本厘清,欧阳钧(1985)[④]认为,利用信息服务网络,能使商业和工农业迅速获得所需信息,从而提高了工作效率和经济效益。那么这段时间服务业的生产率究竟如何呢?李江帆(1987)[⑤]在研究服务产品和实物产品事实存在的价格剪刀差的过程中敏锐地发现,二者的价格相对于各自价值量的运动轨迹呈剪

---

① 杨霞:《第三产业发展现状的国际比较研究》,《管理世界》1986年第3期。
② 国务院发展研究中心第三产业专题组:《加速我国第三产业协调发展的对策研究》,《经济研究》1986年第12期。
③ 国务院《关于加快发展第三产业的决定》,商务历史网,http://history.mofcom.gov.cn/。
④ 欧阳钧:《第三产业的发展特点和我们对它的看法》,《人口学刊》1985年第6期。
⑤ 李江帆:《论服务产品与实物产品价格剪刀差》,《南方经济》1987年第1期。

刀状。它形成的原因在于服务领域与实物生产领域之间生产率发展速度的差异，服务业生产率虽然因为统计不全而无法确切了解，但总体来说，在 1952—1984 年期间，服务业的生产率基本保持不变。如此一来，与工业和农业相比，服务业生产率形成了相对滞后的事实。对于价格水平所造成的服务业生产率差异的原因，辛均林（1989）[①] 认为，这主要由于，第三产业劳动生产率的提高受自然条件的约束较小，但受技术条件约束较第一、二产业大，第三产业许多劳务都是靠人的因素，包括人的经验和技术，因此，第三产业的劳动生产率的增长速度无论是在一国经济发展处于不发达时期，还是处于发达时期，都慢于第一、二产业劳动生产率的增长速度。

在随后的研究中，陈云卿（1997）[②] 继续深化了这一发现，其认为服务业的生产率已大大落后于生产部门，主要原因在于服务业发展的相对滞后。至于如何提升服务业的整体效率，喻金田、万君康（1996）[③] 认为，技术进步可以促进第三产业劳动力素质的提升和劳动效率的改善，从而提高第三产业的总产出。而对于如何提升服务业企业的生产率，刘志铭（2000）[④] 认为，要更多地采用制造业的方式，使服务业生产尽量达到系统化、标准化和专业化。加强对人的投资，比如通过发展业绩文化来激励员工，减少和缓解服务供需结构的错位和失调状况等。

在 2000 年前后，随着中国加入 WTO 步伐的提速，中国服务业生产率的研究从无到有，经过激烈的争论和探索，服务业的重要性得到了确认。总的来看，这段时间服务业生产率研究的共识是认为

[①] 辛均林：《第三产业劳务价格变动的一般规律》，《中国人民大学学报》1989 年第 1 期。

[②] 陈云卿：《提高服务业的劳动生产率》，《管理科学文摘》1997 年第 5 期。

[③] 喻金田、万君康：《技术进步对第三产业发展的作用分析》，《科技管理研究》1996 年第 5 期。

[④] 刘志铭：《服务企业生产率提高的障碍及对策》，《商业经济与管理》2000 年第 3 期。

中国服务业生产率低于第一和第二产业,原因在于一、二产业的发展水平不高、技术水平落后及服务业自身的行业属性。这段时间关于生产率研究的一个突出制约因素是服务业统计数据的缺乏,针对如何提升服务业生产率,中国的学者们也作出了积极的探索,认为技术进步和服务业生产率的标准化,以及提升服务业的整体发展水平是较为可行的路径。

第四节 服务业生产率研究迅速爆发期(2001—2012)

2001年12月11日,经过漫长的谈判,中国正式加入WTO,成为其第143个成员。加入WTO,标志着中国对外开放进入新阶段。由于服务贸易是WTO谈判的重要组成部分,学术界开始涌现大量服务业的研究,比如,茅于轼(2001)[①]就认为,服务贸易的自由化更多的是涉及规则的对接,钱爱民(2003)[②]研究了加入WTO对我国会计服务业的冲击及对策,王建华、马永喜(2003)[③]研究了加入WTO后我国服务业外商直接投资的发展趋势及对策。就加入WTO对服务业的宏观影响而言,国家发展改革委课题组(2004)[④]认为,加入WTO有利于促进服务业法律法规体系的完善,带动服务业吸引外资,提升服务业的整体水平,推动国内服务企业走向国际

---

① 茅于轼:《服务业"入世"差什么——从世贸组织的一般规律谈起》,《大经贸》2001年第3期。
② 钱爱民:《加入WTO对我国会计服务业的冲击及其对策》,《国际商务(对外经济贸易大学学报)》2003年第3期。
③ 王建华、马永喜:《加入世贸组织后我国服务业外商直接投资的发展趋势与对策》,《国际贸易问题》2003年第7期。
④ 国家发展改革委课题组:《加入世贸组织对我国服务业的影响及提高竞争力的政策建议》,《中国经贸导刊》2004年第5期。

市场。

在服务业生产率研究领域,徐宏毅、陶德馨(2002)[①]认为,服务业发展水平是衡量生产社会化程度和市场经济发展水平的重要标志,积极发展服务业是促进市场经济发育、优化资源配置、提高国民经济整体效益和效率的重要途径。针对服务业生产率低下的原因,其认为是由于服务业产出的非同质性、非实物性、无形性和非储存性所造成的,传统的工业生产率测度方法不适用于服务业。这主要是指出了服务业生产率的统计问题。而针对索洛悖论[②]在服务生产率研究中的适用情况,中国经济学者梁若冰(2002)[③]研究发现,服务业部门的产出的确难以测算,但计量的误差并未大到误导整体生产率的程度,应当具体部门具体分析。事实上,服务业各部门产品间存在很强的异质性(heterogeneity),有些部门可以通过ICT投资来提高劳动生产率,如交通业和通信业进行ICT设备投资的效果就很显著。

但是,服务业生产率究竟如何,尚未有学者从量化分析的角度予以明确,从这个角度来讲,徐宏毅(2003)[④]的研究填补了国内该项领域的空白,其通过对国内研究前沿的追踪,提出服务业生产率测度的一般公式,即服务业生产率=输出质量和数量/输入的质量和数量,并明确使用DEA和Malmquist法可以进行服务业生产率的测算。在其博士论文中,徐宏毅(2004)[⑤]再次对中国服务业生产

---

① 徐宏毅、陶德馨:《服务业生产率低下的原因分析及改进对策研究》,《科技进步与对策》2002年第6期。

② 又称生产率悖论,索洛(Robert Solow)1987年提出,意思是指,"IT产业无处不在,而它对生产率的推动作用却微乎其微"。

③ 梁若冰:《Solow悖论引出的思考:服务业的生产率之谜》,《世界经济》2002年第9期。

④ 徐宏毅:《服务业生产率测度研究》,《中南财经政法大学学报》2003年第1期。

⑤ 徐宏毅:《服务业生产率与服务业经济增长研究》,博士学位论文,华中科技大学,2004年,第51页。

率进行了量化研究。随着西方主流研究方法的引入，国内学术界开始逐步出现服务业生产率的量化研究文献。比如，杨向阳、徐翔（2004）[①]通过建立超越对数生产函数的经济计量模型，定量分析了1990—2001年中国服务业的生产率与规模报酬状况，并计算了决定中国服务业增加值的两种投入要素资本和劳动的边际产出弹性、替代弹性与边际生产率，研究发现，中国服务业的劳动生产率显著地大于资本的边际生产率，因此促进中国服务业更快发展的关键，在于进一步提高劳动力素质。

瞿昳峰（2005）[②]对服务业生产率问题进行了研究，其认为基于制造业的方法研究服务业是不够的，服务业的生产率是包含有外部效率、内部效率和能力效率的函数，在这三个要素中，外部效率起决定性作用，也就是说服务业的生产率归根到底是由外部的顾客来评价的。这一研究对服务业生产率研究的深化作出了有益的探索，但其更多地涉及微观层面企业或行业的分析，受制于数据的可得性及准确性，应用前景受到了一定的限制。相比之下，程大中、陈福炯（2005）[③]则从实证的角度，通过构造产业相对密集度指标及其与劳动生产率的关系模型，得出了与"凡尔登定律"[④]相吻合的发现，即在中国，除房地产业之外，中国服务业及其分部门的相对密集度对其自身的劳动生产率均产生显著的正面影响。

[①] 杨向阳、徐翔：《中国服务业生产率与规模报酬分析》，《财贸经济》2004年第11期。

[②] 瞿昳峰：《服务业生产率问题研究》，硕士学位论文，昆明理工大学，2005年，第16页。

[③] 程大中、陈福炯：《中国服务业相对密集度及对其劳动生产率的影响》，《管理世界》2005年第2期。

[④] 由意大利经济学家凡尔登（P. J. Verdoorn）提出，意思是劳动生产率增长与产出增长之间存在着一种线性关系，一般情况下，生产率会随着市场规模的扩大而增长。

随着数学分析软件在经济学研究中的应用和普及，不少学者开始使用计量经济学的方法对服务业生产率进行研究，徐宏毅、张子刚、欧阳明德（2005）[①] 就利用 Frontier 4.1 计算程序对中国 1992—2002 年服务业全要素生产率（TFP）进行了测度，发现在过去的 10 年中，服务业全要素生产率对中国经济增长的贡献率达到了 42.5%，并且这一贡献主要来自技术进步。此外，顾乃华、李江帆（2006）[②] 借助随机前沿生产函数模型，使用面板数据，分析了我国服务业技术效率的区域差异及其对劳均服务业增加值区域不均衡的影响。发现，中国东、中、西部服务业技术效率存在显著差异，这加剧了服务业区域发展失衡现象，而关键原因在于各地的市场化进程不一致。郑吉昌等（2007）[③] 对浙江服务业的劳动生产率与制造业的劳动生产率进行比较后发现，浙江服务业劳动生产率并不低于制造业的劳动生产率，从而认为应该摒弃"服务业是一个低生产率的部门"的错误观点，提出服务业也可以是一个创造更多价值的高效率生产部门。在前期研究的基础上，蒋萍、谷彬（2008）[④] 进一步利用超越对数生产函数的随机前沿模型，结合经第一次经济普查修订的历史数据，将改革开放以来中国服务业 TFP 增长分解为技术进步、技术效率改进、配置效率改进和规模效率改进四个方面，发现在服务业 TFP 增长的构成中，技术效率改进是主导 TFP 变化的核心因素，而服务行业垄断所导致的规模效率低下是阻碍 TFP 增长的消极因素。

[①] 徐宏毅、张子刚、欧阳明德：《计量经济学在中国服务业生产率测度中的应用》，《华中科技大学学报（自然科学版）》2005 年第 4 期。

[②] 顾乃华、李江帆：《中国服务业技术效率区域差异的实证分析》，《经济研究》2006 年第 1 期。

[③] 郑吉昌、曾锵、姜红、余克艰、姜文杰、夏晴：《浙江服务业与制造业生产率比较研究》，《浙江树人大学学报》2007 年第 3 期。

[④] 蒋萍、谷彬：《中国服务业全要素生产率增长分解与效率演进——基于随机前沿模型的分析》，深圳大学中国经济特区研究中心：《2008 年中国经济特区论坛：纪念改革开放 30 周年学术研讨会论文集》，深圳，2008 年 12 月，第 326 页。

不难发现，这段时间的服务业生产率研究中，采用计量经济学方法的实证文献，成为不少服务经济学者们的首选。原毅军、刘浩、白楠（2009）[①]的研究则将视角投向了服务业全要素生产率的行业和地区差异上，其通过1997—2005年中国27个省区市生产性服务业面板数据，利用非参数Malmquist指数方法考察了中国生产性服务业全要素生产率的变化原因、地区差异与变动趋势。发现，中国生产性服务业仍表现为粗放型增长方式十分明显：全要素生产率呈现负增长，但东部地区全要素生产率下降的速度要远低于中西部地区，但相对而言，信息传输、计算机服务和软件业、租赁和商务服务业的全要素生产率较高。基本可以看出，中国服务业的生产率相对较低，是这段时间国内学者的基本共识，李勇坚、夏杰长（2011）[②]研究发现，从投资/产出增量比来看，服务业作为一个整体是三大产业部门中最高的。这一事实说明，从整体上看，服务业的确是一个高资本消耗的部门，而且投资效率较低。造成这一结果的原因主要是，服务业投资仍然主要以国有投资为主。

此外，还有大量的研究将目光投向了服务业生产率的国际、地区和行业比较及细分研究。其中谭砚文、温思美、汪晓银（2007）[③]基于鲍莫尔两部门非均衡增长模型，发现美、日两国服务业劳动生产率提高对其经济增长有显著促进作用，但相比之下，改革开放以来中国经济增长率与服务业劳动生产率增长率相关性较差，主要原因在于目前中国农业部门还是一个技术相对"停滞"部门。据此，应大力发展服务业以有效转移农村剩余劳动力，不断提高服务业的劳动生产率，不仅是工业化初级阶段促进中国经济增长的重要手段，

---

① 原毅军、刘浩、白楠：《中国生产性服务业全要素生产率测度——基于非参数Malmquist指数方法的研究》，《中国软科学》2009年第1期。

② 李勇坚、夏杰长：《服务业是节约投资的产业吗？——基于总量与ICOR的研究》，《中国社会科学院研究生院学报》2011年第5期。

③ 谭砚文、温思美、汪晓银：《中、日、美服务业劳动生产率对经济增长促进作用的比较分析》，《数量经济技术经济研究》2007年第12期。

也应该是未来中国步入后工业化时期一项长期的政策取向。任英华、王耀中（2008）[①] 采用 IMD 中参评的 45 个国家（地区）的 1997—2005 年服务业相关数据，通过构建多层线性模型后研究发现，中国服务业生产率与国际平均水平差距较大。而曾世宏、郑江淮、丁辉关（2010）[②] 从服务业与生产率的关系、服务业生产率的度量、服务业生产率增长的影响因素、服务业生产率的异质性增长与未来进一步的研究方向等几个方面对国外服务业生产率的研究路径演化和主要观点作一些梳理，发现第三产业部门经济活动的绩效模式与传统的关于服务业生产率假设是不相符合的，有些服务部门尽管增加了技术使用和竞争的程度但还是表现出了零甚至是负的生产率增长。这说明了服务业生产率研究的复杂性。

刘培林、宋湛（2007）[③] 运用累积分布曲线分析经济普查数据发现，和制造业企业法人相比，服务业装备一个劳动力所需的资产量更多，财务和经济效益更差。因此，大量资金投入服务业（尤其是生产性服务业和现代服务业）企业的机会成本，要大于投入制造业企业的机会成本。王恕立、胡宗彪（2012）[④] 的研究进一步确认了这一发现，在采用全国两次经济普查后的修订数据，引入"技术不会遗忘"假定，运用序列 DEA – Malmquist 生产率指数法测算了 1990—2010 年中国服务业细分行业的全要素生产率（TFP）后发现，与工业（制造业）行业对比，服务业 TFP 增长是滞后的。谭洪波、郑江淮（2012）[⑤]

[①] 任英华、王耀中：《国际服务业生产率的发展趋势及影响因素分析》，《统计与信息论坛》2008 年第 9 期。

[②] 曾世宏、郑江淮、丁辉关：《国外服务业生产率研究：一个文献综述》，《产业经济评论》2010 年第 2 期。

[③] 刘培林、宋湛：《服务业和制造业企业法人绩效比较》，《经济研究》2007 年第 1 期。

[④] 王恕立、胡宗彪：《中国服务业分行业生产率变迁及异质性考察》，《经济研究》2012 年第 4 期。

[⑤] 谭洪波、郑江淮：《中国经济高速增长与服务业滞后并存之谜——基于部门全要素生产率的研究》，《中国工业经济》2012 年第 9 期。

在 Baumol、Oulton 和 Sasaki 的基础上建立了一个两部门模型来解释中国这种与发达国家和其他新兴市场国家不同的发展模式并寻找其原因,结果发现与日、美、德、法相比,中国服务业 TFP 增长率显著低于这几个国家的服务业 TFP 增长率。主要原因是制造业与生产者服务业没有大规模实现主辅分离以及中国的生产者服务业没有像制造业和印度的软件业那样融入全球化分工体系,而且国内生产者服务业市场还受到发达国家生产者服务业的排斥。对此,江波、李美云(2012)[1]基于发达国家生产服务业出口贸易急速攀升的现状,以分工深化和全球产业价值链为出发点,并利用 OECD 数据从理论和实证角度分析了生产服务业出口贸易与创新互动对生产率提升的作用机制,发现只有聚焦于技术—知识密集型生产服务业的发展,其生产率提升效应才显著为正。

而关于服务业生产率的影响因素,陈艳莹、赵旭(2011)[2]研究发现,制造业服务外包会提高服务业劳动生产率,但在通过改进 Feenstra 和 Hanson 的外包计算方法,分别以中国和美国数据进行的实证检验后进一步发现,制造业服务外包对美国服务业劳动生产率具有显著的提升作用,对中国服务业劳动生产率的影响不显著。此外,原毅军、宋洋(2011)[3]研究了服务集聚对劳动生产率的影响,发现在 1996—2008 年期间,专业化集聚效应显著为正,多样化集聚效应显著为负,并且华东地区的集聚效应排在所有地区首位。对于行政管制对中国服务业生产率的真实影响,刘丹鹭(2012)[4]认为,

---

[1] 江波、李美云:《生产服务业出口贸易、创新与生产率提升:理论与实证》,《财经研究》2012 年第 7 期。

[2] 陈艳莹、赵旭:《制造业服务外包对服务业劳动生产率的影响——基于中美两国行业数据的比较研究》,《暨南学报(哲学社会科学版)》2011 年第 6 期。

[3] 原毅军、宋洋:《服务业产业集聚与劳动生产率增长——基于中国省级面板数据的实证研究》,《产业经济评论》2011 年第 2 期。

[4] 刘丹鹭:《中国服务业生产率及其影响因素研究》,博士学位论文,南京大学,2012 年,第 113 页。

虽然服务业增长滞后假说受到越来越多的质疑，但在我国，确实存在服务业发展滞后、生产率偏低的现象。发现对服务业的政策歧视比制造业要严重。正常竞争秩序的缺位和市场机制的扭曲，使得高效企业不能进入，低效企业没有变革压力，全行业的生产率就无法提升。通过实证研究后，其发现，放松对私营或外国资本进入并没有明显的对生产率的促进作用，而国有垄断力量下降时对生产率有促进作用。

综合来看，这段时间虽然涌现了大量关于服务业生产率的研究，并且随着计量经济学的发展，中国学者开始使用国际通行的研究手段和研究方法，对中国服务业生产率进行量化和实证分析，开启了中国服务经济研究的国际化进程，得出了服务业生产率提升有利于经济增长，服务业生产率相比制造业要低、中国服务业生产率低于国际平均水平、发展研发设计等生产性服务业以及降低行政管制有利于提升服务业生产率等结论。但整体来看，服务业生产率究竟是停滞了还是被低估了的争论仍在继续，服务业生产率的影响因素、地区、行业和国际的比较研究还没有定论，需要继续深入。

第五节　服务业生产率研究的深度拓展期（2013年至今）

随着中国经济进入新常态，全面建设小康社会和深化改革开放，对服务业发展提出了新的更高的要求。2012年，在党的十八大报告中，明确提出要加快转变经济发展方式，使经济发展更多依靠现代服务业和战略性新兴产业带动，推动现代服务业发展壮大。2013年11月，中国共产党第十八届中央委员会第三次全体会议通过《中共中央关于全面深化改革若干重大问题的决定》，指出要推进金融、教育、文化、医疗等服务业领域有序开放，放开育幼养老、建筑设计、会计审计、商贸物流、电子商务等服务业领域外资准入限制，中国服务业发展站上了新的历史起点。

创新和开放，成为这段时间中国经济的关键词之一①。出于中国服务业融入全球价值链的广度和深度日益加深的经济现象的回应，刘丹鹭（2013）②从国际化、创新和企业生产率三者之间关系出发，对中国服务企业创新收益的差异进行实证研究后发现，中国出口企业的创新性较弱，而进口企业的创新较强。在服务业中，只有当企业的国际化战略和创新战略相匹配时，企业才能最大限度地获取两者带来的收益。为了更好地验证创新对服务业生产率的影响，刘丹鹭、魏守华（2013）③利用苏州昆山市117个服务企业的样本数据进行了实证研究，发现创新有助于服务业生产率提升，但在不同类型的服务企业呈现差异化，具体来说，对知识密集型服务企业生产率有显著正面影响，而对非知识密集型的服务企业影响不显著或者为负，同时发现，政府在推动创新中扮演了重要角色。许和连、成丽红（2016）④基于中国服务业企业调查数据发现，良好的制度环境和创新均能促进服务业TFP的增长。随后，刘晓伟（2019）⑤的研究再次证实了这一发现，其利用2009—2016年全国233个地级及以上城市数据，对服务业集聚、城市创新与城市生产率三者共同的演化关系进行实证分析后发现，创新对生产率的促进作用十分明显。

---

① 《服务业创新发展大纲（2017—2025）》指出，服务业的创新发展，是关系经济转型升级，振兴实体经济、支撑制造强国和农业现代化建设、实现一二三次产业在更高层次上协调发展的关键所在。

② 刘丹鹭：《服务业国际化条件下的创新与生产率——基于中国生产性服务企业数据的研究》，《南京大学学报（哲学·人文科学·社会科学版）》2013年第6期。

③ 刘丹鹭、魏守华：《创新与服务业生产率——基于微观企业的实证研究》，《研究与发展管理》2013年第2期。

④ 许和连、成丽红：《制度环境、创新与异质性服务业企业TFP——基于世界银行中国服务业企业调查的经验研究》，《财贸经济》2016年第10期。

⑤ 刘晓伟：《服务业集聚、城市创新与城市生产率》，《山西财经大学学报》2019年第7期。

在关于开放与服务业生产率问题的研究中，周文博、樊秀峰、韩亚峰（2013）[①]在梳理服务业 FDI 技术溢出的机制上，利用非参数的 DEA – Malmquist 指数对我国 2003—2011 年 14 个服务行业的全要素生产率及其分解进行了测算，研究发现，除房地产业外，服务业 FDI 确实存在着技术溢出效应，显著地促进了服务业技术进步及全要素生产率增长。在对服务业 FDI 的深入研究中，刘艳（2013）[②]采用制造业行业面板数据，运用投入产出表构建服务业 FDI 对制造业的前向关联指标后发现，服务业 FDI 通过前向关联显著地促进了中国制造业的技术水平提升和技术效率改善。针对服务业外资管制对生产率的影响，侯欣裕、孙浦阳、杨光（2018）[③]基于服务业中间品厂商实行的定价策略，采用中国正式颁布的服务业外资管制条款，刻画 1997—2007 年服务行业外资管制的变化程度，研究发现，中间服务业外资管制放松显著提高了下游制造业企业的生产率，在不同细分服务行业上，金融和能源服务业作用效果最大，通信、科技服务业影响较小。由此可见，放松管制、扩大开放，是提升服务业生产率的重要途径。陈明、魏作磊（2018）[④]通过探讨开放经济下生产性服务业走出去和引进来影响服务业生产率的理论机制后发现，生产性服务业的双向开放对服务业生产率有着显著的正向作用。在后续的研究中，陈明、韦琦、邝明源（2019）[⑤]的研究继续支持并深化了这一观点，他们通过研究发现，生产服务业及其细分行业

[①] 周文博、樊秀峰、韩亚峰：《服务业 FDI 技术溢出与服务业全要素生产率增长——理论分析和基于中国的实证检验》，《华东经济管理》2013 年第 6 期。

[②] 刘艳：《服务业 FDI 的前向关联和中国制造业生产率增长——基于行业面板数据的实证分析》，《世界贸易组织动态与研究》2013 年第 3 期。

[③] 侯欣裕、孙浦阳、杨光：《服务业外资管制、定价策略与下游生产率》，《世界经济》2018 年第 9 期。

[④] 陈明、魏作磊：《生产性服务业开放对中国服务业生产率的影响》，《数量经济技术经济研究》2018 年第 5 期。

[⑤] 陈明、韦琦、邝明源：《生产服务业开放对中国产业生产率的影响及其国际比较》，《广东财经大学学报》2019 年第 1 期。

开放对服务业生产率提升的贡献率最大，对工业贡献率次之，对农业贡献率最低，在细分行业中，研发设计与其他技术服务和信息服务开放的贡献始终居前两位，目前我国三次产业劳动生产率相比发达国家尚有一定差距，应加大先进生产服务技术的引进力度，重视生产服务的技术创新。

在此期间，国家加大了对服务业发展的重视程度。为了更好地发挥生产性服务业对产业结构转型升级的积极作用，《国务院关于加快发展生产性服务业促进产业结构调整升级的指导意见》（国发〔2014〕26号）明确指出，要以产业转型升级需求为导向，进一步加快生产性服务业发展，引导企业进一步打破"大而全""小而全"的格局，分离和外包非核心业务，鼓励企业向价值链高端发展，推进农业生产和工业制造现代化，加快生产制造与信息技术服务融合。此外，为了更好地发挥在消费结构升级中生活性服务业的作用，2015年，国办发布《国务院办公厅关于加快发展生活性服务业促进消费结构升级的指导意见》（国办发〔2015〕85号）明确提出，要增加服务有效供给，扩大服务消费需求，提升服务质量水平，重点发展贴近服务人民群众生活、需求潜力大、带动作用强的生活性服务领域，推动生活消费方式由生存型、传统型、物质型向发展型、现代型、服务型转变，促进和带动其他生活性服务业领域发展。

2015年，服务业增加值占比首次超过50%，中国迎来了名副其实的服务经济时代，对服务业生产率的研究也更加深入。不少学者开始利用新的方法和数据，对服务业生产率进行再测算。王恕立、王许亮（2017）运用SBM方向性距离函数和全域Malmquist – Luenberger指数估算出中国2002—2014年各地区服务业绿色全要素生产率（TFP）变动及其分解项，研究发现，中国服务业绿色TFP整体呈现增长态势，但表现出较大的省际和区域异质性。具体表现为，东部地区的服务业绿色TFP上升最快，西部地区居中，中部地区最慢。随着服务业高质量发展的要求日益迫切，对服务业全要素生产率的准确测算变得尤为重要，在此背景下，夏杰长、肖宇、李诗林

（2019）采用半参数 OP 法，对中国 2007—2016 年间服务业全要素生产率进行了测算。研究发现：在服务业细分行业中，房地产和金融业等共计 7 个行业的技术进步程度，在直观上要高于公共管理和社会组织以及卫生、社会保障和社会福利业等行业。在分地区中，北京、上海、浙江、广东等地的技术进步程度明显高于中西部省区市。从增长趋势来看，服务业内部不同行业之间增减不一，但自 2007 年以来，中国服务业全要素生产率整体呈现出明显的递增态势。虽然部分行业在技术进步方面存在短板，但从发展趋势来看，这些差距正在明显缩小。在四大经济区域中，除了西部地区呈现下降趋势外，东部、中部和东北地区的服务业全要素生产率明显上升。从影响因素来看，服务业发展水平、城市化率、贸易依存度和人口出生率，都是促进服务业全要素生产率增长的重要变量。据此，应实行大力促进服务业"提质增效"、稳步提升城市化发展水平、促进对外贸易平稳健康发展和出台切实有效的人口管理办法等政策措施。

此外，还有大量的学者将关注的视角投向了与产业转型升级相关的理论和实证研究中去。黄永春等（2013）[1] 从美国等发达国家实施"再工业化"战略逆向调整出发，以制造业和服务业的交互外部性为切入点，研究发现美国之所以实施"再工业化"，是因为过度"去工业化"，限制了依赖于已有高级生产性服务业的先进制造业发展，这又使得美国服务业的发展缺少先进制造业的需求拉动，以致美国经济增长出现下滑。因此，其认为中国需要大力发展服务业，尤其是生产性服务业，以助推中国攀升全球价值链高端。平新乔、安然、黄昕（2017）[2] 运用中国第二次经济普查数据研究中国服务业的全要素生产率和平均效率水平分布的异质性后发现，服务业生

---

[1] 黄永春、郑江淮、杨以文、祝吕静：《中国"去工业化"与美国"再工业化"冲突之谜解析——来自服务业与制造业交互外部性的分析》，《中国工业经济》2013 年第 3 期。

[2] 平新乔、安然、黄昕：《中国服务业的全要素生产率的决定及其对制造业的影响》，《学术研究》2017 年第 3 期。

产性服务业的全要素生产率、平均效率水平与制造业的全要素生产率、平均效率水平之间存在显著的正相关关系，也就是说，提高生产性服务业的总体效率水平，有利于做强制造业。在对日本经济的服务化进行研究后，田正（2017）① 发现，在服务业与制造业融合的趋势之下，提高服务业生产率的必要性日益迫切，促进生产性服务业的发展成为关键。而专业化程度、工业化程度以及服务业效率的提高将有助于生产性服务业的发展。由此可见，生产性服务业的发展对制造业转型升级的积极作用，已基本达成共识，伍先福（2018）② 研究发现，生产性服务业与制造业协同集聚可能从正反向同时作用于全要素生产率增长。这一结论也得到了张月友、董启昌、倪敏（2018）③ 的进一步支持，他们认为，经济服务化过程中制造业与服务业的生产率差距将趋于收敛，服务业已成为在经济增长换档期进行调结构和稳就业的重要抓手。发展基于全球价值链（GVC）下的制造业全球化转向嵌入全球创新链（GIC）的服务业全球化，是解决我国生产性服务业发展不足问题的关键。

由此可见，总体来看，创新、开放等对服务业生产率的积极影响基本在中国学者间达成了共识。但实际上，服务业生产率研究的争论依然没有解决，在中国服务业生产率的问题上，不断有学者发出不同的声音。比如，戴翔（2014）④ 研究发现，"走出去"投资于服务业的企业生产率均值低于没有"走

---

① 田正：《日本服务业的发展与困境——基于生产性服务业的实证检验》，《日本学刊》2017年第3期。
② 伍先福：《生产性服务业与制造业协同集聚提升全要素生产率吗?》，《财经论丛》2018年第12期。
③ 张月友、董启昌、倪敏：《服务业发展与"结构性减速"辨析——兼论建设高质量发展的现代化经济体系》，《经济学动态》2018年第2期。
④ 戴翔：《生产率与中国企业"走出去"：服务业和制造业有何不同?》，《数量经济技术经济研究》2014年第6期。

出去"的企业，而"走出去"投资于制造业的企业生产率均值则高于没有"走出去"的企业，生产率对企业"走出去"投资于制造业具有显著的正向影响，也就是说"生产率悖论"依然存在。胡宗彪（2014）发现，在中国无论是生产性服务业还是生活性服务业，其双边贸易成本下降并未带来服务业生产率及其增长的提升，其将该现象称为"中国对外服务贸易成本的生产率效应悖论"。但庞瑞芝、邓忠奇（2014）[①]通过对方向距离函数的方向选择进行方法创新，采用1998—2012年中国省际面板数据对服务业和工业的生产率及其增长情况进行测算后发现，服务业生产率（效率）平均高于工业，但TFP增长稍逊工业。不过，近年来服务业TFP增长有赶超工业的趋势，"鲍莫尔－福克斯假说"和国内关于服务业低效率的提法在现阶段的中国并不成立。夏杰长、肖宇、李诗林（2019）[②]采用半参数的OP法，对中国自2007—2016年间服务业全要素进行测算，研究发现在服务行业细分行业中，房地产和金融业等17个行业的技术进步程度，高于公共管理和社会组织以及卫生、社会保障和社会福利等行业。

综合来看，这段时间服务业生产率研究的关键词是：创新、开放、转型升级和再测算。中国学者发现，通过新的方法和数据进行测算后，中国服务业生产率近年来增长趋势明显，但存在较大的行业和地区差异。就影响因素而言，创新在总体上有利于服务业生产率的提升，提升技术水平，放松服务业的行业管制，进一步扩大服务业开放，是促进服务业生产率改善的关键驱动要素。

[①] 庞瑞芝、邓忠奇：《服务业生产率真的低吗？》，《经济研究》2014年12期。

[②] 夏杰长、肖宇、李诗林：《中国服务业全要素生产率的再测算与影响因素分析》，《学术月刊》2019年第2期。

第六节　研究展望

一　研究总结

综合来看，中国服务业生产率问题的研究经历了 1978 年改革开放以前的孕育和萌芽期、1978—2000 年的探索和争鸣期、2001—2012 年的迅速爆发期，以及 2013 年至今的深度拓展期共计四个阶段。在此期间，对服务业生产率的研究从无到有，由浅入深，取得了丰硕的成果，极大地推动了服务经济理论体系建设，有力地服务了国家经济建设的需要。

在 1978 年以前，国内学术界关于服务业生产率的研究基本空白，少量的研究围绕马克思主义的基本理论，在服务业产品属性上进行了积极的探索，为 1978 年改革开放后，中国服务业生产率研究的起步，奠定了坚实的基础并做出了有益的探索。随着中国改革开放步伐的加快，到 2001 年中国成功加入 WTO，中国服务业得到了飞速的发展，这段时间的初步共识是服务业生产率低于第一和第二产业，但受制于统计数据的缺乏和研究手段的滞后，这段时间的学术研究还不够深入。加入 WTO 后，随着国门的打开，中国经济融入世界的广度和深度与日俱增，中国学者开始使用国际通行的计量手段，对中国服务业生产率进行量化和实证分析，得出了服务业生产率提升有利于经济增长，服务业生产率相比制造业要低、中国服务业生产率低于国际平均水平、发展研发设计等生产性服务业以及降低行政管制有利于提升服务业生产率等结论。2013 年以后，随着中国经济进入新常态，中国学者基于对创新、开放、转型升级等热点问题的回应，利用新的数据，采用新的手段，对服务业生产率进行了再测算，得出了中国服务业生产率总体上呈增长态势，但存在明显行业和地区差异，创新和开放有利于服务业生产率提升和产业转型升级等结论。但是，针对服务业生产率研究的争论依旧没有停止，随着经济服务化进程的加快，服务业生产率的研究也同样需要与时俱进，继续深入。

二 研究展望

党的十九大报告指出，要深化供给侧结构性改革，加快发展现代服务业，加快完善社会主义市场经济体制，放宽服务业准入限制，推动形成全面开放新格局，实行高水平的贸易和投资自由化便利化政策，全面实行准入前国民待遇加负面清单管理制度，大幅度放宽市场准入，扩大服务业对外开放，保护外商投资合法权益。当前，我国正在大力推进服务业开放，服务业对外资的开放力度持续加大，以负面清单为主的管理模式创新的积极作用也开始逐步显现。

就中国来说，攀升全球价值链，成为当前和今后一段时期，中国经济面临的最大挑战。而随着社会主要矛盾的变化，居民对高质量生活性服务业的需求与日俱增，服务业生产率的提升，能否跟上产业转型升级和消费升级的步伐，就显得尤为重要。从产业发展实际来看，经济服务化的趋势势不可当，制造业服务化和服务型制造，正在成为引领产业发展的新方向。在新的产业发展业态下，这对服务业生产率将会产生什么影响，这些问题，在学术界还没有引起足够的关注。

和制造业不同的是，服务业无论是从微观层面的企业数据，还是贸易层面的细分数据，都比较匮乏。这也制约了服务业生产率研究的计量方法应用。因此，在未来的进一步研究中，如何利用新的方法和新的数据，或者开发设计新的指标，对服务业生产率进行更为精准的测算。服务业新的业态，对服务业生产率会产生什么影响，如何提升服务业生产率，使之服务于国家的创新战略和转型升级。这在很大程度上，应该是未来服务业生产率研究的重要方向之一。

第五章

新中国服务业就业研究

第一节 前言

服务业在经济社会发展中的作用和地位越来越重要,其涉及的部门范围广泛,不仅能够提供规模庞大的体力劳动密集型就业,而且也为智力密集型劳动力提供了广阔的竞争空间。服务业能够容纳不同人力资本水平的劳动者就业,具有较大跨度和较强韧性,因此也经常被作为稳定和扩大就业的重要领域。中国服务业发展问题的研究,与服务业发展本身相辅相成,而就业一向是经济社会发展中极其重要的变量,就业数量和质量不仅是宏观经济运行的指示器,也反映着社会民生,因此,对服务业就业问题的研究始终贯穿于服务业研究学术思想史。

新中国成立70年来,理论界和实践界对服务业就业的研究不断深化。新中国成立直到1978年前后,服务业的从属地位决定了其就业问题难以作为一个重要的议题进入研究者视野,这一时期的应用研究主要停留在工作层面的交流讨论,理论研究则主要开启了一场持续40余年关于非物质生产劳动能不能算作生产劳动的争论。1978年十一届三中全会召开,中国经济发展迈向新征程,改革开放初期的就业压力,以及服务业吸纳就业的海绵功能，促进了服务业不断进入研究者的视线，1978—1984 年间，基于调查分析和统计数据研究服务业就业功能的文献陆续出现。20 世纪 80 年代中期开始，服务业在中国确立其国民经济组成部分的地位，与之相伴随的学术研究和政策研究逐渐丰富。2007 年之后，尤其是金融危机之后，在加快发展服务业的政策驱使下，学术研究视野更加多元，人们关于服务业就业问题的认识不断深化。随着人工智能、新一代通信技术、数字经济、平台经济等技术革命和商业模式不断创新，未来的服务业可能呈现出千姿万态的发展浪潮，对劳动者就业从业必将提出新的要求，并可能改变劳动力市场的运行模式，可以预计，随着服务业进入高质量发展新征程，值得深入研究的课题不断涌现，服务业就业问题研究也将会更加繁荣。

第二节　非物质生产劳动的就业算不算干正事？(1949—1978)

在生产服务从属于物质产品生产、生活服务福利式供给的背景下，无论是在官方政策性文件、政府部门领导的讲话，抑或是学者的学术探讨中，均没有出现过产业意义上的"服务业"或"第三产业"。服务业发展缺位加之经济学等社会科学的曲折发展，导致了服务经济学研究的不足。经济学科的研究内容往往与经济社会现象相伴而生。新中国经历国民经济恢复建设时期之后，从具有统计数据可查的 1952—1978 年间，服务部门在国民经济中整体上受到排挤，在服务部门就业的人数比例下降幅度明显，在全民所有制商业和服务业就业的职工所占比重从 18.5% 下降到 11.9%，大口径服务部门职工占比由 36.1% 下降到 26.7%[1]。在此期间，虽然全国人口数量

---

[1] 沙吉才、孙长宁：《论社会主义的服务劳动》，《财贸经济》1981 年第 3 期。

增长了 2/3，但从事零售商业、餐饮服务业和日杂货品售卖服务业的从业人员规模从 950 万下降到 610 万，零售业商店及网点从 550 万个下降到 130 万个。而农村地区的商业活动几乎绝迹，人民公社负担着各类行政事务、社会服务以及社区的其他服务业[①]。在整个计划经济时代，由于服务业尚未在经济社会中取得普遍认可的地位，在此背景下，理论界对服务业的研究几乎空白。从现有的少量文献来看，可以概括为三个方面。

一　第一轮劳动力短缺与提高服务部门劳动效率

新中国成立之后，经过几年的经济恢复和改造，整个国民经济呈现出有序的发展势头，社会就业趋于充分。到了 20 世纪 50 年代末期，我国实际上出现了第一轮劳动力短缺，其主要背景是"大跃进"运动几乎投入了全部城乡劳动力。周恩来总理在 1959 年 4 月召开的第二届全国人大一次会议中所作政府工作报告指出，我国根本上消除了失业现象，没有剩余劳动力。姑且不论消除失业的时代含义，如何实现在不增员的情况下实现产出的增加，便成了当时各地经济计划部门和生产部门的重要探索议题，从 1959—1962 年一些地方的报纸可以看出，减员且增产、不增员且增产成为当时"大跃进"的主要目标。在商业服务领域也是如此，经济计划部门已经注意到了要通过挖掘劳动潜能，提高劳动效率的途径来改善服务供给。戈力（1959）[②] 对 1959 年商业部门劳动力计划的建议措施中，强调了开展技术革命运动、改进劳动组织等措施对于节约劳动力、释放劳动潜力的重要性，同时还强调了劳动者休息休假和学习对于提升劳动效率的重要意

---

①　[英] 安格斯·麦迪森：《中国经济的长期表现——公元 960—2030 年（修订版）》，伍晓鹰、马德斌译，上海人民出版社 2016 年版，第 68—80 页。

②　戈力：《实现 1959 年商业部门劳动力计划的几个主要措施》，《劳动》1959 年第 5 期。

义。当时的商业部组织技术局（1960）[①]基于北京米市大街副食品商店、长沙中山路百货商店、哈尔滨妇女儿童用品商店、黑龙江双城县副食品商店、长春煤建孟家屯仓库以及江西省、贵州省、河北省、陕西省多地丰富的经验案例，从改善劳动组织方式、提高技术水平、提高社会参与度、提升职工理论水平和业务技能四个主要方面，剖析了商业服务领域挖掘劳动潜力、改进生产率的实现路径。

新中国成立以后出现的第一轮劳动力短缺，具有其时代特殊性，是在赶超的发展思维下，将劳动力人为地配置到优先部门而形成的结果。由于服务部门被视为从属部门，从业人员规模不因社会需求所决定，而是根据"大跃进"的计划进行行政配置，使得从业人员出现不足。从这一时期对服务部门的相关研究可以看出：（1）这些研究注意到了劳动效率对于提高服务供给的重要性，"劳动生产率"理念雏形开始孕育，尽管"劳动生产率"的词汇表述在服务经济领域的正式使用还要等数十年之后才能出现；（2）这些研究具有很强的应用性，多属于实务部门相关干部基于工作交流层面的分析探讨；（3）基于调查研究得出的提高就业效率的建议，在一定程度上具有跨时期的普遍适用性。

二 服务类劳动的社会地位和性质之雏论及其延续

服务性质的劳动，其产品随着其生产过程的完毕而消费完成，因此不会表现为有型的物质产品。由此便引发了社会如何看待服务性质劳动者社会地位以及服务性质的劳动是不是生产劳动的探讨。

关于服务性质劳动者的社会地位的理论探讨，主要围绕如何看待城镇商业服务部门劳动者而展开，核心是这些就业人员从事的劳动是不是应当得到充分的尊重，以及年轻劳动者是否应当将服务性

[①] 商业部组织技术局：《商业企业挖掘劳动潜力的基本经验》，《劳动》1960年第6期。

质的工作视为正当的职业选择。尽管在20世纪60年代，一些理论性报刊组织过对商业服务劳动就业性质的讨论，从学术研究的范式来看，这些讨论的理论依据较为单一，主观性较强，这些讨论对促进后来对服务业就业问题的研究具有一定的辅承作用。1963年2—6月，北京日报理论版《学习与修养》专刊组织了一系列关于商业服务工作的性质讨论①，议题涉及商业服务工作是不是低三下四、是不是受气的工作，以及青年人应该如何对待劳动等，累计发表讨论性文章141篇，社论6篇。编辑部收到的稿件中，既有人认为商业服务工作是极为简单的工作，因为贡献有大小，决定了劳动有地位的高低之分；也有人认为商业服务工作是受气和伺候人的工作；当然也有更多的人认为商业服务工作与其他性质的工作具有同等的地位。评论部认为，这次讨论对于提高参加劳动的知识青年觉悟、巩固商业和服务业的队伍、发展商业工作有着密切的联系，对实际工作有推动作用。

20世纪60年代初期，理论界注意到以提供服务过程的劳动在社会生产中占有一定的比重，什么是生产劳动的话题引起了较为广泛的讨论。以草英、攸全、徐节文、许柏年、胡培等学者为代表的一派观点认为，社会主义的生产目的核心是提供物质资料，不能把非物质生产的劳动归入社会主义生产劳动的范畴，只有从事物质生产的劳动，才是社会主义的生产劳动②。以何炼成③等为代表的另一派

---

① 北京日报理论部：《关于"商业服务业工作是不是低人一等"讨论的体会》，《新闻业务》1963年第7期。

② 草英、攸全：《关于生产劳动与非生产劳动》，《中国经济问题》1962年第9期；徐节文：《谈社会主义制度下的生产劳动和非生产劳动》，《光明日报》1963年12月16日；许柏年：《略论社会主义条件下的生产劳动》，《江海学刊》1964年第1期；许柏年：《再论社会主义生产劳动——与何炼成同志商榷》，《经济研究》1965年第5期；胡培：《什么是社会主义制度下的生产劳动与非生产劳动》，《浙江学刊》1963年第1期。

③ 何炼成：《试论社会主义制度下的生产劳动与非生产劳动》，《经济研究》1963年第2期；何炼成：《再论社会主义制度下的生产劳动与非生产劳动》，《经济研究》1965年第1期。

观点则把社会主义的生产劳动定义为能够创造某种使用价值并直接满足整个社会的物质和文化需要的劳动，这种使用价值不仅可以表现为具体的物质资料，而且可以表现在"动"的形态上，即表现为与生产行为不能相分离的特殊使用价值上。不能仅仅把生产劳动局限于物质生产的领域，大多数非物质产品也是社会所必需，为社会生产必需品的劳动不应当排除在生产性劳动之外。这种讨论在"文化大革命"时期中断，之后再度掀起新一轮高潮，尤其是在20世纪80年代和90年代初期出现了大量争辩[1]，这对于以后是否应当重视服务性质的劳动提供了基础的理论性洞见。

三　计划经济条件下服务部门工资的决定机制

计划经济时代，劳动者的工资与其劳动贡献关联度不大，在几乎统一的财政框架下，实行平均主义，服务部门由于其产出的难以计量性，更是以平均主义进行分配。但这种平均主义模式，在20世纪60年代初期已经被实践领域发现其效率低下，无法为人民生活和社会生产提供有效的服务，在劳动力主要配置到工业部门而使服务部门人员相对不足的情况下尤其如此。周绍溪（1959）对商品部门职工的工资决定问题给出了探索[2]。他认为，营业员的劳动是面对广大消费者的服务性劳动，社会分工要求这类劳动者要更好地将商品送到消费者手中，提高消费者的满意度。因此，营业员的工资制度，需要充分掌握营业员的劳动特征，制定恰当的业务技术等级标准。业务技术等级标准作为平等营业员工资等级的尺度，需要反映出营业员的工作特征和要求，应当包括商品知识、经营知识和劳动服务态度三个维度，由于考试的方法检测不了服务态度这一决定服务质量的最主要因素，因此营业员的业务技术等级的评定应当通过群众评议、领导审查的方式。规定工资等级及其级差，有利于提高服务

---

[1]　关于生产劳动与非生产劳动理论争辩的更多探讨，详见本书第一章。
[2]　周绍溪：《关于商业营业员的工资制度问题》，《劳动》1959年第21期。

质量和贯彻按劳分配的原则。从当时的情况看,商业部门经营着几万种商品,但结构和类别并不复杂,全国范围有数百万人从事商业劳动,工资等级确定 5—7 个为宜,工资级差不宜过大或过小。经售不同商品的营业员之间,由于需要的知识技能不同,他们之间的工资标准应当有合理的差距。例如经售仪器、化学药品的营业员,技术知识不是在短时间内可以习得的,对经售复杂商品的营业员应该规定较高的工资标准。此外,应当按照两条等级线制定工资标准表,一条属于生活资料经营线,另一条属于生产资料经营线。此外,经售商品的数量与社会的购买力水平相关,因此对商业营业员不宜实行计件工资制度,计时工资虽然体现了按劳分配的原则并能对劳动积极性起到鼓励作用,但却不能很好地把个人工资与个人日常劳动成果及时联系起来。因此,宜结合计时工资和计件工资二者之长,在商业部门实行计时奖励的工资制度。

但是,在"文化大革命"期间,工资分配重新回到平均主义状态。"文化大革命"之后,尤其是 1977 年开始的"开展社会主义劳动竞赛"的运动,使得多劳多得的愿望重新在劳动分配领域重新发芽,不少地区的商业部门开始实施计时为主,计件为辅,计时加奖金的工资制度,一位国营商店的职工在 1978 年评价道,实行计时工资加奖励的工资制度有利于体现按劳分配的原则,促进了商品流转并提高了企业管理效率[①]。

第三节 服务业就业功能研究(1979—1984)

20 世纪 70 年代末,随着下乡知识青年逐步返城,需要安置人员就业的压力越来越显现,另外,工农业部门的机械使用率大幅提高,

---

① 刘英传:《我对商业部门实行计时加奖励的工资制度的体会》,《商业研究》1978 年第 3 期。

生产技术发生了较为明显的改善，劳动效率提升的同时，也加大了就业安置的困难性。如何提供充足的就业机会，成为政策制定者和相关学者关注的一个重要话题。尽管非物质生产的劳动是否能够成为社会主义制度下的生产劳动的争论仍然在理论界如火如荼地开展，但其可能具有容纳就业的较大潜力同样也进入了研究者的视野。

一 基于地方案例经验探讨服务部门吸纳就业的潜力

梁志高和厉璠（1979）[①] 分析了新中国成立到1978年三十年来上海市劳动就业的经验和教训，指出了劳动就业是当时的一个突出问题，过去一段时间由于工作上的失误，以及"四人帮"等势力对经济建设的破坏，社会生产能够提供的就业机会远不能满足新成长起来的劳动力就业的需要。这篇论文基于对上海市各行各业过去几十年的行业发展状况及就业情况，从五个方面提出了扩大就业的建议，其中就包括了通过增设商业服务网点，在满足工农业生产和人民生活需要的过程中，扩大就业门路。从1956年到1977年，上海市的饭店和饮食摊店减少了90%，商业网点减少了3971个，修配服务网点数从1959年8000余户减少到1976年的980户，减少87%。工业部门职工却从1957年的118.07万人增加到1977年的193.2万人，增加了74.5%；商业饮食仅增加了4%，从44.1万人增加到46万人。工业人数占就业的比重从50%增长到60.1%，而商业、饮食等服务业却从20%下降到14.3%。由此得出结论，20世纪70年代末期，商业、饮食、服务业不仅网点和服务项目供给严重不足，而且职工人数比例也不协调，商业部门职工日均工作时间过长。以此，可以将增加服务网点供给、扩大商业及服务部门作为解决就业问题的一个重要途径，其中还应当重视集体所有制企业的发展。

从梁志高和厉璠（1979）的分析思路可以看出，研究者是从服

[①] 梁志高、厉璠：《扩大上海劳动就业的几点建议》，《社会科学》1979年第4期。

务供给不足的角度探讨了发展服务业对于扩大就业大有可为。戴云蒸和肖清益（1981）①则立足于发展服务业带来就业扩大的经验案例，分析了发展服务业对促进就业的积极作用。他们基于太原市北城区在党的十一届三中全会之后，吸取过去片面强调以钢为纲、轻视商业饮食服务业形成的生产与生活比例严重失调的教训，大抓商业饮食服务业的恢复和发展的经验，以调研数据为基础，总结了发展商业饮食服务业对于提高服务质量和解决待业青年就业的作用，并指出了未来需要进一步解决的问题。在他们调研点，1981年5月底，太原市北城区商业网点数量恢复到1957年的91%，达到1144个，从业人员数量比1952年增加了2倍多，达到13918人。在从业人员中，国营占69%，集体占29%，个体占3%，农贸集市的开放，弥补了国营网点的不足。他们调研发现，市场网点、商品种类的增多，方便了人民的生活；小型多样化的服务，提高了服务质量；随着集体经济和个体商业饮食服务业的灵活经营、周到服务，适应消费者需要，使市场出现了竞争；同时，已经解决了调研区3000余待业青年的就业安置问题。基于该区26.8万人的人口总数和出现的较强购买力等区情，商业网点数量偏少、分布不匀等问题仍然比较突出，很多事情没有人干的同时也有很多人没有事情可干，这既是矛盾，也是发展商业饮食服务业的有利条件，并以该区的行业发展为基础，估计了未来几年还可逐步增加10000人到商业饮食服务业部门就业。

在他们的调查中，也出现了一些具有时代特征的问题，制约了商业饮食服务业的发展。一个是思想上认识不一致。部分干部和领导对集体经济和个体经济的性质和前途欠认识和判断，担心政策变化会再次陷入"走资本主义道路"的错误；青年和家长更愿意进入全民所有制工作，"铁饭碗"思想较为坚固，认为集体和个体是没有

---

① 戴云蒸、肖清益：《发展第三产业是广开就业门路的重要途径——对太原市北城区的调查》，《经济问题》1981年第9期。

出息的，而且工作条件差、待遇低；二是商业饮食服务业货源不足、渠道不同，资金困难，开工不足，一些企业或店铺长期缺粮，处于半放假状态；三是审批手续繁多，用地问题得不到解决；四是大集体企业资金困难，税负过重。

二 以经济社会发展的宏观需求为基础，对服务部门就业功能的理论判断

沙吉才和孙长宁（1981）[①]等一些研究认为，生产劳动的内涵和外延会因为社会关系的性质以及社会生产目的不同而有所区别，社会主义社会的生产目的是满足社会成员不断增长的物质文化需要，因此在社会主义生产体系中进行的凡以此为目的的劳动都是生产劳动，即社会主义社会的生产劳动必然包括物质资料生产的劳动、生产精神财富的劳动和为社会提供服务的劳动，于是，应当尊重服务劳动者的地位，并广开服务业就业门路。

李江帆（1982）指出[②]，无论是在资本主义国家还是社会主义国家，随着劳动生产率的迅速提高，从事非物质生产的劳动者必然趋于增多，服务行业会迅速发展。一方面，劳动生产率提高会导致农业劳动力比重显著下降，这些解放出来的劳动力会加入非物质生产领域。另外，物质生产部门会随着劳动生产率的提高，提高资本的有机构成和技术构成，减少劳动力需求，物质生产部门相对过剩人口会进入服务业行业就业，在一定程度上遏制了失业大军的增长，缓和了无产阶级和资产阶级的尖锐矛盾。此外，作为非物质生产劳动者的科学研究人员，在社会就业中会趋于增加。非物质生产劳动者的增多，不仅是历史的进步，而且是世界社会发展的必然趋势，但是非物质生产领域决不能超越物质生产领域的生产水平而过快地、

[①] 沙吉才、孙长宁：《论社会主义的服务劳动》，《财贸经济》1981年第3期。
[②] 李江帆：《略谈非物质生产劳动者日趋增多问题》，《学术研究》1982年第1期。

孤立地发展。他对服务业的认识具有明显的时代特性，他认为在资本主义世界泛滥成灾的广告业、赌博业、保障富人安全的保镖业、娱乐业、为宠物服务的行业等，充分体现了列宁揭露的资本主义的寄生性和腐朽性。

徐节文（1985）[1] 基于社会经济发展趋势与就业结构的关系出发，探讨了科学安排国内就业结构的问题。他指出，随着社会分工的发展以及社会劳动生产率的提高，非物质资料生产的劳动在社会总劳动中所占比重会越来越大，社会主义应当在发展物质资料生产的基础上，大力发展非物质资料生产。在物质生产劳动与非物质生产劳动已经形成比例的基础上，强行压缩非物质资料生产的劳动，减少非物质资料生产的劳动的比重，是一种倒退。应当在物质资料生产允许的基础上大力发展商业、服务业，以及科学文化卫生等事业。在国家人口流动政策出现第一轮宽松的背景下，张军和李陵生（1985）[2] 基于部分大中城市的调查分析发现，20 世纪 80 年代初期在城市部门已经出现了大规模的暂住人口，流动人口的就业是一个值得关注的重要问题，应当将第三产业即服务业作为解决城乡富余劳动力就业的重要途径。

三　增进效率和家务劳动社会化

杨海涛和胡军（1985）[3] 从家务劳动社会化的视角，分析了其对于扩大劳动就业的功能。他们的研究出发点在于，社会化的家务劳动和生活必需品的供给，能够压缩劳动者直接从事家务劳动的时间，将劳动者从繁杂的家务劳动中解放出来，这些节省出来的时间可以用来接受教育、休息，增强劳动者的身体素质和劳

---

[1] 徐节文：《我国的就业问题》，《财经理论与实践》1985 年第 2 期。
[2] 张军、李陵生：《发挥城市多功能作用与发展第三产业》，《理论学习》1985 年第 5 期。
[3] 杨海涛、胡军：《家务劳动社会化的社会功能》，《社会科学》1985 年第 3 期。

动技能，进而增进劳动效率。同时，随着家务劳动的社会化，一些相关的工业如食品工业、服装工业、电子工业等能够随之获得发展，增进这些工业领域的就业。另一方面，家务劳动社会化直接带动为家庭提供服务的社会机构增加，这些部门的扩大本身就会扩大社会的就业，例如天津市在两年的时间里，通过发展家务服务中心，直接安排待业青年近3400人。他们的分析给出了通过发展家务劳动服务公司等措施进一步促进家务劳动社会化的建议，但没有直接就家务劳动服务社会化的具体组织形式给出进一步的讨论。

第四节 服务业就业问题登入"大雅之堂"（1985—2006）

20世纪80年代中期，经济体制改革在我国全面展开，服务业被认可的程度显著提高，决策层面已将服务业作为国民经济的一个重要组成部门，我国第一次对三大产业做出明确划分，"第三产业"的概念在全国范围内推广并被理论和实践领域所接受，服务业逐步登入"大雅之堂"，标志着我国第三产业进入了一个新的发展阶段。

1985年9月召开的中共中央十二届四中全会通过了《中共中央关于制定国民经济和社会发展第七个五年计划的建议（草案）》，提出要"加快发展为生产和生活服务的第三产业，逐步改变第三产业同第一、第二产业比例不相协调的状况""特别是要大力开展咨询服务，积极发展金融、保险、信息等事业"，这是在中央级别的文件中首次正式使用发展"第三产业"的表达。1992年在我国社会主义市场经济体制的建立中具有里程碑意义，中共中央国务院作出《关于加快发展第三产业的决定》，更加明确加快第三产业发展的意义，不再将第三产业视为非生产性的行业而加以歧视，要求全党和各级政府高度重视第三产业的发展，力争第三产业增加值占国民生产总值的比重和就业人数占社会劳动者总人数的比重达到或接近发展中国家的平均水平,并提出了指导性的政策和措施。

一 分析国际经验和趋势,讨论服务业就业潜力

改革开放之后,国外学术情报和经济数据的可得性逐步增强,经济研究领域也有不少学者开始尝试借助国际经验案例的比较分析,从而得出对国内劳动就业具有启示意义的研究结论。从20世纪80年代初期开始,学术界关于服务业就业问题的研究,先以国际一般趋势或者其他国家的经验为背景来引出问题关注点的分析模式越来越普遍,尽管研究的具体问题越来越细化,但这种模式的分析方式一直持续到现在。

陈书生(1986)[①]对国际经济发展规律的扼要总结发现,经济越发达,第三产业占比越大。1960—1980年间,高收入国家第三产业的劳动就业占比上升了12%,产值占比上升了7%,劳动力占比上升的幅度超越了产值占比上升的幅度。发达经济的就业向第三产业集中,1960—1980年间美国新增劳动就业的90%在第三产业,而日本几乎达到100%。经济发达国家的劳动就业集中在第三产业,一是体现了新技术革命的需要,智力革命背景下,脑力劳动这一服务性质的就业比重呈现明显上升。二是商品经济发展的需要,劳动生产率在科学技术的发展下明显提高,放大了商品生产和商品交换的发展,于是,交通运输和服务业必然会振兴,银行、保险、信息咨询等行业随之起飞。三是人民生活改善的要求,随着收入的提高,生活就要求多样化、新型化,需要各种各样的生活服务部门。此外,第三产业整体上的科学技术水平较低,如理发、修理、个人服务等,但需要大量的劳动力从事这些工作。

原国家计委劳动工资局的李志猛和李世峰(1986)分析了国外

---

① 陈书生:《大力发展第三产业与今后我国的劳动力就业》,《郑州大学学报(哲学社会科学版)》1986年第6期。

产业发展与就业关系的演进路径以及新中国成立以来第三产业的发展特征[1]。他们发现，第二次世界大战以后，世界新的技术革命促进了劳动生产率的迅速提高和社会分工的发展，一方面导致大批工农业劳动者被挤出成为失业者，另一方面随着居民收入的增加和消费水平的提升，在非物质产品的需求上更加广泛。两类因素进而促进了第三产业的迅速发展。世界上代表性国家中1960—1980年服务业就业人员占总就业的比重关系，市场经济的工业国家从44%提高到56%；中等偏上收入水平的国家从31%提高到42%；中等偏下收入水平的国家从18%提高到28%；低收入国家从11%提高到16%，而四类国家同时期内服务业占国民生产总值的比重的增幅均低于劳动就业比重的增幅，由此总结发展第三产业是很多国家解决劳动就业的重要途径。但对比我国的实际情况，由于长期受到"左"的思想干扰，第三产业长期处于"冷宫"，党的十一届三中全会以后尽管得到了较快发展，但仍不能较好满足工农业生产和人民生活的需要，从而建议尽快发展第三产业并作为解决就业的一个主要途径。

周天勇（1992）[2]分析认为，资本主义的近百年发展历程，打破了经典作家关于资本有机构成提高将不可避免地造成大规模人口过剩和失业的预言，一个主要原因在于第三产业创造了大量就业机会，吸收了农业部门和工业部门因资本有机构成提高而造成的过剩人口，促进了劳动力在产业之间的再平衡。从资本有机构成的角度，第三产业发展水平较低，能够吸收更多的富余劳动力。根据世界银行《世界银行发展报告（1985年）》的统计，在1981年时中等偏下收入国家的第三产业劳动力占比平均为29%，如果中国对号入座为

---

[1] 李志猛、李世峰：《"七五"期间大力发展第三产业是解决我国劳动就业的重要途径》，《中国劳动科学》1986年第1期。

[2] 周天勇：《第三产业扩张就业机会的国际比较及其条件分析》，《经济纵横》1992年第8期。

中下等收入水平经济体，则第三产业劳动就业比重比经济发展阶段应有的比重偏低了整整 10 个百分点。他认为，当前（1992 年）在实践部门和学术界都对我国第三产业发展滞后的问题，以及第三产业具有承接劳动就业和促进经济增长的功能基本达成了共识。进而分析了促进第三产业发展的条件，指出第三产业的发展会受到体制机制、市场灵活性、消费结构、人口集中度等因素的制约，从转移农村剩余劳动力就业的角度，应当反思过去"离土不离乡""进厂不进城"的策略，这不利于劳动力的适度集中，进而无法使第三产业发挥应有的扩展就业的功能。进而建议，在市场取向的改革方向下加快经济体制改革步伐，重视科学教育并提高劳动生产率，加快城市化进程，是通过促进第三产业长足发展来有效扩张劳动就业机会的路径选择。

潘茂理和赵以国（1996）[1]则从服务业有利于增长，进而能够有效促进城乡就业的视角分析了发达国家的经验。他们概括国际经验，认为第三产业是经济增长的主要推动力。20 世纪 70 年代到 80 年代中期，发达国家如意大利、联邦德国、美国、加拿大等的经济增长主要动力为第三产业，日本是第二产业和第三产业共同推动，发展中经济体如中国台湾、韩国、印度等国内生产总值增量中第三产业所占份额为 0.5 左右，而以这种方式测度的第三产业对经济增长的推动力在中国大陆很低，1978—1984 年为 0.21，1984—1990 年明显上升至 0.31，但整体上看中国的服务业发展水平远远落后，发展潜力很大。发达资本主义国家和一些发展中国家或地区的经验表明，现代化程度越高，第三产业就业占全部就业的比重一般也越高。他们转引相关研究后预计，如果 20 世纪 90 年代人均 GDP 增速保持在 6.8%—7.8%的水平，则 2000 年时我国第三产业的就业比重可达到 32%左右，就业劳动力能够达到 22000 多万人。

---

[1] 潘茂理、赵以国：《第三产业：农村剩余劳动力的蓄水池》，《中国改革》1996年第 8 期。

二 就业压力持续，将服务业作为扩大就业的途径

在陈书生[①]的研究中，对农村劳动力和城镇劳动力就业需求进行了基于数据趋势的判断。根据第三次全国人口普查的数据，农村劳动力占全国总劳动力的72.02%。他认为当时有占农村劳动力总数1/3的劳动力属于剩余劳动力，约1亿人左右，今后一段时间，随着农业机械化水平的提高，农村剩余劳动力会继续增加。农村剩余劳动力的出路在何处？十一届三中全会以后，以小城镇为中心发展乡镇企业，把农村剩余劳动力变成小城镇乡镇企业的劳动力，在农村发展小城镇的道路符合我国国情，农村剩余劳动力转移到小城镇从事乡镇企业劳动的潜力很大。由于小城镇是农村经济的中心，随着小城镇的发展，第三产业将会发展起来并逐步占据优势，成为农村劳动力就业最多的产业。而在城市工业部门中，随着社会主义现代化建设，工业肯定需要增加就业，但更会受到较大的限制：过去若干年人多效率低，人浮于事，工业部门存在将近1000万人的富余劳动力；技术改造会减少劳动力的需求，甚至产生多余劳动力；新建的工业企业将会更多地采用新技术，吸收劳动力的能力会相对减弱。但是今后一段时间，城镇6000多万劳动力需要安排就业，单靠发展工业显然无法容纳。研究者分析了1952—1983年工业新增劳动力为4777万人，其中1967—1982年新增3898万人，按后者趋势推算，城镇还需要另找门路来安排2500万左右的劳动力就业。出路在于大力发展第三产业。并强调只有大力发展第三产业这一条新的路径，才能解决城镇劳动力就业的根本问题。

李志猛和李世峰（1986）[②]分析了"七五"期间，我国劳动就

---

① 陈书生：《大力发展第三产业与今后我国的劳动力就业》，《郑州大学学报（哲学社会科学版）》1986年第6期。

② 李志猛、李世峰：《"七五"期间大力发展第三产业是解决我国劳动就业的重要途径》，《中国劳动科学》1986年第1期。

业面临的形势较为严峻：一是农村将有超过 1 亿劳动力从种植业转移出来，需要到种植业之外寻找出路。二是城镇有 3000 万人需要安排就业。三是随着先进技术的应用以及部分企业将被淘汰，既有的企业中大约有 1000 万富余职工需要安置。他们指出，如此繁重的就业任务，难以仅靠第一第二产业的发展来得以妥善解决，需要一部分城乡劳动力到投资少见效快的第三产业就业。他们预计，"七五"期间，第三产业的就业比重如果提高 5 个百分点，就能多安排 3000 万—4000 万人劳动就业。

周天勇分析认为[①]，20 世纪 90 年代初期我国农业部门的劳动力过剩为 1.5 亿左右，90 年代新增的需要就业和需要重新安排就业的劳动力每年大约为 1500 万人，形势相当严峻。借助统计数据，他指出新中国成立以来到 20 世纪 90 年代初期的 40 年，第三产业中的劳动力比重仅仅上升了 9 个百分点。按照 1990 年的数据，大约有 6574 万劳动力本应该到第三产业就业而实际被第一产业或第二产业容纳。

三　服务业具有较大就业吸纳能力的机制通道分析

服务业能够承担缓解就业压力的重任，主要的依据以下五点。

一是填补服务业发展缺口会产生大量就业机会。陈书生认为，进入 20 世纪 80 年代以来，无论是从人民生活的要求来看，还是与经济发达国家相比，服务业的缺口都很大，具有较大发展空间，势必产生巨大的劳动需求；大城市和省会城市的工业基础已经比较完整，更加具有发力发展第三产业的必要；只要第三产业就业人员发展到占城镇总就业的 50%，不仅可以安排待业人员，还可能出现劳动力的不足。

二是服务业具有较大宽度，能够容纳多种劳动就业，并能促进劳动就业制度的完善。例如，第三产业涉及的行业多、门类广，不

---

① 周天勇：《第三产业扩张就业机会的国际比较及其条件分析》，《经济纵横》1992 年第 8 期。

仅有劳动密集型，也有技术密集型，还有资金密集型的领域，能够大量吸纳不同层次的各类人员就业[1]。发展第三产业还有助于进一步深化劳动用工制度、工资分配制度、社会保障制度、价格制度等一系列改革，同时也能为扩大开放创造更好的条件，形成更有吸引力的对外文化交往的经济和社会环境。

三是市场经济制度的建立、发育和发展会扩展第三产业，进而为农村剩余劳动力大规模转移到第三产业创造条件[2]。商业、金融、信息、咨询等这些行业领域是市场发展的重要内容，市场经济的发展会强化企业对这些领域的依赖，从而使这些领域能够吸纳大量的劳动人口。市场经济的竞争机制会促进生产的专业分工，原来为生产服务的一些行业将单独分离出来，并不断发展壮大。此外，市场经济要求经济运行提高效率，经济效率决定的收入水平与第三产业的就业比重之间存在较高的正比例关系。

四是服务业具有较高就业弹性，矫正就业结构偏差，能够避免"无就业的增长"[3]。改革开放之后，我国经济高速增长，但劳动就业的增长并没有达到与经济增速相符合的水平。夏杰长（2000）的分析发现，改革开放后的前20年（1978—1998），第三产业就业份额从12.1%上升到26.7%，第二产业对应为17.4%上升到23.5%，由此可见，随着工业生产中的技术进步，对劳动力的使用趋于减少，而劳动力从农业和工业向服务业转移则成为现代科学技术和经济社会发展的必然趋势。但与钱纳里的经验分析所表明的第二产业就业比重为20.6%—23.5%时第三产业就业的适当比重为30.4%—32.7%相比，我国的三大产业就业结构还不协调，就业结构滞后于

---

[1] 沈柏年、卢建、陈永杰、方宇：《中国第三产业增长与发展政策研讨会纪要》，《管理世界》1992年第3期。

[2] 潘茂理、赵以国：《第三产业：农村剩余劳动力的蓄水池》，《中国改革》1996年第8期。

[3] 夏杰长：《我国劳动就业结构与产业结构的偏差》，《中国工业经济》2000年第1期。

产业的增加值结构。第三产业具有较大的就业弹性，加快发展第三产业能够避免无就业的增长[①]。

五是城市化的进程会在市场经济和生产力的发展下显著加快，再次为促进第三产业的发展提供了有利条件。乡镇企业在当时吸纳农村劳动力的能力趋于下降，但不意味着其吸纳潜力缺乏，促进乡镇企业在空间布局上的集中，通过设立乡镇工业小区等集聚区，促进乡镇企业的发展与城市化的步调一致，乡镇企业发展第三产业并吸纳农村劳动力就业的巨大潜能还会继续释放出来。

四　服务业对农村剩余劳动力转移就业承载力的保守评估

尽管发展服务业能够有效缓解就业压力的观点在学术界取得了较大范围的共识，但也有一些学者的研究结论更倾向于保守，不过其主要分析目的也在于探索扩大就业的有效渠道。

一些研究从城市的消费能力以及第三产业本身的经济效率出发，认为服务业难以承担起大规模农村剩余劳动力进城谋生的重任[②]。

王海宁（1999）从我国产业结构演变的特殊性出发，剖析了将第三产业作为扩大就业主要渠道的局限性[③]。其逻辑起点是，第三产业在我国是第一、第二产业发展的依附产业，在今后相当长的一段时间，第一、第二产业发展的道路还长，第三产业不会占主导。我国20世纪末期正处于工业化发展的中期阶段，工业化仍在加速发展的进程中且远远未及成熟阶段，第二产业的发展潜力依然巨大，决定了在今后一段时间，仍然是以发展工业为主第三产业为辅的政策。1990—1995年间我国第三产业就业占比从18.6%

---

① 夏杰长：《运用公共财政政策提升服务业吸纳劳动就业的水平》，《中国财政》2004年第8期。

② 郭晓鸣、徐薇：《城市或城镇——农民的现实选择》，《农业经济问题》1986年第2期。

③ 王海宁：《第三产业不是吸纳劳动力的"蓄水池"——一种现实的反思》，《东方论坛（青岛大学学报）》1999年第3期。

上升到 24.1%，增幅的确高于第二产业，但主要原因在于过去第三产业被抑制的势能得以释放和工农业发展带动，但传统的第三产业在当时的市场占有能力已经趋于饱和，而新的依附新技术的第三产业在此后的较长时间难以占到第三产业的主导地位。从第三产业的发展趋势上看，传统劳动密集型服务业发展潜力不大，而知识密集型服务业对劳动力的需求有限。当前我国的吸纳就业较多的服务业大多是劳动密集型，在当时的人均收入水平下已趋于饱和，发展余地不大。新兴的服务业对劳动者技能具有一定的要求，劳动者素质还难以适应大规模发展高技能类的服务业。此外，城市化的滞后也会限制服务需求。产业发展的有限性也意味着它吸纳劳动力将十分艰难。

魏作磊（2006）[①]的分析，主要是基于劳动者素质的不适应性，得出服务业难以承担起农村劳动力大规模转移就业重任的结论。发达国家服务业就业比重提升的发展路径表明，发达国家服务业就业比重提高的过程，是为生产者服务的商务类服务业和为居民服务的教育、医疗卫生的人力资本密集型服务业快速发展的过程，并伴随着工业生产的高级化和居民收入水平的显著提高。尽管发达国家的上述服务业领域在我国具有广阔的发展前景，但这些领域对劳动者的受教育水平和技能水平具有较高要求，而农村剩余劳动力的素质在当前显然无法适应这些领域岗位的需要，寄希望于生产者服务业和社会服务业来吸纳大量农村剩余劳动力显然不够现实，农村劳动力转移就业的重要领域应当是劳动密集型制造业。

五 对服务业发展欠缺及其就业吸纳能力羸弱的系统反思

当发展服务业不再是讨论的禁区，并在较大范围内取得了其有利于扩大就业的共识，学术界和实践领域对改革开放之前服务业未

---

① 魏作磊：《服务业能承担转移我国农村剩余劳动力的重任吗》，《财贸经济》2006 年第 11 期。

能对就业做出应有贡献的根源进行了较为深刻的反思，分析当前时期服务吸纳就业的瓶颈因素，并尝试提出针对性发展建议。

曾巩（1986）[①]将20世纪50年代初到1978年期间划分为服务业发展的严重衰退时期，在这一时期第三产业的就业比重从9%提高到11%，而第二产业就业比重上升了8个百分点。他列举了1952—1978年间，服务类部门平均每一个从业人员服务的人口数，零售商业从81人上升到214人，饮食服务业从395人上升到918人，其他生活服务业从587人上升到1711人，从业人员的不足严重限制了居民的日常生活，而另一端却是成千上万的人没有合适的工作岗位。将服务业在这一时期的严重衰退概括为两个主要方面，一是从1957年开始"左"的思想开始严重盛行，人为限制集体所有制和个体经济，在经济发展方式上重生产轻流通和服务；二是长期的闭关锁国，错失了新兴服务业的发展机会。

国务院研究室、国务院办公厅和《管理世界》杂志社在1992年3月举办了一次"中国第三产业增长与发展政策研讨会"，在这次研讨会的成果中，较为全面地剖析了我国过去一段时期第三产业发展严重不足的根源，主要包括五个方面[②]：第一是思想认识和理论指导上的偏颇，国家在经济管理上长期忽视第三产业在经济社会发展中的地位和作用；第二是政策上欠缺对第三产业发展的支持，限制条件较多，甚至一些年份将其打入"冷宫"；第三是行政管理上条块分割，政出多门，保护主义盛行；第四是将一些行业作为社会福利兴办，完全依靠财政支撑，造成发展缺乏后劲；第五是企事业单位、机关团体办社会，"小而全""大而全"的自我服务体系抑制了第三产业的发展。而当前服务业扩大发展的困局在于服务业的比重较低、内部结构不合理、市场管理体系不规范、社会化综合服务体系和社

---

① 曾巩：《我国第三产业成长阶段及发展对策》，《管理世界》1986年第5期。
② 沈柏年、卢建、陈永杰、方宇：《中国第三产业增长与发展政策研讨会纪要》，《管理世界》1992年第3期。

会保障体系不健全、地区间第三产业发展不平衡等。

李冠霖和任旺兵（2003）[1]从宏观、微观和产业三个层面分析了世纪之交制约我国第三产业扩大就业吸纳能力的制度障碍。在宏观层面，户籍制度、社会保障制度、劳动力流动政策、行业垄断等制度障碍限制了就业的扩大；在微观层面上，企事业用人制度僵化也极大地限制了服务业就业空间；在产业层面，我国第一产业和第二产业长期以来社会化和专业化程度不足，企业"大而全""小而全"的现象对生产服务业的发展极为不利。

六 通过促进服务业发展进而扩大就业渠道的对策探析

大量分析如余惕均（1997）、刘郑（1998）、钟水映和辜胜阻（2000）、曾国平和曹跃群（2005）从不同的角度，基于当时的经济发展条件给出了服务业发挥扩大就业功能的政策建议[2]。如夏杰长（2004）基于改革开放以来到21世纪初，经济增长与就业增长之间的非一致性的分析，从公共财政的视角，从六个方面较为系统和全面地提出了促进服务业就业贡献度的发展建议[3]。第一是通过产业政策，优化服务业内部结构，其中包括重点发展咨询业、信息产业、技术服务等与科技进步高度相关的新兴服务业；同时，发展金融保险、房地产、仓储等与经济发展和居民生活密切相关且就业容量大的服务业。第二是借助积极财税政策，鼓励服务业发展。20世纪90

---

[1] 李冠霖、任旺兵：《我国第三产业就业增长难度加大——从我国第三产业结构偏离度的演变轨迹及国际比较看我国第三产业的就业增长》，《财贸经济》2003年第10期。

[2] 余惕均：《发展社区服务业促进下岗职工再就业》，《中国集体工业》1997年第11期；刘郑：《发展居民服务业是创造再就业岗位的重要途径》，《求知》1998年第2期；钟水映、辜胜阻：《都市服务业的发展与流动人口就业》，《人口与经济》2000年第5期；曾国平、曹跃群：《改革开放以来中国第三产业经济增长与扩大就业的实证研究》，《华东经济管理》2005年第2期。

[3] 夏杰长：《运用公共财政政策 提升服务业吸纳劳动就业的水平》，《中国财政》2004年第8期。

年代后期,是国有企业减员增效改革的高潮,建议国家通过税收优惠等措施,鼓励服务业企业吸纳下岗职工。通过低息低税手段,促进社会急需且发展滞后的服务业。第三要加快城市化步伐,推进户籍制度改革,以及促进中小城市扩容。第四,注重在制造业发展的过程中,加快发展生产性服务业。第五,放宽服务业的市场准入门槛,推进行政审批改革,营造良好环境。第六,大力发展职业教育,培养适应服务业发展的应用型人才。

第五节 服务业就业研究的全新视野(2007年至今)

以国务院颁布《关于加快服务业发展若干问题的意见》为标志,自2007年开始我国服务业的发展进入了快车道,在此背景下,服务业就业问题的研究也呈现出多问题导向,视角更加多元。从研究的方法上看,越来越多的研究运用现代经济学模型探讨变量之间的因果关系。

一 服务业的就业效应再认识:重在对机制的实证检验

从前面的梳理可以看出,服务业登入"大雅之堂"后,不少的分析研究从不同视角阐释了服务业吸纳就业的机制通道,这些分析从逻辑上看都有道理,但鲜有人对这些道理"证实"或"证伪"。2007年以后,服务业本身加快了发展步伐,同时,经济学界对经济现象之间关系的阐释越来越重视"言之有据"且要"有理有据"。其中最受关注的是对鲍莫尔-富克斯机制的检验。这一机制的逻辑是,服务业之所以能够吸纳大规模的就业,原因在于服务业属于劳动生产率的停滞部门,但其工资的增长与劳动生产率进步较快的先进部门同步,而服务品大多缺乏需求弹性,当社会整个收入水平提高之后,会增加对服务品的需求,从而劳动力会涌向服务部门。继国内学者程大中于 2004 年较早发表关于对这一机制检验的研究成果之后①，不少学者采用更为丰富的数据在这一时期继续围绕这一机制进行再检验。程大中（2004）采用了 1978—2000 年间的宏观数据，基本结论支持劳动生产率滞后是服务业就业增长的原因。王俊（2008）②在 1991—2005 年的时间跨度内的再检验，同样支持了鲍莫尔-富克斯假说，他发现制造业部门相对于服务业部门的劳动生产率，提高的幅度越大，越促进了服务业就业。梁东黎和张淦（2013）③扩展了上述机制的理论前提，认为劳动生产率的变化能够完全反映价格和工资的变化，服务业就业占比的提高与服务业需求弹性的大小没有必然联系，此外他们还将服务业划分为消费性服务业和生产性服务业，采用 1978—2009 年的数据来进行检验。他们的结论认为，我国服务业就业占比提高的原因应当主要归结为收入的需求效应，而不是鲍莫尔-富克斯的生产率滞后机制。丁守海等（2014）④采用 2003—2011 年省级面板数据，将制造业和服务业部门劳动生产率纳入生产函数模型，估计劳动生产率，以及两部门劳动生产率差异对就业份额增长的贡献。他们将服务业部门分为生产性服务业、生活性服务业以及公共服务业，计量估计结果在整体上支持了服务业劳动生产率滞后导致了就业占比提高的假说，消费服务和公共服务也与鲍莫尔-富克斯假说吻合，而在生产服务业领域并不成立。

无论是农村富余劳动力流向城市部门就业，还是服务部门成为

---

① 程大中：《中国服务业增长的特点、原因及影响——鲍莫尔-富克斯假说及其经验研究》，《中国社会科学》2004 年第 2 期。

② 王俊：《服务业就业增长之谜：对鲍莫尔-富克斯假说的再检验》，《人口与经济》2008 年第 6 期。

③ 梁东黎、张淦：《服务业就业占比的决定："鲍莫尔-富克斯"模型再研究》，《南京社会科学》2013 年第 8 期。

④ 丁守海、陈秀兰、许珊：《服务业能长期促进中国就业增长吗》，《财贸经济》2014 年第 8 期。

吸纳就业最多的部门，其实质是要促进资源配置效率的改进，才能保证经济增长的持续进而不断产生新的就业。蔡昉（2017）[①] 从劳动力重新配置的视角，系统总结了改革开放 40 年来中国经济改革的效应，劳动力市场改革总的进程是，通过体制改革和政策调整拆除一系列制度障碍，使劳动者能够依据就业机会和相对收入的市场信号，离开原来所在低生产率的就业领域，在地域上和产业间流动，并进入新的、生产率更高的就业领域。他的测算表明，服务业的劳动生产率整体上高于第一产业，却低于第二产业，因此，劳动力从农业转移到服务业无疑导致生产率提高，但是，劳动力从制造业转移到服务业，却未必带来生产率的总体改进，因此在提倡发展服务业并提高其比重时，需要遵循生产率提高原则推进，重点放在具有生产率高且增长迅速的现代服务业上面。

二 发展环境对服务业就业潜力的影响

一是对制造业与服务业就业互动关系的探讨。魏作磊和邝彬（2009）[②] 将服务业划分为生产者服务业、分配性服务业、社会服务业和个人服务业，并根据投入产出表来计算制造业对服务业的产业依赖关系，与发达国家相比，中国制造业对服务业的产业依赖度明显偏低，对生产者服务业的产业依赖度偏低程度尤其严重，生产者服务业就业占比远低于发达国家。由此他们判断，中国服务业就业比重低和制造业对服务业的产业依赖度低是一致的，缺乏制造业的带动，是制约服务业就业增长的主要因素。由此，将服务业作为扩大就业的路径，必须要以改善制造业生产方式、提升制造业在国际分工中的地位为立足点，脱离制造业而单纯追求扩大服务业就业将

---

① 蔡昉：《中国经济改革效应分析——劳动力重新配置的视角》，《经济研究》2017 年第 7 期。

② 魏作磊、邝彬：《制造业对服务业的产业依赖及其对促进我国就业增长的启示——一项基于投入产出表的比较分析》，《经济学家》2009 年第 11 期。

是不可长流的无源之水。张川川（2015）[1]以微观数据为基础，从就业乘数的视角估计了制造业对服务业就业的影响，基于工具变量的估计结果表明，制造业就业增长明显带动了当地服务业就业的增长，平均每个新的制造业岗位能够创造 0.4—0.6 个服务业岗位，但制造业对服务业的带动力主要发挥在中低端服务业领域，对高端服务业就业的带动能力较弱。高端制造业是带动服务业就业的主要力量，而低端制造业反而会替代服务业的就业机会。袁志刚和高虹（2015）[2]利用中国地级城市 2003—2012 年的数据，采用工具变量法估计制造业对服务业的就业乘数效应表明，城市制造业就业每增加 1%，会带来服务业就业约 0.435% 的上升，但城市化水平具有显著的作用。罗军（2019）[3]从融合视角探讨制造业服务化对就业技能机构的影响机制，其结果表明，制造业服务化通过提升制造业价值链地位可以优化就业的技能结构，但劳动密集型制造业服务化没有促进就业技能结构优化，资本密集型制造业服务化可以通过间接效应促进就业技能结构优化，技术密集型制造业能够通过直接和间接两条渠道改善就业技能结构，生产性服务业效率和贸易自由化对制造业服务化的就业结构优化效应具有促进作用。

二是开放经济条件下，服务业就业问题研究，主要从服务贸易就业效应和服务业外商直接投资就业效应这两个方面来探讨服务业开放对就业的影响。周申和廖伟兵（2006）[4]在一个贸易与就业的投入产出关系模型中，基于 1997 年投入产出表的部门技术参数，估

---

[1] 张川川：《地区就业乘数：制造业就业对服务业就业的影响》，《世界经济》2015 年第 6 期。

[2] 袁志刚、高虹：《中国城市制造业就业对服务业就业的乘数效应》，《经济研究》2015 年第 7 期。

[3] 罗军：《制造业服务化转型与就业技能结构变动》，《中国人口科学》2019 年第 3 期。

[4] 周申、廖伟兵：《服务贸易对我国就业影响的经验研究》，《财贸经济》2006 年第 11 期。

计了 1997—2004 年服务贸易对我国就业产生的影响：服务贸易出口对就业的带动作用总体上呈递增趋势，服务贸易进口的就业替代效应整体上与出口的带动效应具有相似的趋势，综合起来看，服务贸易对就业的净影响较小，但呈现出向有利于就业的方向变动的趋势。与工业部门贸易相比较，发展服务贸易、增加服务出口对我国就业的促进效果更大。蔡昉等（2014）[1] 基于国际贸易平衡的视角分析认为，长期以来我国服务业就业份额过低的原因是中国生产了比对外贸易平衡情况下更多的可贸易制造业产品、更少的非贸易服务，如果降低贸易顺差则可能使服务部门的就业增加 3—4 个百分点。在全球价值链当中，中国制造业处于底端，从业也就抑制了两端的生产性服务业发展。张志明和崔日明（2014）[2] 在一个就业结构模型中，将服务业按不同标准进行分类，利用 2004—2011 年行业层面数据，估计服务贸易对就业结构变化的作用，他们的分析发现，服务进口对于我国服务业就业结构的优化具有不利作用，且对男性劳动力的消极影响大于对女性劳动力的影响，对中低技术行业的负面冲击高于中高技术行业；服务出口能够改善服务业就业结构，且有利于男性劳动力和中高技术行业熟练劳动力就业比例的提升。服务业 FDI 能够显著地优化服务业就业结构，但对中高技术行业中的熟练劳动力就业不利。李杨等（2015）[3] 对过去近 10 年来国内关于服务开放的就业效应进行了较为系统的回顾，并基于 2004—2012 年的数据再次检验服务业开放对就业的影响。他们发现，服务出口对服务业就业的影响在整体上并不显著，未能对就业数量产生明显拉动作用，而服务进口对国内服务业就业的替代作用却明显较强，且与进

---

[1] 蔡昉、Freeman Richard、Wood Adrian：《中国就业政策的国际视角》，《劳动经济研究》2014 年第 5 期。

[2] 张志明、崔日明：《服务贸易、服务业 FDI 与中国服务业就业结构优化——基于行业面板数据的实证检验》，《财经科学》2014 年第 3 期。

[3] 李杨、张鹏举、黄宁：《中国服务业开放对服务就业的影响研究》，《中国人口科学》2015 年第 6 期。

口服务的类型具有较强关联，不过资本密集型和知识密集型服务的进口会对就业产生积极影响；服务业 FDI 对服务业就业的影响显著为负，但其中知识密集型服务业 FDI 对就业的负面冲击不显著。最近，刘再起等（2018）[1] 从中国服务业参与全球价值链的视角，基于全球投入产出表分析了对我国就业的影响。

三 劳动力流动与服务业发展之间的因果关系

基于翔实的统计数据，借助恰当的计量经济模型来检验劳动力流动与服务业发展之间的关系，成为近年来服务业就业问题研究的主流，深化了人们对二者之间关系的认识。郭文杰和李泽红（2009）[2] 采用 2004—2006 年省级层面的数据，在一个双向固定效应模型中，估计了劳动力流动对城市服务业发展的贡献。其发现，在中国的城市化进程中，由于劳动力流动转移，促进了服务业的增长，进而促进了经济结构的转变，但中国不同区域之间，劳动力流动对服务业增长的贡献具有差异。肖智和张杰等（2012）的研究[3]，注意到了城市服务业的发展会影响劳动力流动，而劳动力流动对服务业的发展具有反作用，两个变量之间具有联立因果性，他们认为，在过去关于第三产业与劳动力流动之间关系的分析中大多偏向于对一个方向的分析，不利于全面认识二者的关系。他们在一个联立方程组模型中，采用中国 2006—2009 年省际数据，使用两阶段最小二乘估计，实证检验了第三产业发展与劳动力流动之间的联系内生关系。他们的结论指出，在全国整体层面上或者东部发达地区，第三产业会因为劳动力的净流入而获得发展效应，第三产业得以发展又

---

[1] 刘再起、刘灵、钟晓：《中国服务业参与全球价值链对就业的影响——基于 WIOT 的经验数据分析》，《学术月刊》2018 年第 12 期。

[2] 郭文杰、李泽红：《劳动力流动、服务业增长与经济结构转换——基于中国省际面板数据的实证研究》，《数量经济技术经济研究》2009 年第 11 期。

[3] 肖智、张杰、郑真真：《劳动力流动与第三产业的内生性研究——基于新经济地理的实证分析》，《人口研究》2012 年第 2 期。

会继续促进劳动力的流入；但在中西部地区，第三产业与劳动力流入二者之间并不存在相互促进的关系。李惠娟（2013）[①]则注意到了流动劳动力之间的人力资本分布问题，基于新经济地理学产业集聚理论，采用 2005—2010 年省级层面数据构建的面板模型分析表明，高技能劳动力流动与生产性服务业集聚的正相关关系较强，低技能劳动力流动与生活性服务业集聚的关系较强，高技能劳动力流动对服务业集聚的解释力更强。

四　服务业技术进步对劳动就业的影响

魏君英（2011）发现[②]，从 20 世纪 90 年代开始，我国服务业的信息化水平不断提升，借助误差修正模型检验了 1990—2008 年服务业信息化对就业效应的影响。其结论表明，服务业信息化在整体上促进了就业，二者的变化之间存在长期动态均衡关系，服务业信息化的就业创造效应大于岗位替代效应。在短期内，以信息化代表的技术进步，对劳动就业机会具有一定的侵吞作用，但从长期来看，服务业信息化有利于就业扩大，因此，产业发展取向应当促进服务业的信息化。王静（2016）[③]对服务业各细行业 2005—2013 年技术进步进行测算，并以中性技术进步和偏向型技术进步为核心变量解释就业规模。她发现，技术进步在整体上对就业存在挤出效应，而其主要原因是技术进步的资本偏向性，但不能阻止服务业技术进步的发展潮流。党秀静（2018）[④]基于 2004—2015 年的数据分析发现，

[①] 李惠娟：《异质劳动力流动与服务业集聚——基于中国省际面板数据的实证分析》，《广东商学院学报》2013 年第 4 期。

[②] 魏君英：《服务业信息化的就业效应实证研究》，《技术经济与管理研究》2011 年第 12 期。

[③] 王静：《价格扭曲、技术进步偏向与就业——来自第三产业分行业的经验研究》，《产业经济研究》2016 年第 3 期。

[④] 党秀静：《技术进步条件下我国服务业就业效应研究》，《玉溪师范学院学报》2018 年第 8 期。

我国服务业技术进步的总体幅度有限，对就业的挤出效应主要发生在生产性服务业，但对公共服务业就业具有补偿效应。

朱土兴（2013）[①]认为在改革开放30年以来，第三产业劳动就业比重的提升对第三产业产值比重的提升做出了重要的贡献，但这种贡献是表面性的。过去30多年的产业结构调整表现出了第三产业过度膨胀的现象，劳动力的产业间转移没有遵循从第一产业到第二产业，再从第二产业到第三产业的一般规律，而是大量劳动力直接从第一产业转移到第三产业，其中劳动技能水平低的劳动力占了较大比重，在很大程度上降低了第三产业的劳动生产率。在1980—2010年间，第三产业的劳动生产率提高了3.96倍，其幅度仅相当于第二产业的46%，而全部三次产业的平均劳动生产率在这一时期提升了8.54倍，第三产业劳动生产率提升幅度明显较低的内部原因在于内部结构的偏差，劳动生产率较高的生产性服务业的劳动就业比重大幅下降，而劳动生产率较低的非生产性服务业的就业比重提升较为明显。提升第三产业劳动生产率的途径在于，通过加快发展劳动生产率较高的生产服务业和现代服务业等方式优化第三产业内部结构，促进第三产业的技术进步，以及强化劳动技能教育培训。

五　经济新常态背景下服务业就业特征及趋势

关于服务业就业增长的动力来源剖析。都阳（2016）分析发现，近年来服务业迅速扩张，创造了大量新的就业岗位，尤其是在制造业增长放缓的背景下就业得以继续保持总体稳定，服务业是重要的原因[②]。而丁守海等（2016）[③]却指出，中国经济进入发展新常态，

[①] 朱土兴：《中国第三产业比重提升动力估计：1980—2010》，《财贸经济》2013年第5期。

[②] 都阳：《就业政策的阶段特征与调整方向》，《劳动经济研究》2016年第4期。

[③] 丁守海、丁洋、沈煜、南毓：《新常态背景下服务业就业的滞后风险》，《中国软科学》2016年第9期。

增速的下滑主要归因为第二产业的下滑，第二产业的就业吸纳功能正在弱化，由此需要检验服务业是否能够持续发挥吸纳就业的海绵功能。他们从理论逻辑和实证检验两个方面展开的分析表明，服务业的发展从根本上受工业影响，如果工业长期乏力，服务业不能一枝独秀的获得发展并提供就业机会，通过省级动态面板数据估计发现，工业景气度对服务业就业有一个明显的滞后传导效应，因此不能对工业下行可能出现的失业风险掉以轻心，只有工业部门长足发展，才能为服务业就业提供动力。"服务业发展与农民工就业研究"课题组（2016）[1] 从扩大农民工就业的角度，分析认为中国经济进入发展新常态之后，服务业发展对农民工就业既是机会又充满挑战。该课题组利用 2015 年河南农民工监测调查微观层面数据，基于个体层面职业选择模型的估计结果表明，农民工在批发零售等行业的自主创业概率会因服务业快速发展而显著提升，但由于农民工务工领域以劳动密集型的传统服务行业为主，提升职业层次的难度较大，建议进一步完善就业服务体系。

服务业未来就业吸纳能力的趋势判断。夏杰长和李芳芳（2015）[2] 基于我国服务业发展的阶段性特征和国际一般情况，分析了经济新常态背景下，我国服务业吸纳就业的基础及其潜力展望。他们的分析发现：中国经济进入新常态前后，服务业就业的弹性系数略有下降，尽管高于制造业但仍远低于发达国家；从发展趋势上看，服务业吸纳就业的潜力依然较大。曹佳（2017）[3] 的分析认为，在经济新常态下服务业就业的波动与产值波动基本一致，就业的变化更为平稳，服务业增长的就业弹性大于第二产业，因此未来可继

---

[1] "服务业发展与农民工就业研究"课题组：《服务业发展对农民工就业影响的实证分析》，《调研世界》2016 年第 10 期。

[2] 夏杰长、李芳芳：《经济新常态背景下中国服务业就业特征与趋势研究》，《学习与探索》2015 年第 7 期。

[3] 曹佳：《经济新常态下服务业结构变化的就业效应分析》，《人才资源开发》2017 年第 9 期。

续通过发展服务业来促进就业。张车伟等（2017）指出①，随着经济增长转向消费驱动，服务业是有效需求最主要的增长点，特别是高端消费服务和公共服务供不应求，而服务业属于劳动密集型产业，未来服务业发展将有效带动就业的增加。新经济与服务业的发展相互交织和渗透，其就业创造功能已经进入了研究者视野。新经济是新技术经济和新业态经济的总称，新技术必然会促进服务业变革，而新业态经济本身就以服务业为最主要组成部分，新经济越来越成为经济发展的牛耳，不断产生新的就业增长点，为就业增长注入新动力②。但未来的服务业对劳动者素质具有更高的要求。

第六节　研究展望

当前，服务业正逐步迈入高质量发展阶段，新现象、新领域层出不穷，需要研究的问题也必然不断增多，而学术研究方法和工具亦在不断完善，必然深化对服务业发展及其就业规律的认识。可以展望，新的研究领域将会不断涌现。

一　服务业高质量发展与高质量就业的关系

近年来服务业快速发展，其规模已经发生了显著变化，在继续扩大规模的同时，促进发展质量的提升是服务业必然的路径选择。但高质量发展尚未形成统一的概念体系、指标体系、阐释体系，乃至国际可比的标准，服务业高质量发展与高质量就业如何契合，以

---

① 张车伟、王博雅、高文书：《创新经济对就业的冲击与应对研究》，《中国人口科学》2017 年第 5 期。
② 张车伟：《新经济为就业增长注入新动力》，《教育经济评论》2017 年第 2 期。

及相应的对策路径，必然需要高质量的客观研究作为支撑。其中一个重要的议题就是，服务业深入参与全球分工的劳动力市场效应，以及服务业高端化与劳动力市场筛选及其经济社会效应等。

二 深入研究服务业技术进步的就业效应

技术进步势不可当，关于服务业技术进步对就业的影响，目前已经积累了一定的研究基础，但由于服务部门从业人员的人力资本分布方差较大，涉及的子行业较多，技术进步对服务业劳动力市场影响的研究还将持续深化。服务业技术进步对不同年龄、不同技能水平等异质性劳动力退出劳动力市场、职业转换、工资和收入分配等方面的影响，以及就业政策的完善将是这类问题研究的一个重要方向。

三 服务业劳动力市场性别歧视问题

在以生活性服务业为主的时代，不少服务业偏向于女性劳动者，而由于生产率的原因，生产性服务业以男性劳动者为主。随着生产性服务业加快发展以及女性人力资本的提升，女性劳动者与男性劳动者在生产率方面可能消除差异，女性劳动者能够顺理成章地更多进入生产性服务业领域并获得与男性均等的晋升机会吗？尤其是在全面二孩的政策背景下，一些排斥女性劳动者的隐形歧视手段已经出现。深入研究劳动力市场歧视的新动向，对于推进劳动力市场的完善和服务业本身的发展都具有现实意义。

四 数字经济和平台经济的劳动者权益保护问题

随着新业态的涌现，尤其是数字经济、平台经济在服务业领域的极大推广，使得企业边界快速模糊并趋于消弭，打破了传统的稳定捆绑式的雇佣关系，劳动者的工作时间、工作地点、工作内容、雇佣期限等更加弹性化，使劳动者可以跨越时空限制，远距离获得工作机会，人力资源市场的供求关系更加富有弹性，择业和创业更加自主灵活[①]。这样一来,一些劳动者可能同时有多个雇主,也可能很难确定确切的雇主,这已经超越了传统所指劳动关系的范畴,在此背景下的劳动者权益保护问题或者劳动争议如何妥善解决,从而在全社会整体层面上形成和谐劳动关系,提升就业质量,是值得深入探索的议题,但相关的研究目前还相当欠缺。

五 农村服务业发展与农村服务业就业问题

过去的服务业就业主要以城镇为空间,随着乡村振兴和农村脱贫,农村消费性基础设施不断完善,服务业可能在农村迎来新的发展机遇。过去几年农村居民收入增速持续超过城镇居民,农村居民对服务业的消费需求会伴随着收入水平的增加而不断释放;一些懂技术、会经营的农民工近年来回流意愿逐渐增强,也会将充足的资金流和业务流逐步带回到农村市场,能够产生潜在的服务供给。不过,农村居民的消费倾向、对价格的敏感性,乃至对服务业产品的需求结构等多个方面都可能与城镇居民具有明显区别,且农村市场相对城镇市场而言更加分散,因此,有必要对农村服务业劳动力市场的运行现状、特征及未来趋势展开深入研究,进而为"2020后"的扶贫增收和农村居民生活的全面改善提供具有参考价值的发展建议。

---

① 张车伟、赵文、王博雅:《数字经济带来就业市场新变化》,《社会科学报》2019年2月21日第2版。

第 六 章

新中国服务业空间协调发展研究

第一节 前言

新中国成立70年来，伴随服务经济的蓬勃发展，服务业增长、服务业内部结构、服务业生产率、服务业开放等领域的相关研究大量涌现。然而，服务业增长并不仅体现在规模、速度等时间维度上，更体现在空间维度上——经济的发展必然带来服务要素在空间上的重新配置，继而引起服务业空间格局的动态变化。服务业究竟应该在哪里发展，呈现出怎样的空间形态和空间组织形式，服务业发展的空间效应如何、空间格局如何演化，怎样实现服务业空间格局的协调与优化，这些问题对于从整体上认识服务业的发展规律异常重要。但70年来，国内理论界特别是经济学界对于服务业空间规律的关注，却难以与其在经济发展中的重要性相匹配；从总体上看，作为一个跨学科的研究领域，服务业空间规律的研究边界很多时候是由地理学家、社会学家而非经济学家所推动的。

通过对文献的时间线索进行梳理可知，关于服务业空间规律的理论研究始于20世纪80年代，在90年代中期经历了一波小高潮，2010年前后达到巅峰。新中国成立后的将近30年时间里，商业服务经常与城市的"消费性、寄生性"相联系，商品经济因而一直受到轻视。在"将消费的城市变成生产的城市"①这一思想的指引下，恢复和发展生产成为城市的中心议题；而作为生产基地，构建独立完善的工业体系则是第一要务。由此，生产资料生产得到优先发展，城市的重工业和军事工业比重持续提升，作为生活资料生产部门的服务业在实践中并未得到关注。加之计划经济条件下理论界对马克思劳动价值论和再生产理论的片面理解，长期认为第三产业的大部分是非物质生产部门，只消耗社会财富、不创造价值和使用价值，作为非生产性劳动的第三产业甚至未被当作国民经济中的一个部门来考虑，故而一直游离在理论研究的视野之外。基于以上原因，1982 年之前几乎没有关于服务业空间规律的探讨。综合考虑文献的研究对象、研究热度和思想流，国内对服务业空间规律的研究大致可以分为三个阶段，分别是 1982—1987 年；1988—2005 年；2006 年至今。

总体上讲，新中国成立 70 年来，对服务业空间协调发展的研究从无到有、从边缘到主流，研究视域不断更新、方法逐渐深化，虽以国外城市发展经验和规律借鉴为理论根源，却始终立足于中国城市和产业发展中的实际问题，在不同历史时期为我国的社会主义现代化建设做出了重要的贡献。同国外相比，服务业空间规律的相关领域的研究具有高度的实用性和问题导向的特点，议题主要来源于自下而上的地方实践，反映了从计划经济向市场经济转变的过程中，产业结构升级引发的空间结构升级过程；相关研究在服务业区位规律和影响因子、服务业空间格局和空间过程等方面都取得了可喜的进展，许多研究问题如服务业同城市化、制造业同服务业的区位关系，到今天依然有着鲜活的生命力。

---

① 1949 年 3 月，党的七届二中全会提出党的工作重心由乡村移到城市，并提出要把消费的城市变成生产的城市。新华社于 1949 年 3 月 17 日发表题为《把消费城市变为生产城市》的社论，指出随着革命战争的胜利发展，必须把迅速发展和恢复城市生产作为城市工作的中心环节，把消费城市变为生产城市。

第二节 城市改革中第三产业作用的确认(1982—1987)

以1984年5月的六届人大第二次会议为起点、以"加快发展为生产和生活服务的第三产业"正式写入"七五"计划为标志,第三产业的地位在理论、决策、政策和法律等各方面开始得到正式确认,对大城市的服务功能也逐渐有了新的认识。全国六届人大第二次会议上发布的政府工作报告明确指出,大城市"不应当把主要注意力放在工业产值的翻番上,而应当更加注意产业结构的合理化,促进生产的社会化和专业化,推动社会技术进步,大力发展包括商业、外贸、交通、邮电、旅游、金融、保险、咨询、技术服务和其他社会服务在内的第三产业"。1985年3月举行的全国城市经济体制改革试点工作座谈会上,中央提出把大城市改变成开放型的、多功能的、社会化的、现代化的经济中心。时任国务院总理赵紫阳提出:城市不仅是工业生产的基地,而且是贸易中心、金融中心、交通枢纽、信息中心,有些城市还是科学、教育的中心;城市的各项经济活动更重要的是为它所辐射的整个经济区服务;大城市首先要把有限的资金用于建设基础设施和发展第三产业[①]。由此,以城市为重点的整个经济体制改革全面推开,支持第三产业发展成为城市经济部门面临的一项重要任务。

在这个时期,国内理论界围绕"城市发展第三产业的重要性、第三产业与城市功能的关系、城市发展中第三产业的地位、第三产业发展的空间层次、第三产业的空间布局、第三产业在吸收农村剩余劳动力中的作用"等主题开展了诸多有益探讨。这其中,既有对

---

① 赵紫阳:《搞好城市改革 发挥城市功能》,《中国经济体制改革》1986年第1期。

以往经验教训的总结，也有激烈的思想交锋；学者们在思想领域努力为服务业发展正名的同时，对第三产业发展的空间规律也进行了浅尝和初探。

一　城市发展第三产业发展必要性

长期以来，封闭型、单功能的城市经济模式严重阻碍了城市自身乃至整个国民经济的发展，限制了城市经济效益的提高和内外部专业化协作关系的发展，城乡人民多方面服务需求得不到满足[①]。为改变我国城市居民生活方式在服务社会化、内容多样化、服务质量等方面的落后局面，应大力发展第三产业[②]。以城市为重点的经济体制改革的方向，是充分发挥城市的多种经济功能，第三产业发展则是充分发挥城市多种经济功能的必要条件[③]。中心城市发展第三产业，是城市自身商品经济发展的需要，是增强对周围地区吸引力和带动力的要求，也是建立开放性城市系统的需要[④]。中心城市具有对外扩散和对内聚合的双向广延性[⑤]；城市作为同周围地域相联系的中心，其经济功能还体现在中枢管理和消费服务等"触媒"功能上[⑥]。第三产业和城市经济功能互相联系、互为促进，城市经济功能需要第三产业，第三产业的发展必然强化城市经济功能[⑦]；因此，应该使

[①] 周殿昆：《我国第三产业的现状和对策》，《社会学研究》1986年第1期。

[②] 易宏伟、刘仁清：《城市居民现代生活方式与第三产业》，《理论探索》1985年第2期。

[③] 《经济日报》社论：《发展第三产业市城市改革的重要任务》，《经济日报》1985年5月8日第8版。

[④] 田同生、张兵生：《振兴第三产业 发挥城市的多种功能》，《经济问题》1985年第1期。

[⑤] 黄国雄：《试论首都第三产业发展战略》，《北京商学院学报》1986年第3期。

[⑥] 胡润松、刘百扬：《第三产业的理论和上海发展第三产业的实践》，《社会科学》1985年第3期。

[⑦] 文启湘：《城市经济功能和发展第三产业》，《云南财贸学院学报》1986年第4期。

用国民生产总值而不是工农业总产值来考核城市的经济发展状况①。

二 关于第三产业在城市发展中地位的争论

这个时期，对第三产业在城市发展中地位有很多争论，主要集中在工农业生产在大城市中的地位、怎样处理发展第三产业与发展工业之间的关系、如何把握第三产业超前发展的"度"等。针对十二大之后全国几乎所有地区都提出"工农业总产值翻两番"奋斗目标的实际，金凤德（1985）指出，经济中心和工业基地是两个不同的概念，要求特大城市生产发展速度同全国看齐甚至抢先是不妥当的，今后我国大城市发展最快的应是第三产业②。而针对有些学者把一个国家或地区国民经济产业结构发展的共同趋势与中心城市产业结构发展的趋势等同起来、认为"在没有实现高度工农业现代化时第三产业不能超前发展"的问题，王楚洪（1985）指出，多功能的中心城市无论高度工业化实现与否，第三产业都应占主导地位③。在1985年8月召开的第一次全国性第三产业经济理论讨论会上，第三产业在城市经济中的地位也是争论的焦点问题之一。有些学者认为，流通是中心城市的基本功能，表现为城市的吸引力和辐射力，发展城市经济理应以发展第三产业为重点；建设多功能的中心城市，就是要使第三产业就业人数增长率、产值增长速度、投资的增长均快于其他产业，从而使第三产业产值占国民生产总值的比重逐步上升并居于主导地位；中心城市无论经济是否发达，都应以第三产业为主导④；规划中心城市第三产业的比重不能仅从

---

① 张朝中：《采用国民生产总值指标，充分发挥城市的多种经济功能》，《经营与管理》1985年第4期。
② 金凤德：《我国特大城市发展战略的探讨》，《财经问题研究》1985年第3期。
③ 王楚洪：《多功能中心城市应以第三产业为主导》，《财经科学》1985年第6期。
④ 武仁建：《第三产业经济理论若干问题探索——第三产业经济理论讨论会侧记》，《经济学动态》1985年第10期。

本身出发,而是要着眼于其辐射的经济区[①]。另一些学者则认为,生产决定交换,第三产业对社会生产力的作用在一二三产协调发展后才体现出来;第三产业的发展依托于物质生产部门劳动生产率的大幅提高。城市经济仍要以发展工业生产为主导,切不可不顾客观经济条件,把发展第三产业作为一切城市的主导。应根据生产发展的需要,恰当地发展第三产业[②]。折中的看法是,城市的经济基础、自然禀赋和历史传承差别很大,经过三十年的发展,有的城市变成了商业或旅游城市,有的则变成了工业城市,因此在主导产业的选择上应因地制宜、区别对待;城市流通功能日益增强是总的趋势,但有一个过程[③]。

三 第三产业发展的空间梯度、服务网络布局

在"控制大城市、合理发展中等城市、积极发展小城市"的城市发展方针指引下,这个阶段围绕第三产业发展的空间梯度、服务网络布局、各个城市发展第三产业的重点,进行了许多有益探讨。易炼红(1986)认为,第三产业网点分布应根据各服务网点所提供的服务项目及其辐射能力,以及维持该网点活力所需的最低门限人口来共同确定;第三产业网点分布应呈现"中心点"和"卫星网"的结构状态;中心城市应把科技、信息、金融、商业、教育、咨询、交通运输、邮电通信、旅游等行业作为发展的重点,乡村则应重点发展为农业生产提供产前、产中、产后服务的服务业和农民生活所必需的服务业[④]。

---

① 李江帆:《全国第三产业经济理论讨论会观点综述》,《南方经济》1986年第1期。

② 陶永宽:《全国首次第三产业经济理论讨论会观点综述》,《社会科学》1985年第11期。

③ 李江帆:《全国第三产业经济理论讨论会观点综述》,《南方经济》1986年第1期。

④ 易炼红:《试论第三产业的内部结构合理化》,《经济与管理研究》1986年第5期。

从业态的错位发展看，大城市主要发挥"流通中心"作用，中小城市的市区应大力发展以文教卫生、商业和传统服务业为代表的第三产业，乡村集镇重点发展商业和生活服务业①。梁厚斌（1985）则认为，中心城市应着重发展高层次或技术密集的第三产业，农村应依托乡镇工业发展形成的大大小小的城镇，着重发展低层次或劳动密集型的第三产业②。从职能分工看，根据人口和产业在区域和城市内部空间增长和分布的规律，采用"区域平衡法"可以避免城市人口过密化，即中小城市作为区域的次级经济中心，可以扩散一些在大城市集聚效益不高的第三产业；发展相当规模的大城市，分立原有大城市的中心职能③。对东部沿海地区的典型调查表明，农村经济发展已出现非农产业集聚和发展的趋向，农村的综合经济已从生产领域延伸到了流通领域④；应在小城镇建立较为完备的第三产业体系，加强其商业服务功能并扩大其服务半径；偏僻的山区和乡村则可先兴建一些小型分散的服务网点⑤。应重视发展集镇的社办商业、服务业，在繁荣城镇经济的同时，也可为大批待业人员提供就业机会⑥。从城乡关系来看，应以中心城市为依托，从企业到经济联合体再到大的经济区，形成上下有机联系的纵向经济网络⑦；发展第三产业应抓住

---

① 周殿昆：《我国第三产业的现状和对策》，《社会科学研究》1986 年第 1 期。
② 梁厚斌：《探索中国式的第三产业的路子》，《经济学周报》1985 年第 12 期。
③ 马行裕：《城市增长的新阶段与我国大城市的发展策略——兼议广州城市发展模式》，《广州研究》1986 年第 11 期。
④ 黄文新、赵曙东、华健春：《上海经济区江苏片农村经济发展的趋向和对策》，《中国农村经济》1985 年第 3 期。
⑤ 郭晓鸣、徐薇：《城市或城镇——农民的现实选择》，《农业经济问题》1986 年第 2 期。
⑥ 杭州大学地理系小城镇调查组：《浙江省绍兴市小城镇发展的初步分析》，《经济地理》1982 年第 10 期。
⑦ 程礼泽：《中心城市在发展商品经济中的地位和作用》，《中国经济问题》1987 年第 2 期。

城乡联合和小城镇经济迅猛发展的有利时机,疏通城乡之间的流通渠道①。

四 制约中国城市服务业发展的原因

在发展第三产业的大背景下,学者们对于城市第三产业项目建设和空间布局上出现的问题,以及长期以来制约我国城市服务业发展的原因,从认识和政策方面也进行了反思。胡润松、刘百扬(1985)认为,长期以来上海第三产业落后的主要因素是思想理论上的偏差和条条块块经济管理体制的束缚,比如商业主要是通过封闭式、少渠道、多环节的计划调拨;金融则是由总行垂直调拨,资金划块而治②。李远建(1986)认为,城市建设方针一再受到"左"的影响,未能从根本上处理好城市性质和产业结构的关系问题③;而人们消费观念中的小农经济意识,造成我国人民习惯"万事不求人",也压抑了人们对服务消费的需求④。徐学珍、刘溶沧(1985)通过调研指出,有关部门和单位热衷于在比较繁华、服务设施较多较齐的地区发展第三产业,对亟待改善服务设施的大中型居民区则重视不够;只重视从业人员和网点的增加总数,而不注重其合理分布和对人民生活的方便程度⑤。城市第三产业发展只注意微观搞活,不重视宏观控制、全面规划,出现了重复建设、贪大求洋等盲目发展的现象,发展第三产业应以搞好规划为前提⑥,将第三产业作为一

---

① 叶濂溪:《努力促进我国城乡关系的新发展》,《学习月刊》1985年第6期。
② 胡润松、刘百扬:《第三产业的理论和上海发展第三产业的实践》,《社会科学》1985年第3期。
③ 李远建:《杭州产业结构合理化初探》,《浙江经济》1986年第15期。
④ 易宏伟、刘仁清《城市居民现代生活方式与第三产业》,《理论探索》1985年第2期。
⑤ 徐学珍、刘溶沧:《发展第三产业要重视社会效益》,《北京日报》1985年9月16日。
⑥ 章和:《发展第三产业要搞好规划》,《人民日报》1985年10月25日。

个重要内容列入城市规划体系①。

五 农村剩余劳动力空间流向

对于农村剩余劳动力空间流向的研究也是这个阶段的重点。对9个大中城市的调查表明,暂住流动人口数量相当庞大,北京、上海达到70万,约占常住人口10%②。因此,发展第三产业在这一时期被视作解决城乡富余劳动力就业的重要途径③。周如昌(1986)指出,"离土不离乡、就地转化农业人口"的理论防线实则是牺牲长远利益的权宜之计,以将农业农村人口与工业文明隔绝为代价④。要允许农民进入城市兴办各种生产生活服务项目,将剩余劳动力和农村资金引入城市⑤;城市建设的新区凡是征用农民土地建设第三产业设施的,应该允许所在地农民优先兴建;对农民在自己承包土地上建设临时性第三产业设施也应予以支持⑥。然而一些学者指出,受制于自身的经济效率和居民收入水平,城市第三产业容量有限,加之不断产生的商业服务业表现出一定程度的排他性,让农民进入城市发展第三产业是盲目乐观和缺乏依据的⑦。根据我国国情,为避免城市"膨胀",农村劳动力转移应该采取"就地式"为主的方式⑧。但后来的一些研究又指出,对城市人口容量的担心是不必要的,人口容

---

① 尚边疆:《第三产业的发展与城市现代化建设》,《改革》1985年第5期。

② 王秀银:《全国大城市人口问题和对策讨论会在成都召开》,《经济学动态》1985年第3期。

③ 张军、李陵生:《发挥城市多功能作用与发展第三产业》,《理论学习》1985年第5期。

④ 周如昌:《论我国城乡关系的几个问题》,《经济问题探索》1986年第10期。

⑤ 李百万:《鼓励农民发展第三产业》,《经济学周报》1985年第12期。

⑥ 翟镁锐、宋玉峰:《农民进城之对策》,《经济纵横》1986年第6期。

⑦ 郭晓鸣、徐薇:《城市或城镇——农民的现实选择》,《农业经济问题》1986年第2期。

⑧ 龚一萍:《从世界农业劳动力转移看我国农业劳动力转移问题》,《江西大学学报(哲学社会科学版)》1985年第2期。

量是动态的,扩大城市人口容量最合理可行的途径就是大力发展各类第三产业[①]。

第三节 空间规律初探和对服务业地位的再认识(1988—2005)

1992年6月,以中央层面发布的第一个促进第三产业发展的政策文件——《关于加快发展第三产业的决定》(中发〔1992〕5号)为标志,服务业开启了社会化和现代化的进程。而在此前的1988年,国家体改委就已在南京、沈阳、武汉、黄石四个城市部署"服务社会化试点",建立城市社会化综合服务体系成为这一时期城市服务业的主要任务。一些局部的调查研究指出,我国城市第三产业存在着相当数量归部门、单位所有的面向"小社会"的"附属型"第三产业[②]。服务社会化以服务手段的专业性、服务对象的广泛性、服务内容的系统性和服务价值的有偿性为手段,从完善城市社区服务入手,致力于打破小而全、小而杂的自我服务体系[③]。1992年10月党的十四次代表大会报告指出,"第三产业的兴旺发达,是现代化经济的一个重要特征"[④],故此,第三产业发展与城市现代化的关系成为学界关注的焦点问题。

这一时期的最大亮点在于,许多地理学家参与到服务业空间规律的讨论中来。从国际上看,服务业地理空间分布规律长久被主流

[①] 崔林:《我国城市第三产业的发展和城市人口问题》,《人口与经济》1989年第1期。

[②] 杨圣:《我国城市第三产业两种结构形式初探》,《商业经济研究》1986年第3期。

[③] 李树琮:《对城市"单位办社会"向服务社会化转变的思考》,《经济学动态》1992年第12期。

[④] 参见《1992年10月12日江泽民在中国共产党第十四次代表大会上的报告》。

经济学所忽视,也正是地理学家的介入带动了其他学科学者对此领域的探索。从 20 世纪 50—60 年代开始,交通、商业、文化、旅游等分行业区位研究在国际上日渐成熟,但局限于单一行业内的研究理论体系分散、内部联系很弱,阻碍了对整体服务业空间规律的认知。以建立服务业地理学科为抓手,从整体上系统探讨服务业的空间发展规律,必要且非常重要[①]。正是出于这样的考虑,国内一些地理学家从经济区位论角度出发,在分析发达国家大城市服务业布局特征的基础上,研究了不同类型服务业的空间格局和演变趋势,并试图从中总结出一些规律。

一 关于服务业的区位特征及其理论基础的讨论

张文忠(1999)认为,服务业区位选择的理论基础包括中心地理论、地租理论、集聚理论以及公平性与效率性兼顾原则[②]。阎小培、许学强(1999)指出,服务业的可贸易性是服务型经济成长为现代社会经济主流的实质所在。随着服务业基本经济活动的成长和基本经济部门的出现,服务业的空间区位也相应发生了变化[③]。一方面非基本服务活动区位仍满足中心地理论,即服务流在服务中心等级中由高级别中心逐级指向低级别中心;而基本服务活动的空间区位则呈现多样化,还表现为低级别中心指向高级别中心或同级别中心之间的流动。第三产业劳动力及单位密度随离城市距离增大而迅速递减,第三产业向中心城区边缘区扩散受产业布局政策调整和城市不同区域功能分化和职能转移的共同推动[④]。随着第三产业成为中

---

① 吕拉昌、阎小培:《服务业地理学的几个基本理论问题》,《经济地理》2005年第1期。
② 张文忠:《大城市服务业区位理论及其实证研究》,《地理研究》1999年第3期。
③ 阎小培、许学强:《广州城市基本—非基本经济活动的变化分析——兼释城市发展的经济基础理论》,《地理学报》1999年第4期。
④ 魏星:《上海产业集聚及劳动力空间分布变动研究》,博士学位论文,复旦大学,2005年。

心城市主要的土地利用类型,地价峰值也在市中心出现,显示市场机制在城市土地利用中开始起到主导作用;但相比于西方国家,我国中心城市空间格局受市场经济和政府管制双重制约更为明显[1]。

二 对城市现代化过程中第三产业作用认识的深化

城市功能的发挥和产业结构演进是一个相互关联不断递进的过程[2]。在分析工业化中前期中国国情特征和历史任务的基础上,初玉岗(2003)对一些地方提出的"突破性发展第三产业""两通起飞[3]"等思想进行了商榷,指出对一个大国来说,绝不应该让第三产业发展阻碍工业化目标的实现[4];还有一些学者指出,没有工业化,不可能有后工业化,认为现代经济已进入后工业化时代、第三产业应占有60%以上比重,难免有矫枉过正之嫌[5];就全国城市总体而言,要以第二产业为主导[6]。而以李江帆(2001)为代表的学者则认为,要区分国家现代化与城市现代化,城市现代化要求第三产业的比重理应高于国家现代化标准20%—30%[7]。他进一步指出,认为城市第三产业发展是由第二产业带动的观点,并不符合我国大城市的实际情况[8]。根据对1995年广州投入产出表的分析,第三产业

---

[1] 宁越敏:《上海市区生产服务业及办公楼区位研究》,《城市规划》2000年第8期。

[2] 石良平、金保华:《90年代上海经济发展的目标与对策》,《财经研究》1991年第5期。

[3] 指的是以交通和商贸流通当作经济发展的战略重点。

[4] 初玉岗:《制造业与工业化中期的经济发展战略》,《经济学家》2003年第5期。

[5] 金云哲、朴松子:《城市第三产业发展的规律、问题及对策》,《财经问题研究》1993年第1期。

[6] 孙樱:《试论中国城市产业结构的调查》,《云南地理环境研究》1995年第12期。

[7] 李江帆:《第三产业与中国现代化建设的若干问题》,《宏观经济研究》2001年第10期。

[8] 李江帆:《新型工业化与第三产业的发展》,《经济学动态》2004年第1期。

的需求主要来自居民生活消费，而来自生产消费的需求占44.08%，其中只有19.99%来自第二产业[①]。如果按照"外向"和"内向"功能把城市全部经济活动分成基本和非基本活动两大部分，为外部区域服务的基本经济活动已经成为城市经济基础的重要组成部分[②]。

三　区域和城市内部服务业空间格局

这个时期的一些研究，特别是城市个例研究，主要是围绕区域和城市内部服务业空间格局展开的。区域产业布局方面，田光进、贾淑英（2004）比较了不同城市规模和地域城市的职能差异，发现科教文卫等服务业随城市规模的增大而增大；东部城市工业职能较强，而西部城市行政、科教等服务业就业比重较高[③]。随着对第三产业认识的深化及跨地域经济协作区的形成，城市规划应从城市走向区域，打造以各级经济区为基础、城乡结合、大中小城市合理分工的城镇体系；对大城市也应从限制走向引导[④]。在城市内部服务业空间布局方面，石良平、金保华（1991）指出，90年代上海的城市布局应是在中心城区形成贸易、金融为主体的金融贸易圈；加工业和高效农业圈分布在中心城外、外环线内；外环线向郊县辐射，形成几个各具特点的工业聚集中心[⑤]。基于对北京城市功能的分析，赵京心（1996）认为，首都经济的特点应表现在空间结构而非工业的产值结构上，即首都核心区是首都功能的集中体现，且随国家

---

① 李冠霖：《第三产业投入产出分析》，中国物价出版社2002年版。
② 阎小培、许学强：《广州城市基本—非基本经济活动的变化分析——兼释城市发展的经济基础理论》，《地理学报》1999年第4期。
③ 田光进、贾淑英：《中国城市职能结构的特征研究》，《人文地理》2004年第4期。
④ 周岚：《第三产业发展与城市规划》，《城市规划》1993年第4期。
⑤ 石良平、金保华：《90年代上海经济发展的目标与对策》，《财经研究》1991年第5期。

发展逐步向周边渗透[①]；工业企业应在远郊城镇得到发展。根据土地租值理论的空间变化规律，城市空间再造要与产业结构变化相一致[②]；服务业发展引致城市用地结构和空间结构的重大变化，加快旧城改造、建设大城市都心区理应成为我国中心城市的重要任务[③]。还有一些研究关注到了服务业在城市都心区集中的趋势，但对个例的测算显示，这种集中远远没有达到国外的程度[④]。宁越敏（2000）发现，与国际大都市相比，上海办公机构都未能高度集中于上海传统 CBD 或正在建设的新 CBD 地区，故而应强化政府对办公楼市场的管理功能[⑤]。

四 城市化与第三产业发展关系的讨论

对城市化与第三产业发展关系的讨论也是这个时期的研究热点。20 世纪 80 年代后，我国第三产业与城市化都得到空前的发展；作为社会经济发展的两大趋势，第三产业的发展与城市化互为因果、相辅相成，产业结构升级必然伴随城市化水平的提高，城市化进程滞后也会对产业结构的升级产生影响[⑥]。城市化进程对第三产业发展的推动作用日益显著，罗国勋、罗玥（1999）的研究发现，浙江省第三产业的发展与建制镇的增加高度相关[⑦]；人口城市化的推进将有效

[①] 赵京心：《北京的城市功能与首都经济的基本特点》，《北京规划建设》1996 年第 5 期。

[②] 陈来卿：《关于租值理论与广州城市空间结构优化之探讨》，《城市》2003 年第 2 期。

[③] 马武定：《城市化与城市现代化》，《规划研究》1999 年第 6 期。

[④] 张文忠：《大城市服务业区位理论及其实证研究》，《地理研究》1999 年第 3 期。

[⑤] 宁越敏：《上海市区生产服务业及办公楼区位研究》，《城市规划》2000 年第 8 期。

[⑥] 苏雪串：《产业结构升级与城市化》，《财经科学》2002 年第 S1 期。

[⑦] 罗国勋、罗玥：《经济发展与第三产业分析》，《数量经济技术经济研究》1999 年第 5 期。

促进第三产业的发展[1]。从当时的情况看,为数不少的文献均指出,滞后的城市化水平限制了第三产业的成长空间[2];第三产业比例与人口密集度密切相关,限制大城市的政策使得中国城市规模偏小,从而制约了就业弹性高的第三产业的发展[3]。然而,一些文献对于"城市化滞后"的观点提出了质疑,认为中国的城市化并未滞后于工业化,城市化同非农产业就业相关性强,中国的问题在于非农产业比重偏低而不是城市化的偏差[4]。故此,应该把发展第三产业作为新一轮城市化加速的动力,实现城市化与第三产业之间的良性互促关系[5]。

此外,这个时期还有一些研究关注到了国外服务业集聚的发展,比如丁健(1994)对国际大都市CBD的功能特征、增长机制和发展趋势进行了回顾,但研究深度尚停留在经验介绍层次[6]。此外,还有一些研究对服务业的空间效应进行了探讨,如黄胜利、朱缨(2001)认为,在生产性服务业迅速发展的推动下,城市的地域空间扩展和结构将得到优化,相应引起城市产业和人口的再分布[7];但由于研究手段的缺失,这一时期的研究基本限于学理讨论上。

---

[1] 吴海瑾:《推进南京城市化与第三产业的协调发展》,《南京社会科学》2002年第9期。

[2] 陈可、谭莹:《浅论当前城市化进程中的第三产业发展》,《经济师》2001年第11期。

[3] 张鸿:《中国第三产业的发展和当前的就业问题》,《江西社会科学》2000年第5期。

[4] "工业化与城市化协调发展研究"课题组:《工业化与城市化关系的经济学分析》,《中国社会科学》2002年第2期。

[5] 陈可、谭莹:《浅论当前城市化进程中的第三产业发展》,《经济师》2001年第11期。

[6] 丁健:《国际大都市CBD的功能特征、增长机制、发展趋势及其启示》,《外国经济与管理》1994年第2期。

[7] 黄胜利、朱缨:《生产性服务业的发展与城市地域结构的演化》,《上海城市规划》2001年第6期。

第四节　空间规律的认识深化与研究视角的多维化(2006年至今)

从 20 世纪 80 年代初开始，经过将近 25 年的努力，服务业在国家和城市经济发展中的地位和作用得以正名，服务业进入全面加速发展时期。以 2007 年国务院发布的《关于加快发展服务业的若干意见》（国发〔2007〕7 号）和 2008 年《关于加快发展服务业若干政策措施的实施意见》（国发〔2008〕11 号）为标志，国家开始为服务业在体制机制上松绑，发展服务业被视为推进产业结构调整、转变经济增长方式、提高国民经济整体素质和实现全面协调可持续发展的重要途径。2011 年，服务业成为我国吸纳就业人数最多的产业部门；2013 年，服务业增加值超越第二产业，成为国民经济中最大的行业；2015 年，服务业增加值占比首次超过了 50%。科学调整服务业布局，是促进服务业加快发展的核心环节。

在此背景下，越来越多文献将空间分析融入了对服务业发展规律的观察之中；而除了政府层面重视之外，分析技术的发展客观上也为研究的深化提供了助力。在理论上，多学科交叉融合与理论创新，为更好地认识服务业空间规律奠定了坚实的理论基础；加之更精细数据可获得性显著提高、基于信息科学的研究技术和空间计量等方法的发展，使得更加准确地进行定量和定性、动态和静态的多层面分析成为可能。由此，这个时期研究中数量方法的应用明显增多，研究深度显著提升，各研究领域分支、交叉、融合不断进行，学界对服务业空间规律也逐渐形成了更加立体化的认识。此外，随着研究视角的多维化扩展，制度、政府政策、地理空间、社会文化等因素也作为重要影响因素纳入模型。多学科、多视角加上多元方法的运用，使得这一阶段的服务业空间规律研究呈现出丰富且生动的图景。

一 关于服务业空间过程的认识

关于服务业空间过程的认识最初的研究认为,服务具有的无形性、非贸易性特征,使之很难从生产和消费的过程中分离,服务业的空间布局是通过整个经济活动特别是制造业的空间模式表现出来的;因而在发展初期,研究普遍认为我国的服务业比工业更加分散。2006 年之后的许多文献注意到,全球化分工和服务外包的出现,使得生产性服务业集聚成为大都市的重要空间组织形式;服务业不仅比制造业具有更高的空间集聚度,且对重塑城市内部空间起到了重要作用。从区域空间格局看,生产性服务业具有较高的集聚程度与较强的集聚趋势,在空间上呈现出从东北、中西部地区向东部沿海地区集聚的态势[1];从空间形态看,生产性服务业整体呈现点状集中的模式,且东部沿海集聚度最强,其中信息服务业和商务服务业呈现首位城市集聚模式,科研技术服务业和房地产业呈现位序规模分布的模式,金融业则属于均衡分布的模式[2];社会型服务业、个人型服务业和分配型服务业则呈现出较为明显的空间扩散态势[3]。对服务业空间格局的研究应重视空间和行业尺度的选择,服务业在更细的行业尺度、更小的空间尺度上不但更加集中,且趋于集中的态势也更加明显[4]。从城市内部看,全球信息化促进了国际城市空间极化,高收入群体、生产性服务业及高附加值产业不断排挤低附加值产业

---

[1] 盛龙、陆根尧:《中国生产性服务业集聚及其影响因素研究——基于行业和地区层面的分析》,《南开经济评论》2013 年第 5 期。

[2] 李佳洺、孙铁山、张文忠:《中国生产性服务业空间集聚特征与模式研究》,《地理科学》2014 年第 4 期。

[3] 刘奕:《中国服务业空间格局:演化、趋势及建议》,《学习与探索》2017 年第 6 期。

[4] 刘奕:《服务业地理集中:产业尺度和空间尺度的影响》,《中国社会科学院研究生院学报》2013 年第 6 期。

与低收入群体占据中心城区空间位置,是一种更高形式的空间集聚[1]。陈秀山、邵晖(2007)运用 GIS 技术的分析表明,北京生产性服务业在空间上迅速集聚[2];2004—2008 年间,第三产业就业密度呈现持续向城市中心区高度集聚的状态,同期制造业的就业密度则显示了显著的郊区化特征[3]。传统商务办公产业空间分布的集聚特征非常显著,并沿空间发展轴同核心区共同形成一个带状集聚;在传统中心区饱和后,会逐渐向外围跃迁并再次形成新的集聚中心[4]。而对广州生产性服务业的研究也表明,其空间分布呈现高度集中于 CBD 且沿交通主干线向外扩散的趋势,政府规划在服务业集聚形成中起到了重要作用[5]。从职住平衡的角度出发,无论是就业人口还是居住人口,第三产业集聚度均显著高于第二产业[6]。当然一些研究也注意到,金融危机后以 FIRE 和金融集聚为核心的世界城市发展模式也出现了难以为继的现象,需要从全球价值链角度重新反思世界城市成长的服务业基础[7]。

二 关于集聚的影响因素和产业协同的定位

这一阶段,在对服务业集聚进行定量描述的基础上,不少经济

---

[1] 陈建华、谢媛:《服务业发展与国际化城市空间极化》,《上海经济研究》2007 年第 10 期。

[2] 陈秀山、邵晖:《大都市生产者服务业区位选择及发展趋势》,《学习与实践》2007 年第 10 期。

[3] 刘霄泉、孙铁山、李国平:《北京市就业密度分布的空间特征》,《地理研究》2011 年第 7 期。

[4] 刘铨、孙世界:《南京传统商务办公产业空间分布特征研究》,《中国城市规划学会会议论文集》2013 年第 11 期。

[5] 蒋丽:《广州市生产性服务业空间分布及成因分析》,《经济地理》2014 年第 3 期。

[6] 加那提古丽、王星、孟晓晨:《北京市与深圳市就业—居住空间结构对比研究》,《城市发展研究》2014 年第 3 期。

[7] 黄亮、田星星、盛垒:《世界城市研究的理论发展与转型》,《国际城市规划》2015 年第 1 期。

学家加入进来,结合对服务业与制造业空间依存现象的观察,深入探讨了影响生产性服务业集聚、服务业同制造业共聚的关键因素,还有一些研究注意到了我国政府在服务业集聚形成中发挥的独特作用。陈建军等(2009)将新古典经济学和城市经济学理论相结合,证实了知识密集度、信息技术水平、城市和政府规模对生产性服务业集聚具有显著影响;但同制造业集聚相比,生产性服务业受地理因素和循环累积因果关系的影响均较弱[1]。"我国服务业工资差异研究"课题组(2011)的研究表明,代表地区市场容量及市场接近程度的市场潜能因素,对服务业集聚具有显著的正向影响[2];开放程度和城市化水平则会对服务业集聚产生负向影响[3]。服务业集聚主要通过多样化实现,且服务业存在空间正相关[4]。在借鉴 EG 指数的基础上,李文秀、谭力文(2008)的研究发现,服务业的特性决定了评价其集聚应采用区域集聚和行业集聚的二维模型[5]。基于服务业中间产品的特性,还有一些文献对于制造业和服务业的空间关系进行了探讨,如陈建军、陈菁菁(2011)根据二者的垂直关联,验证了生产性服务业区位与制造业区位之间相互影响的关系[6];生产性服务业对制造业集聚的效应,主要是通过改变贸易成本施加的[7];交易成本

---

[1] 陈建军、陈国亮、黄洁:《新经济地理学视角下的生产性服务业集聚及其影响因素研究——来自中国 222 个城市的经验证据》,《管理世界》2009 年第 4 期。

[2] "我国服务业工资差异研究"课题组:《新经济地理学视角下的中国服务业》,《调研世界》2011 年第 8 期。

[3] 谢敏、赵红岩、朱娜娜、谢高:《浙江省第三产业空间集聚特征与成因》,《经济地理》2015 年第 9 期。

[4] 任晓怡:《中国中部地区第三产业发展影响因素研究——基于中国中部 80 个城市的空间面板数据分析》,《技术经济与管理研究》2015 年第 10 期。

[5] 李文秀、谭力文:《服务业集聚的二维评价模型及实证研究——以美国服务业为例》,《中国工业经济》2008 年第 4 期。

[6] 陈建军、陈菁菁:《生产性服务业与制造业的协同定位研究——以浙江省 69 个城市和地区为例》,《中国工业经济》2011 年第 6 期。

[7] 赵伟、郑雯雯:《生产性服务业—贸易成本与制造业集聚:机理与实证》,《经济学家》2011 年第 2 期。

超过一定阈值后,二三产业共同集聚将呈现分离趋势①。

三 服务业空间趋势与空间效应

这阶段主要是用更精细化的数据和更科学严谨的方法,对不同区域和城市服务化转型的空间形态及其空间效应进行细致考察。于涛方等(2003)指出,"核心—边缘"理论可以解释东部沿海地区区域空间重构的现象,金融保险业在空间上的圈层结构特征表现得尤为明显②。基于 2005 年北京 1% 人口调查数据与"五普"就业数据的研究表明,2000 年以来随着北京去工业化态势加速,城市功能格局呈现同心圆的圈层结构③。服务业空间布局呈现出明显的距离衰减特征,距离市中心越远则服务业就业密度越低④;首都功能的中心性和第三产业的发展是北京"摊大饼"式蔓延的重要驱动力⑤。还有一些研究对服务业发展的空间趋势进行了预测,比如豆建民、张可(2015)运用重心模型、引力模型和社会网络分析对我国区域服务经济中心演变趋势的研究表明,2013—2031 年第三产业的发展中心将向东部移动超过 100 公里,未来第三产业将继续向东南沿海地区的长三角和珠三角城市群集聚⑥。在服务业的空间效应方面,研究显示,服务业

---

① 陈国亮、陈建军:《产业关联、空间地理与二三产业共同集聚——来自中国 212 城市的经验考察》,《管理世界》2012 年第 4 期。

② 于涛方、陈修颖、吴泓:《2000 年以来北京城市功能格局与去工业化进程》,《城市规划学刊》2008 年第 3 期。

③ 于涛方:《中国东部沿海地区区域结构重构——基于"五普"和"第一次经普"数据分析》,《世界地理研究》2008 年第 1 期。

④ 曹广忠、缪杨兵、刘涛:《基于产业活动的城市边缘区空间划分方法》,《地理研究》2009 年第 3 期。

⑤ 梁进社、楚波:《北京的城市扩展和空间依存发展——基于劳瑞模型的分析》,《城市规划》2005 年第 6 期。

⑥ 豆建民、张可:《中国区域经济格局与城市网络体系的演化趋势》,《城市问题》2015 年第 7 期。

集聚特别是消费性和公共性服务业集聚、制造业与服务业共聚均能够显著提高地区工资水平[1];城市服务业集聚,特别是生产性和公共性服务业集聚有利于吸引 FDI[2]。随着城市中心地位的增强,现代服务业将通过乘数效应促进周边城市的发展,因而发展现代服务业是实现区域城市化和同城化的重要选择[3]。还有不少研究关注到了生产性服务业集聚对制造业升级的作用,指出生产性服务业集聚不仅能够提升本地区制造业全要素生产率[4],而且能够通过空间外溢提升周边制造业效率[5];社会创新体系、综合交易成本、需求规模将通过生产性服务业集聚间接作用于制造业升级[6]。

四 服务业区位的影响因素

已有文献中,有相当比例关注到了交通基础设施改善特别是高速铁路开通对沿线城市服务业发展的影响。比如蒋华雄等(2017)使用修正市场潜力模型证实了高铁将提升城市服务业比重,且制造型城市和服务型城市的服务业比重都将提升[7]。还有研究基于中心地理论分析了高铁如何通过缩小市场范围下限、扩

---

[1] 杨仁发:《产业集聚与地区工资差距——基于我国 269 个城市的实证研究》,《管理世界》2013 年第 8 期。

[2] 孙浦阳、韩帅、靳舒晶:《产业集聚对外商直接投资的影响分析——基于服务业与制造业的比较研究》,《数量经济技术经济研究》2012 年第 9 期。

[3] 姚永玲、赵宵伟:《城市服务业动态外部性及其空间效应》,《财贸经济》2012 年第 1 期。

[4] 顾乃华:《我国城市生产性服务业集聚对工业的外溢效应及其区域边界——基于 HLM 模型的实证研究》,《财贸经济》2011 年第 5 期。

[5] 宣烨:《生产性服务业空间集聚与制造业效率提升——基于空间外溢效应的实证研究》,《财贸经济》2012 年第 4 期。

[6] 刘奕、夏杰长、李垚:《生产性服务业集聚与制造业升级》,《中国工业经济》2017 年第 7 期。

[7] 蒋华雄、蔡宏钰、孟晓晨:《高速铁路对中国城市产业结构的影响研究》,《人文地理》2017 年第 5 期。

大市场范围上限的方式增加所有城市服务业的种类，从而扩大其潜在的市场范围①。考虑到高铁的空间溢出效应，韦功鼎、李雪梅（2019）基于知识可达性建立了包含知识溢出的空间滞后固定效应模型，研究了长三角高速铁路网络下知识溢出对服务业集聚的影响，结果显示，长三角高速铁路网对服务业集聚起到了显著的正向影响，且本地知识溢出起主要作用②。此外，在合理划分高速铁路、城际铁路、通勤铁路和交通干线功能边界的基础上，一些研究也关注到了其他交通设施对服务业布局的影响。蓝宏、荣朝和（2017）的研究表明，日本东海道新干线重塑了沿线城市的区位性质，推动沿线城市向服务业转型，同时促使人口向三个都市圈聚集到局部扩散，而后又向东京都市圈集聚③。张彬斌、陆万军（2016）证明了国道主干线贯通对其过境县域的服务业就业份额具有显著的提升效应，且该效应在城市的效应高于农村④。向宽虎（2011）则另辟蹊径，发现第三产业劳动生产率与到大港口的距离呈现三次曲线关系，随着距离越来越远，第三产业劳动生产率呈现下降、上升再下降的趋势，即地理位置特别是沿海对于服务业发展非常重要⑤。金中坤、徐伟（2015）还发现了行政区划调整对地区服务业发展的积极影响⑥。

---

① 高翔：《高速铁路在服务业分布中的作用——基于城市层级体系视角的研究》，《中国经济问题》2019 年第 1 期。
② 韦功鼎、李雪梅：《高速铁路知识溢出对第三产业集聚的影响研究——基于长三角城市群的实证研究》，《经济问题探索》2019 年第 2 期。
③ 蓝宏、荣朝和：《日本东海道新干线对城市群人口和产业的影响及启示》，《经济地理》2017 年第 8 期。
④ 张彬斌、陆万军：《公路交通性能与服务业发展机会——基于国道主干线贯通中国西部的研究》，《财贸经济》2016 年第 5 期。
⑤ 向宽虎：《地理与服务业——内需是否会使城市体系分散化》，硕士学位论文，复旦大学，2011 年。
⑥ 金中坤、徐伟：《行政区划调整与区域服务业发展——基于拟合实验法的苏州、常州两市比较研究》，《经济地理》2015 年第 12 期。

五 服务业与城市化的互促关系

这一阶段,对城市化与服务业之间关系的研究热度得以延续,学者们聚焦于使用更加严谨的计量经济学模型如协整分析、Granger 检验、误差修正模型等方法,对二者的因果关系和影响机制进行多维度验证。郭文杰(2006)的研究表明,城市化是推动服务业发展的重要动力,城市数量增加和规模的提升将极大刺激服务业需求[1];城市化的积聚效应对服务业竞争力将产生正向效应[2]。李郇(2005)则通过构建影响城市化水平的世界模型发现,我国第三产业发展对城市化的影响能力仅相当于世界平均水平的一半[3]。还有一些研究通过构建城市化与第三产业协调发展系统的评价模型,发现二者基本还处于较低水平的耦合阶段[4];城市化同服务业集聚的耦合互动虽然有逐步加强的时变特点,但整体耦合状况不佳,东部地区失衡现象更为明显,主要表现为服务业集聚发展不足[5]。城市化对服务业比重的影响在短期更为显著;长期则存在先升后降的拐点,城市化对服务业发展的影响强于服务业对城市化的影响[6]。进一步的研究表明,服务业和城市化之间的互促关系皆存在较明确的门槛效应[7],因而需

---

[1] 郭文杰:《服务业改革、城市化与经济发展——改革开放后中国数据的经验研究》,《当代经济科学》2006 年第 5 期。

[2] 中国经济增长与宏观稳定课题组:《城市化、产业效率与经济增长》,《经济研究》2009 年第 10 期。

[3] 李郇:《中国城市化之后的经济因素》,《地理研究》2005 年第 3 期。

[4] 王希琼:《城市化与第三产业互动发展的偏差检验与优化协调》,《经济纵横》2011 年第 16 期。

[5] 张勇、蒲勇健、陈立泰:《城镇化与服务业集聚——基于系统耦合互动的观点》,《中国工业经济》2013 年第 6 期。

[6] 王向:《城市化进程与服务业发展的动态互动关系研究——来自上海的经验(1949—2010)》,《上海经济研究》2013 年第 3 期。

[7] 孙久文、周玉龙:《中国产业发展与城镇化互动研究——基于面板门槛回归模型的视角》,《学习与实践》2014 年第 11 期。

要结合城市化的发展阶段确定各城市的产业发展重点。还有一些研究关注到了拉美城市化中存在的第三产业过度膨胀的问题,指出"传统第三产业化"和服务业就业"非正规化"使得人口在城市畸形集聚,应警惕低端服务业在城市的过度膨胀[①]。

第五节 研究展望

总体上看,新中国对于服务业空间规律的研究以"服务业在城市发展中的地位和空间布局"作为一以贯之的中心议题,虽以国外城市发展经验和规律借鉴为理论根源,却始终立足于中国城市和产业发展中的实际问题,积极参与城市现代化、土地制度改革和户籍制度改革等领域的伟大实践,在不同历史时期为我国的社会主义现代化建设做出了重要的贡献。而数据处理工具的进一步丰富、大数据可得性的显著提高及跨学科视野下理论的多元发展,必将引领该领域的研究不断走向深入。展望未来,理论界应立足于知识生产,尤其重视在"就事论事"的研究基础上进行问题的总结和升华,立足本土视角提炼理论问题,促进理论研究与实证研究的互动。在建立一个完整理论框架的基础上,使用定量和计量手段,从不同层次、不同时空范围、不同角度观察服务业地理格局、演进规律、影响因子及其空间效应,将成为研究主流。具体来讲,包括如下四个方面的内容。

一 建构服务业空间研究的理论框架

传统的服务业区位论,更多的是对制造业空间规律的复制和移植。未来应在理论上对服务业空间特征和属性进行清楚界定的基础

[①] 张惟英:《拉美过度城市化的教训与北京人口调控》,《人口研究》2006 年第 4 期。

上，结合经典的经济学理论、行为及组织结构理论、制度结构理论和空间组织理论，形成关于服务活动的地域性质、区位模式和驱动机制等的完整认识，为服务业区位研究提供系统的分析框架；与此同时，通过挖掘服务业区位选择中的经济因素、空间因素、信息因素、人文因素和制度因素并对各要素之间的相互作用机理进行系统研究，建立起适用于服务产业特性的区位因子分析系统。

二 深化对服务业空间规律的认识

加强对服务业的空间组织形式、空间组合形态、演化趋势、服务业等级规模结构等问题的研究；从产业发展的时间角度，透视服务业的集中、扩散、传递与贸易等空间过程，总结其变化规律，特别重视中国区别于西方的制度背景对服务业区位规律可能产生的影响。从区域发展的角度出发，将服务活动嵌入到所处的文化、制度和经济背景之中，探寻服务业的空间溢出效应、空间竞争关系和服务网络重构；尝试应用综合集成分析方法，探讨服务业的空间优化调控问题，科学指导和应用于我国的发展实践。从研究方法上看，应注意吸收地理学、人类学、信息科技、社会学和管理学等学科的研究技术，重视引入空间计量等经济学分析方法，并将产业组织的剖析融入其中，通过定量与定性、静态与动态的多层面研究，获得对服务业空间规律的立体化认识。在研究视角上，应更加注意时空过程和时空格局研究的并重，行业整体性研究与行业内、部门间异质性研究的并重。

三 在全球价值链视角下重新审视服务业的劳动地域分工

经济全球化和服务外包的发展使得服务业呈现大区域分散、小区域集聚的形式，这种服务链在各国和各地具有不同的结合形式，也形成了各种形式的服务产业空间。未来应强调从国际、国家、区域、城市和城市内部产业空间五个层面出发，审视不同尺度下服务主体行为的空间效应及其相互影响，形成对服务业空间规律完整而系统的认识；尤其注重研究不同国家地区服务业之间的空间联系。伴随着分工深化和价值网络的重构，迫切需要从产业—空间的二维视角出发，对全球价值链下服务价值创造体系的全球性空间布局进行解构，研究不同经济类型服务业的产业—空间结合，深入探寻服务价值链的空间组织、空间变迁和结构重组等问题；重新审视世界城市、全球化城市、中心城市崛起中服务业的作用。

四　深入挖掘服务企业的空间决策过程

囿于数据和分析技术的原因，已有文献更多的是以城市和区域作为研究对象，对于服务企业的空间决策研究十分罕见，这使得服务业空间规律的研究缺乏应有的微观基础。作为服务业空间区位的决策者，服务企业的空间行为、决策模式、组织形态、组织模式及其影响因素等微观领域的研究，在未来服务业空间研究中需要细化和深化。如何把微观层面服务企业的空间区位选择，归纳提升为中观层面的服务业的空间分布，将是未来服务业空间研究的难点和重点。

第 七 章

新中国生产性服务业研究

第一节 前言

生产性服务业是服务经济研究中一个较新的领域,近几十年来,备受关注。1966 年,美国著名经济学家 H. 格林菲尔德(H. Greenfield)在研究服务业及其分类时,提出了生产性服务业(Producer Services)的概念,但并未详细阐释其功能和外延①。1975 年,布朗宁(Browning)和辛格曼(Singelman)在对服务业进行功能性分类时,进一步明确了生产性服务业概念及其功能。从发展实践看,生产性服务在现代经济增长过程中扮演了极其重要的角色,不但成为了服务业增长的主导力量,也成为经济增长的主要源泉和劳动就业的新机会新领域。

从新中国成立以来的生产性服务业研究来看,国内学术界对生产性服务业的研究起步较晚。在 1978 年之前,由于对服务业整体缺乏研究,加上当时主流的经济思想认为服务部门整体上只是一个消耗部门,与生产相关的服务部门只是生产过程的辅助,其重要性相

---

① 生产性服务在国内亦有人直译为"生产者服务"。在本章中,视"生产者服务"与"生产性服务"两个概念没有差别。

对较低。因此，只有零星的文献关注了服务业对生产的支撑作用，但并没有形成生产性服务业的概念，更没有相关的理论体系。改革开放之后的1978—1985年，各种国外的新思潮涌入，生产性服务业在生产中的作用开始显现出来，开始有文献介绍国外的服务经济理论及服务经济发展的现状，部分比较敏锐的经济学家，关注了生产性服务业的内涵与外延，也关注了生产性服务业对社会生产的巨大促进作用。但是，这些零星的文献，并没有形成体系，也没有形成对生产性服务业的系统论述。从1985年开始，服务业（第三产业）的研究开始成为经济学研究的主流，相关文献虽有增加，但是直到2000年，关于生产性服务业的专门研究文献仍非常少，生产性服务业的研究主要是混合在第三产业的研究文献之中。自2000年之后，经济学家开始全面引入生产性服务业的概念，并根据中国社会经济发展的现实，应用生产性服务业的理论，对生产性服务业进行了深入研究。

第二节　生产性服务业研究的零星火花（1949—1978）

新中国成立之后，对产业经济的研究重点在于社会再生产理论有关两大部类关系和"农、轻、重"关系的研究，因此，截至1978年，我国经济学研究中没有出现专门研究生产性服务业的文献，只是在一些经济学的研究文献中，会提到生产性服务业的相关内容，特别是关于生产性服务业的部分行业对物质生产部门的促进作用。

这些研究主要讨论相关生产服务领域对物质生产的作用进行介绍或论述的相关研究成果。例如，岳巍（1956）[1]指出，货物运输、为生产服务的邮电业和商业是在执行着社会产品的流通和交换的职

---

[1] 岳巍：《国民收入计算方法论》，《经济研究》1956年第3期。

能时参加社会再生产过程，是物质生产部门。在这里，他首次提出了部分服务活动是为生产服务的概念。高翔（1958）[①]指出，改进商品流转有利于提升社会效率。1961年8月出版的《经济学动态》刊载了波兰的布·明兹撰写的《社会主义政治经济学问题》的提要[②]，在提要中，提到了"技术"对社会生产进步的作用与意义。另外，在我国的"一五""二五"等五年计划里，对交通运输业对生产的促进作用，也有部分描述。

从总体上看，在1978年之前，我国经济学界关于生产性服务业的研究基本处于零散状态，只有一些零星的思想，缺乏系统性的研究。

第三节　生产性服务业研究是吉光片羽（1978—1985）

自1978年开始，我国开始了改革开放的伟大进程。在改革开放的过程中，对国民经济各个产业发展的意义等开始有了更加深入的认识，从而开始认知到服务业的某些部门（如交通运输业）对国民经济加快发展具有重要意义，但直到1985年时，国家才开始正式将"第三产业"纳入国民经济统计之中，关于"第三产业"的概念与外延开始清晰。因此，对生产性服务业的研究，1978—1985年是一个很早期的阶段。这一阶段由于对国外的经济发展现状、经济研究文献等有了更多的关注，因此，开始引进了一些与生产性服务业相关的概念或研究内容。在这个阶段里，虽然没有建立起关于生产服

---

① 高翔：《大砍商品流转的多余环节是商业企业经营管理的革命》，《经济研究》1958年第6期。

② ［波兰］布·明兹：《〈社会主义政治经济学问题〉提要》，《经济学动态》1961年第15期。

务业的概念与理论体系，但很多学者开始意识到服务业对生产的促进与支撑作用，已经有关于生产性服务业的相关论述。这些论述涉及生产服务业的各个方面，很多研究的发现甚至非常具有超前性与理论深度。

一 生产性服务业的内涵与外延

如前所述，在这一阶段并没有明确提出"生产性服务业"的概念，但仍有较多研究者发现某些服行业不同于传统观念所认为的，仅仅只是一个消耗部门或者被动的生产辅助部门，而是一个对社会经济极其重要的部门。例如，顾宝孚（1980）[①]指出，随着生产的发展，很多服务部门从生产企业内部分化出来，形成了一种新型的部门。它不同于原来意义上的生产部门；不再是直接生产过程的组成部分，而是从直接生产过程中分离出来，是生产过程在流通领域中的继续。顾宝孚已经较早地意识到，随着社会分工的发展，很多生产企业内的服务部门将独立出来，形成一个新的生产服务部门。这实质上就是我们现在研究的生产性服务业从制造业中剥离出来的问题。在文献研究方面，这是我们能够看到的在中国大陆范围内最早研究制造业剥离生产性服务业的理论文章。

何小锋（1980）[②]则发现了另一个不同的现象，即制造服务化。他较早地看到了当时很多国外的制造企业服务化的现象，具体包括将生产过程中的服务领域向外部开放，以及从提供产品向提供服务转型的过程。而这个制造服务化的过程，使服务业的发展同生产的发展成正比，生产与服务在不断分工的同时，也在持续融合，也就是今天我们所研究的"产业融合"现象。

[①] 顾宝孚：《服务部门的独立化以及对再生产实现条件的修正》，《经济科学》1980 年第 6 期。

[②] 何小锋：《劳务价值论初探》，《经济研究》1980 年第 9 期。

经济结构调查研究组①（1980）指出，经济结构调整的视角，首次使用了"生产服务部门"的概念，在文中，将"适当地增加生产服务部门的投资，加快第三产业的发展"作为投资结构调整的一个重要内容②。但是，对"生产服务部门"的内涵与外延，并没有进行深入论述。这是在我国经济学研究文献中，较早提到的"生产服务"的文献。而沙吉才、孙长宁（1981）③则从服务劳动的视角，对生产相关的服务劳动与生活相关的服务劳动进行了区分。他们提出，服务劳动、物质生产和精神生产是社会三大生产领域。服务劳动可区分为作用于社会生产的服务劳动和作用于人们生活的服务劳动两大类。作用于社会生产的服务劳动又可分为作用于物质生产的服务劳动、作用于精神生产的服务劳动和作用于服务劳动本身（即服务劳动领域内部相互服务）的服务劳动。从这一分类看，他们对服务劳动的分类，已接近于我们公认的"生产性服务"与"生活性服务"分类。陶桓祥、金火（1981）④提出，服务业应包括以劳务为生产服务的行业，如广告业、设计业等。方民生（1982）⑤也从劳务分类的视角，明确了生产性劳务的具体外延，包括直接为生产的劳务（应用技术研究、计算中心、情报中心、通信服务）、间接为生产的劳务（科研、教育、保健）、纯粹为商品流通需要的劳务（商业、金融业、广告业）。他还观察到，随着生产社会化程度的不

---

① 1979年，国务院财政经济委员会组织了数百名经济理论与实际工作者开展了一次历时10个月的全国性经济结构调查研究工作，调查报告对经济结构问题进行了深入分析。

② 经济结构调查研究组：《关于改善我国经济结构的意见》，《经济管理》1980年第12期。

③ 沙吉才、孙长宁：《论社会主义的服务劳动》，《财贸经济》1981年第3期。

④ 陶桓祥、金火：《对建立服务经济学的初步意见》，《江汉论坛》1981年第6期。

⑤ 方民生：《论劳务在社会再生产过程中的作用》，《经济研究》1982年第5期。在他的论文里，从满足需要的视角，将劳务分为五类，其中前三类主要与生产相关，后两类主要与生活相关。

断加深，劳务对生产过程的补充作用就变得越来越重要。他还特别指出了以信息为主体的"情报工业"和以生产技术、管理咨询、组织技术等为主体的"业务服务"也在迅速增长。

到 1985 年，随着研究的深入，生产性服务业的概念基本形成。例如，李长洲、孙艾华（1985）[①] 明确提出，服务业的分类按服务对象分，即把服务业分为生产服务业和生活服务业两大类比较科学。

这些研究也开始影响到中央的决策。1985 年 4 月，赵紫阳在武汉市视察时提到了生产性服务业的相关概念。他指出："每个城市都要把发展第三产业，提高第三产业在国民经济中的比重，作为一个重要任务。第三产业不仅包括为生活服务的行业，也包括为生产服务的行业。一个国家的经济效益和效率，与第三产业发展的程度有极大的关系。如果真正把第三产业搞好，在现有的条件，我们的经济效益就会有很大的增长，人民的生活质量也会提高。"[②]

从整体上看，改革开放早期，由于对服务部门认识的提升，以及对国外服务业发展状况的观察，很多研究已经发现了生产性服务业与一般理解的生活服务业之间的区别，并在不少文献里，已经对这种区别进行了较深刻的描述，并最终发展出了"生产服务业"的概念，这个概念已接近今天我们所研究的"生产性服务业"。

二 生产性服务业对生产的促进作用

自新中国成立以来，主流的观点认为，服务部门是一个被动的部门，只能被动地响应社会需求，对生产本身并没有很大的促进作用。改革开放早期，部分学者通过对服务业各个部门的分类研究，特别是对国外服务业发展历程及现状的研究发现，有部分服务行业

[①] 李长洲、孙艾华：《关于建立中国社会主义服务经济学体系几个问题的探讨》，《财贸研究》1985 年第 4 期。

[②] 转引自张卓元《开展第三产业经济理论问题的研究——在全国第三产业经济理论讨论会上的开幕词》，《财贸经济》1985 年第 11 期。

对生产具有极大的促进作用，甚至是国民经济发展的支撑。

杨锡祚（1982）[①]注意到，在当时的发达资本主义国家中，第三产业主要服务于生产领域，对生产具有重要促进作用。他特别注意到信息产业对社会生产的重要作用。罗劲柏、何祚庥（1981）[②]也提到了信息对于现代社会生产的重要作用与意义。他们认为，信息构成现代社会生产和消费的三个基本要素之一（其余两个是物质和能量），因此，与信息相关的科学、教育等应构成国民经济的第三部类。方民生（1982）[③]同样认为，信息对现代化生产具有极其重要的意义。提供信息的劳务，同直接生产过程中的劳动一样，构成物质生产内部的"血液循环系统"。陶桓祥（1982）[④]进一步指出，在现代化生产的情况下，生产社会化程度不断加深，各类劳务流通的作用不断增加，劳务流通技术的进步以及信息情报的及时性和准确性，能够极大地提升生产效率。因此，生产社会化、现代化程度越高，社会生产对于服务业的依赖性也越大，要求也越高。人们的生活需要劳务，为人们提供物质资料的生产过程也同样需要劳务来补充，而且生产越是社会化，劳务作为生产过程的补充作用就越来越显得重要。赵椿荣（1984）[⑤]以上海为例，说明了生产性服务业发展不充分，将限制第二产业的发展。白仲尧（1985）[⑥]提出，服务业为国民经济各个部门提供各种服务，有利于各个部门相互结合，有利于社

---

① 杨锡祚：《浅论马克思的生产劳动理论体系——兼评生产劳动问题讨论中的某些观点》，《社会科学辑刊》1982年第12期。

② 罗劲柏、何祚庥：《论三大部类的划分及其对现代化经济发展的预测的意义》，《未来与发展》1981年第2期。

③ 方民生：《论劳务在社会再生产过程中的作用》，《经济研究》1982年第5期。

④ 陶桓祥：《尽快建立服务经济学》，《财贸经济》1982年第4期。

⑤ 赵椿荣：《关于发展上海第三产业的几个问题》，《财经研究》1984年第6期。

⑥ 白仲尧：《第三产业的地位和作用》，《商业经济研究》1985年第2期。

会经济分工和专业化的发展，从而促进经济结构合理化和国民经济良性循环。服务业的发展，能够节约社会劳动，提高社会的经济效益。张艺（1985）[①]则认为，在新技术革命下，生产从集中化向分散化发展。分散化生产的首要条件是现代化通信网络的建设，其次是交通运输体系的完备，最后是整体社会服务的进展。发展第三产业有利于推进传统产业的改造、有利于推进新技术革命。他特别提到了信息产业发展对国民经济进步的基础性作用。

随着社会经济发展以及对第三产业研究的深入，对生产性服务业促进经济发展已达成基本共识。1985年1月7—9日，由中国经济体制改革研究所和北京市玉龙经济技术发展总公司组织召开了"发展第三产业理论和实践讨论会"。与会的专家学者认为，第三产业绝不仅仅具有传统的服务功能，而是已经积极地参与第一、第二产业的生产过程，强有力地支持和推动第一、第二产业的发展。因此，第三产业表现为推动社会发展的巨大力量，是第一、第二产业发展的重要制约条件，而最终表现为阻碍或推动社会进步的重要因素。

第四节　生产性服务业研究逐渐被重视（1985—2000）

1986年4月，六届四次人大通过的《中华人民共和国国民经济和社会发展第七个五年计划》提出，第三产业发展是经济结构调整的一个重要方面，要"大力发展为生产和生活服务的第三产业，特别是要大力开展咨询服务，积极发展金融，保险，信息等事业"，第三产业（服务业）相关研究开始进入主流，相关文献开始出现爆发

---

① 张艺：《第三产业与经济发展的战略和策略》，《求是学刊》1985年第4期。

式增长。1984年，以第三产业为题目的文献只有25篇，1985年达到274篇，1986年有152篇。1985年主要是国务院批准建立第三产业统计制度，第三产业成为国民经济的一个组成部分，从而相关文献暴增。而从1986年开始，关于第三产业发展战略及功能、作用等相关文献开始增加，但是，这些研究都是从服务业作为一个整体研究的视角进行，关于生产性服务业的研究主要融入这些研究第三产业整体发展战略的文献之中，只有极少数文献专门研究了生产性服务业，但基本都是介绍性的。对于生产性服务业概念、理论等的系统性研究，主要出现在2000年之后。

一 对服务业生产功能的研究

第三产业（服务业）的概念引入国民经济核算之中后，很多研究者开始关注到服务业的生产功能。国务院发展研究中心第三产业专题组（1986）[①] 从我国服务业发展中所存在的问题出发，指出"直接为生产部门服务的交通运输、邮电通信等部门严重落后"，损害了国民经济的总体效益；"商业流通、信息咨询、金融保险业发展不足，严重阻碍生产专业化与社会化进程"。而服务业发展过程中的主要问题是社会化不足，即"企业自我服务体系"的存在。袁培树（1986）[②] 也指出，社会上对第三产业功能的认知普遍存在误区，忽视了服务业对社会生产有调节和组织功能、对社会分工有促进功能。因此，第三产业可从为人们生活服务的第三产业、为生产服务的第三产业、为组织和协调产业之间的关系、为调节国民经济运行服务的第三产业等视角理解，同时，他看到了企业服务内置的问题。1987年，中国经团联和广东省社科院等十几个单位联合在广州召开

---

① 国务院发展研究中心第三产业专题组：《加速我国第三产业协调发展的对策研究》，《经济研究》1986年第12期。

② 袁培树：《经济成长新阶段与第三产业发展战略》，《经济研究》1986年第1期。

第二次"全国第三产业理论讨论会",在会上,有专家提出,第三产业不仅为第一、二产业的发展提供条件,而且促进、带动它们向更高级发展。从某种意义上讲,第三产业可以决定第一、二产业的发展。还有专家提出,第三产业和第一、二产业之间的关系不是单纯的"基础"与"非基础"关系,而是一种更为深刻的关系①。吴春波(1988)②提出,第三产业既可服务于消费领域,也可服务于生产领域。"经济服务化"主要是为生产领域服务的部门扩张,这包括纵向扩展(新的服务部门产生)和横向深化(一二产内部的服务部门扩大,以及这些部门的独立)。

徐芦、赵德昆、杨书兵(1993)③从专业分工和生产社会化视角分析了第三产业对工农业生产的支撑作用,他们指出,发展第三产业能"推动整个生产领域专业化分工协作和生产社会化进程,促使技术进步,最终使第一、二产业得到迅速发展"。倪小庭(1992)④提出,正是第三产业的发展不足,对第一、二产业的快速发展形成了制约。

1992年11月,时任国务院总理李鹏在全国加快第三产业发展工作会议结束时的讲话中指出⑤,"只有加快第三产业的发展,才能促进各类市场的发育和发展,为企业转换经营机制、成为市场竞争主体创造必要的条件"。"要使交通运输、邮电通信、科技教育等具有全局性、先导性、基础性的行业有更快的发展。"

---

① 金建:《全国第三产业理论第二次讨论会观点综述》,《探索与争鸣》1987年第3期。
② 吴春波:《论第三产业的特征、功能和发展规律》,《中国人民大学学报》1988年第2期。
③ 徐芦、赵德昆、杨书兵:《第三产业:改革开放与发展的统一选择》,《改革》1993年第2期。
④ 倪小庭:《对加快发展我国第三产业的思考》,《管理世界》1992年第3期。
⑤ 《李鹏总理在全国加快第三产业发展工作会议结束时的讲话》,《中国计划管理》1992年第12期。

"为商品经济服务的一些行业,特别是金融、信息、会计、审计、法律和咨询等行业处于落后状态,在一定程度上制约了我国经济的发展。这也是我国经济投入多、消耗大、效益差的一个重要原因。"这从中央工作层面以及理论层面,就生产性服务业对经济发展的促进作用,进行了肯定,这使关于生产性服务业的相关研究内容有了政策依据。

二 生产性服务业基本理论的传播和阐释

从整体上看,对生产性服务业的概念与基本理论研究方面,在2000年之前,仍属于比较薄弱的环节。在1985—2000年间,研究者提出很多相关的概念,如生产性劳务、生产服务业、生产性第三产业、生产性服务、生产者服务等。从整体上看,这些概念的内涵与外延接近生产性服务业,但又有着一定的区别。这体现了生产性服务业概念在普遍进入人们视野过程中,所存在的一些争议和讨论。熊映梧(1987)[①]提出,可以将服务业分为初级产业,主要是为生活服务的行业;中级产业,主要是提供能源、交通以及其他基础设施的行业;高级产业,主要是信息、咨询、金融等行业。从他的分类来看,中级产业与高级产业,基本都属于生产性服务业。贾英勋(1989)[②]虽然没有提出生产性服务业的概念,但是,他提出了一个与之相近的概念,即"生产性劳务"。他通过对劳务进行分类,将其分为生产性劳务与消费性劳务,而前者的概念,已接近于我们今天研究的"生产性服务业"[③]。在我们所查阅的文献范围内,第一次使用"生产服务业"(从内容看,这个生产服务业就是我们今天的生产服务业)为题的论文是一篇介绍美国生产服务业的论文[④],发表于1991年。该

[①] 熊映梧:《第三产业与生产力现代化》,《学术交流》1987年第1期。
[②] 贾英勋:《试论生产性劳务》,《长白学刊》1989年第1期。
[③] 但是,该作者认为,生产性劳务会不断扩展,满足人们文化生活需要的劳务,也属于生产性劳务,这里将消费性服务业与生产性服务业又进行了混淆。
[④] 怀行:《美国生产服务业迅速兴起》,《中国劳动》1991年第6期。

文认为,生产服务业进行的活动通常被归类为一般公司、企业的管理、服务工作。这是从服务对象来划分,并介绍了生产服务业的外延①。但是,这个概念无论是内涵还是外延,都存在着有待于进一步完善的地方。同时,孙尚清、马建堂(1991)②在讨论第三产业内部结构合理化时,将第三产业分为生产性第三产业、生活性第三产业、中介性第三产业、发展性第三产业。他们划分的四类中,将生产性第三产业与中介性第三产业合并,大概相当于"生产性服务业"。但他们将旅游业放到生产性第三产业。第一篇以"生产性服务"为题的论文发表于1993年③。该篇论文对生产性服务下了一个简短的定义,即,那些为商品或其他服务生产过程的投入而发挥作用的服务。生产性服务是第三产业的一个重要部分。同时,作者还认为,生产性服务是由内容各异的许多专业服务业构成的。

在我国生产性服务业研究历史上,1993年出版的译著《服务业的增长:原因与影响》④具有里程碑意义。该书中系统介绍了"生产者服务"的理论框架,并指出,生产者服务部门的重要作用是将日益专业化的人力资本与知识资本引进商品生产部门,因此,生产者服务是经济增长的重要动力。这些思想,到今天仍是生产性服务的重要精髓。但是,该书在出版之后的几年中,并没有引起研究者的足够重视,在整个20世纪90年代,该书仅被引用了两次。

之后,还有一些文献陆陆续续提到了生产性服务业的概念,如

---

① 包括:(1)工程、建筑和法律服务;(2)管理和商业的咨询服务;(3)广告;(4)计算机与数据处理服务;(5)人员的供应服务;(6)对建筑物的各种服务;(7)研究、开发的实验工作;(8)保护与侦探服务。

② 孙尚清、马建堂:《产业结构:80年代的问题与90年代的调整》,《管理世界》1991年第2期。

③ 于维香:《我国生产性服务的现状及发展方向》,《国际贸易》1993年第12期。

④ [加]赫伯特·G. 格鲁伯、迈克尔·A. 沃克:《服务业的增长:原因与影响》,陈彪如译,上海三联书店1993年版。

于刃刚（1997）[①]、侯学钢、宁越敏（1998）[②] 等。姚为群（1999）[③] 则是一篇较为系统介绍生产性服务业的概念、作用等各个方面基本内容的文献。该论文对生产性服务业作出了定义（即"指在那些作为商品或其他服务生产过程的投入而发挥作用的服务"），而且，他还进一步指出，服务业发展的原动力来自生产性服务。他还分析了生产性服务业增长的原因，即"服务生产的外在化"。因此，他认为，生产性服务在经济结构转型中能够发挥更大的作用，以推动从工业经济向服务经济的转型。从整体上看，这篇论文对生产性服务业各个方面的理论问题均有所涉及，只是限于当时对生产性服务业研究的整体氛围仍未能形成，故该文对这些问题均未能深入研究。

从整体上看，在2000年之前，对生产性服务业各个方面的研究均处于起步阶段，很多研究只是一些思想的火花，还有一些研究只是涉及生产性服务业的功能，或者简单地提出了生产性服务业的概念，对其外延、发展规律、促进国民经济发展的作用机制、发展趋势等基本问题，均未能深入，也没有形成系统性的生产性服务业理论。

第五节　生产性服务业研究日渐深入（2000年至今）

进入2000年之后，关于生产性服务业的研究论文出现了爆发式

[①] 于刃刚：《三次产业分类与产业融合趋势》，《经济研究参考》1997年第25期。文中提到，现在国外有的学者把服务行业按其不同部门的不同特点分为生产性服务与消费性服务。所谓生产性服务就是指直接与生产过程相关的各种服务。

[②] 侯学钢、宁越敏：《生产服务业的发展与办公楼分布相关研究的动态分析》，《国际城市规划》1998年第3期。文中提到，生产服务业作为第三产业中的"生力军"，在当今发达国家和发展中国家的产业比重和潜力表现日趋重要。

[③] 姚为群：《生产性服务——服务经济形成与服务贸易发展的原动力》，《世界经济研究》1999年第3期。

增长。通过这些研究，完善了生产性服务业的概念内涵和外延，建立了生产性服务业理论的体系，重点对生产性服务业与制造业之间的双向互动、生产性服务业与经济增长之间的双向互动、生产性服务业的集聚发展等方面的问题进行了研究，形成了较为完备的生产性服务业理论框架，并使生产性服务业的概念及理论落实到各级政府的政策文件之中。

一 生产性服务业内涵与外延的新视角

与 2000 年之前的对生产性服务业的零星研究不同的是，在这之后，学者对生产性服务业的概念的系统性研究，始于对西方生产性服务理论的系统化介绍，甄峰等（2001）[①] 是对西方生产性服务业研究进行了一个较为详细的综述，对生产性服务业概念的普及起到了很好的作用。李江帆等（2004）[②] 对生产性服务业的概念从产业视角与投入产出视角进行了综述，这个分类方法，对之后的研究有较大的影响。在此之后，生产性服务业的外延方面，基本都是沿着产业视角[③]与投入产出视角展开。高春亮（2005）[④] 在对国内外文献进行总结的基础之上，提出了生产性服务业的特点：知识密集、空

[①] 甄峰、顾朝林、矢传耿：《西方生产性服务业研究述评》，《南京大学学报（哲学·人文科学·社会科学）》2001 年第 3 期。

[②] 李江帆、毕斗斗：《国外生产服务业研究述评》，《外国经济与管理》2004 年第 11 期。

[③] 从国外的研究来看，早期关于生产性服务业外延的研究大都基于产业视角。例如，Katouzian（1970）将服务业分为三类，即新服务业（new service），包括对人均收入与闲暇时间特别敏感的服务活动；互补性服务业（complementary），包括与城市化与工业化紧密相连的服务活动；老服务业（old service），包括家政服务等。这里的互补性服务业（complementary）与生产性服务业极为相似。而 Singer（1971）亦提出过生产服务业（production service）的概念。Machlup（1962）提出过专门供给各种专业知识的服务业。

[④] 高春亮：《文献综述：生产者服务业概念、特征与区位》，《上海经济研究》2005 年第 11 期。

间可分、集聚经济。

程大中对我国生产性服务业的研究做出了十分重要的贡献。他于2006年出版了国内第一本生产性服务业方面专著《生产者服务论：兼论中国服务业发展与开放》[1]，系统论述了生产性服务业的概念、理论模型、生产性服务业与经济增长、生产性服务业的开放等诸方面的问题，为生产性服务业研究的进一步兴盛，提供了更多的视角。之后，他从投入产出的视角，对生产性服务业的具体外延进行了研究[2]，这是国内较早使用定量方法对生产性服务业的外延分类进行研究的论文。之后，李善同、高传胜（2007）[3]，尚于力、申玉铭、邱灵（2008）[4] 等也使用投入产出法研究了生产性服务业。还有一些研究关注到了国际比较。程大中（2008）[5] 认为，相对OECD经济体而言，我国经济中服务投入较少，而且大部分投入第二产业之中，而其他国家经济中服务投入比重高，大部分生产性服务都是投入服务业自身中。李江帆、朱胜勇（2008）[6] 研究了"金砖四国"生产性服务业的不同特征，他们发现，从生产性服务业的投入要素看，我国劳动密集型生产性服务业的比重较大，知识密集型生产性服务业的比重较小，且生产性服务业的需求主要来自第二产业。值

---

[1] 程大中：《生产者服务论：兼论中国服务业发展与开放》，文汇出版社2006年版。

[2] 程大中：《中国生产者服务业的增长、结构变化及其影响——基于投入—产出法的分析》，《财贸经济》2006年第10期。

[3] 李善同、高传胜：《中国生产性服务业：内容、发展水平与内部结构——基于中国1987—2002年投入产出表的分析》，《现代经济探讨》2007年第8期。他们使用了"中间使用率""非居民最终消费比率"两个指标来界定生产性服务业。

[4] 尚于力、申玉铭、邱灵：《我国生产性服务业的界定及其行业分类初探》，《首都师范大学学报（自然科学版）》2008年第3期。他们使用了"中间需求率"指标来界定生产性服务业。

[5] 程大中：《中国生产性服务业的水平、结构及影响——基于投入—产出法的国际比较研究》，《经济研究》2008年第1期。

[6] 李江帆、朱胜勇：《"金砖四国"生产性服务业的水平、结构与影响——基于投入产出法的国际比较研究》，《上海经济研究》2008年第9期。

得注意的是，由于使用判断指标、数据颗粒度等方面的差异，使用投入产出法研究生产性服务业的外延分类时，各研究者得出的结论并不一致。

还有一些学者在研究生产性服务业过程中，发现生产性服务业的内部各个行业拥有不同的特征，因此，提出了"高端服务业"的概念。陈艳莹、原毅军、袁鹏（2011）[①] 对高端服务业的概念与内涵作了较为系统的论述。他们认为，高端服务业在投入方面有知识密集和人力资本密集、高度依赖新技术和创新的特征，在需求方面有需求对象为知识密集型制造业和高端服务业、需求的国际化程度高的特征，并具有高成长性、高产业带动力等方面的特征。李勇坚、夏杰长（2012）[②] 则从高端服务业的功能方面进行了研究，他们认为，高端服务业是对战略性资源具有非常强的控制能力的相关服务业，对维护国家经济安全具有重要作用。宣烨、余泳泽（2014）[③] 按照人均产值和研发强度指标，研究了高端服务业的外延。

基于学者们的研究，生产性服务业开始进入国家政策视野。国家"十一五"规划纲要中列出专门章节，提出加快发展生产性服务业[④]，规划认为，生产性服务业是"主要面向生产者的服务业"，其外延分类包括：交通运输业、现代物流业、金融服务业、信息服务业和商务服务业。国家《"十二五"规划纲要》中，将金融、物流、高技术服务业、商务服务作为生产性服务业发展的重点。而首个全国性的服务业规划，即《服务业发展"十二五"规划》中，将生产

[①] 陈艳莹、原毅军、袁鹏：《中国高端服务业的内涵、特征与界定》，《大连理工大学学报（社会科学版）》2011年第3期。

[②] 李勇坚、夏杰长：《高端服务业：维护和促进国家经济安全的战略产业》，《国际贸易》2012年第6期。

[③] 宣烨、余泳泽：《生产性服务业层级分工对制造业效率提升的影响——基于长三角地区38城市的经验分析》，《产业经济研究》2014年第3期。

[④] 参见《国民经济和社会发展第十一个五年规划纲要》第十六章"拓展生产性服务业"。

性服务业的重点列为：（1）金融服务业（2）交通运输业（3）现代物流业（4）高技术服务业（5）设计咨询（6）科技服务业（7）商务服务业（8）电子商务（9）工程咨询服务业（10）人力资源服务业（11）节能环保服务业（12）新型业态和新兴产业。《国务院关于加快发展生产性服务业促进产业结构调整升级的指导意见》（国发〔2014〕26号）提出的生产性服务业发展重点包括：研发设计、第三方物流、融资租赁、信息技术服务、节能环保服务、检验检测认证、电子商务、商务咨询、服务外包、售后服务、人力资源服务和品牌建设。2015年发布了《国家统计局　国家发展和改革委员会关于印发〈生产性服务业分类（2015）〉的通知》（国统字〔2015〕41号），对生产性服务业的统计分类标准进行了明确，具体指出，生产性服务是"为生产活动提供的研发设计与其他技术服务、货物运输仓储和邮政快递服务、信息服务、金融服务、节能与环保服务、生产性租赁服务、商务服务、人力资源管理与培训服务、批发经纪代理服务、生产性支持服务"。具体而言，《生产性服务业分类（2015）》采用线分类法和分层次编码方法，将生产性服务业划分为三层，分别用阿拉伯数字编码表示。第一层为大类，用2位数字表示，共有10个大类；第二层为中类，用3位数字表示，共有34个中类；第三层为小类，用4位数字表示，共有135个小类。2019年，国家统计局根据新的国民经济分类（即《国民经济行业分类》（GB/T 4754—2017）），重新发布了《生产性服务业统计分类（2019）》，按照此分类，生产性服务业包括大类共有10个，与原分类保持一致；中类共有35个，比原分类增加1个；小类共有171个，比原分类增加36个。至此，我国关于生产性服务业外延的研究从理论开始，再进一步运用到国家政策，最后形成统计体系，对研究工作也形成了数据支撑，并为国家的相关政策决策提供量化的依据。

二　生产性服务业与制造业的双向促进

在我国，生产性服务业的一个重要特点是主要投入制造业中，对制造业的效率提升具有较大的促进作用①。而另一方面，制造业的转型升级，也对生产性服务业产生了新的需求，从而促进了生产性服务业的发展。在生产性服务业研究过程中，很多研究者关注到了生产性服务这一与生活性服务业有着显著区别的特征，并对此进行了较为深入的研究。

生产性服务业对制造业发展有着极大的促进作用。郑吉昌、夏晴（2004）②也较早地关注到制造业与生产性服务业之间的高度相关、双向互动，制造业的发展需要生产性服务业的支撑。吕政、刘勇、王钦（2006）对生产性服务业与制造业的双向互动关系进行了较为系统的研究。他们指出，制造业对价值链进行分解的趋势使生产性服务业日益独立化与专业化，企业对生产性服务业的需求越来越大，"生产性服务业的发展本身就是内部化——外部化活动特征变迁的过程"。而在另一方面，在新技术的推动下，制造业服务化的趋势日益明显。而顾乃华、毕斗斗、任旺兵（2006a，2006b）③对生产性服务业与制造业互动发展进行了文献梳理与实证研究，他们对生产性服务业与制造业关系的"需求遵从论""供给主导论""互动论"和"融合论"等观点进行了详细的述评④，并进行了相关的实证研究。他们的研究结果表明，不同的地区以及生产性服务业的不

---

① 程大中：《中国生产性服务业的水平、结构及影响——基于投入—产出法的国际比较研究》，《经济研究》2008 年第 1 期。

② 郑吉昌、夏晴：《现代服务业与制造业竞争力关系研究》，《财贸经济》2004 年第 9 期。

③ 顾乃华、毕斗斗、任旺兵：《生产性服务业与制造业互动发展：文献综述》，《经济学家》2006 年第 6 期。以及顾乃华、毕斗斗、任旺兵：《中国转型期生产性服务业发展与制造业竞争力关系研究——基于面板数据的实证分析》，《中国工业经济》2006 年第 9 期。

④ 也有研究者认为，生产性服务业与制造业的关系，经历了"需求依附"阶段、"相互支撑"阶段和"发展引领"阶段。宣烨、胡曦：《生产性服务业与制造业的关系可以分为生产性服务业与制造业关系的演变：从"需求依附"走向"发展引领"》，《南京财经大学学报》2018 年第 6 期。

同行业，对制造业发展的促进作用是不相同的，这说明不同的经济发展阶段及不同的生产性服务行业对制造业与生产性服务业之间的互动关系都有着影响。霍景东、夏杰长（2007）[①] 进一步从制造业服务化的视角，对生产性服务业与制造业的双向互动进行了深入研究。他们指出，制造业服务化包括两方面的内容，一是生产性服务是制造业的重要投入，二是制造业的产出中有很大比重是服务。交易成本理论能够较好地解释制造业服务化过程。江静、刘志彪、于明超（2007）[②] 认为，生产性服务是制造业的高级要素投入，是制造业效率提高的源泉。通过对行业的分析可以看出，生产性服务业整体对制造业效率提升具有明显的正向作用，但是生产性服务业的各个子行业的作用效果并不一样。交通运输仓储和邮电通信业对劳动密集型行业影响最为明显；资本密集型行业的效率提升在很大程度上受金融保险业发展的影响；科学研究对制造业的影响具有滞后性，它与当年制造业的效率呈负相关，但可以提升次年制造业的竞争力，并且对技术密集型行业的影响最大。这与其他研究结果有相似之处。原毅军、郭然（2018）[③] 从技术创新的视角，讨论了生产性服务业对制造业的影响。他们认为，生产性服务业集聚对技术创新有促进作用，其中生产性服务行业中的批发和零售业、金融业的集聚促进作用最为显著。生产性服务业通过技术创新，推动了制造业的发展。

而另一些研究则关注了制造业对生产性服务业发展的推动作用，但这个问题的研究并没有取得一致的答案。陈宪、黄建锋（2004）[④]

[①] 霍景东、夏杰长：《现代服务业研究开发竞争力的国际比较》，《中国软科学》2017年第10期。

[②] 江静、刘志彪、于明超：《生产者服务业发展与制造业效率提升：基于地区和行业面板数据的经验分析》，《世界经济》2007年第8期。

[③] 原毅军、郭然：《生产性服务业集聚、制造业集聚与技术创新——基于省级面板数据的实证研究》，《经济学家》2018年第5期。

[④] 陈宪、黄建锋：《分工、互动与融合：服务业与制造业关系演进的实证研究》，《中国软科学》2004年第10期。

较早关注到生产性服务业与制造业之间的互动关系。他们指出，生产性服务业与制造业之间的关系，已从早期的分工，发展到当前的互动与融合。制造业的良性发展离不开生产性服务业的支撑，而生产性服务业的快速增长，也离不开制造业的需求支撑。制造业对服务业的中间需求占到整个服务业中间使用的45%。而在信息技术发展的背景下，制造业与生产性服务业之间又出现了一定程度的融合。梁晶晶、黄繁华（2007）[①]从制造业发展对生产性服务业的促进作用视角进行了实证研究，他们使用投入产出表的数据发现，生产性服务业产出的增长，有四分之一是由制造业部门来推动的。但是，张月友（2014）[②]认为，在中国工业化的早期，制造业对生产性服务业发展所起的作用并没有人们所想象的那么大。这是因为中国式工业化是建立在世界发达国家高级生产性服务业高度发展和制造业生产的非一体化基础之上。这对国内生产性服务业具有阻碍作用。当然，这种情况在近年来有所缓解。倪红福、夏杰长（2015）[③]对这个问题进行了更为细致的研究，他们的研究结果表明，制造业对生产性服务业的需求取决于很多因素，其中区域人均GDP与行业特征有着很重要的作用，总体而言，制造业对服务的直接消耗和完全消耗系数与人均GDP的关系因行业不同而不同，呈现出正相关性（如租赁和商务服务业、科学技术研究业）、负相关性（公共服务业）、U型（如金融业、信息传输、计算机服务业和软件业）、保持不变性或稳定性（如交通运输、仓储业及邮政业，住宿餐饮业）、不确定性。宣烨（2019）[④]则认为，制造业与

[①] 梁晶晶、黄繁华：《制造业对生产性服务业产出增长的作用效果——基于中国投入产出表的实证分析》，《上海财经大学学报》2007年第5期。

[②] 张月友：《中国的"产业互促悖论"——基于国内关联与总关联分离视角》，《中国工业经济》2014年第10期。

[③] 倪红福、夏杰长：《区域生产性服务业发展水平、结构及其与制造业关系研究——基于中国省级投入产出表的分析》，《山东财经大学学报》2015年第1期。

[④] 宣烨：《要素价格扭曲、制造业产能过剩与生产性服务业发展滞后》，《经济学动态》2019年第3期。

服务业之间的要素价格扭曲,造成了制造业低水平过剩,从而抑制了对高端服务业的需求,出现"需求抑制效应"和"融合断裂效应",而产能过剩使制造业对生产性服务业的拉动作用不能体现出来。

制造业转型升级是近几年产业经济的一个重要主题。很多研究关注了生产性服务业对制造业升级的作用。汪德华、江静、夏杰长（2010）[①] 发现,制造业内部服务环节的剥离降低了企业的装置成本并有助于形成企业核心竞争力；社会化的专业分工有助于形成规模经济,提高效率。而制造业升级过程中,生产性服务业所内含的技术、知识和人力资本,发挥着越来越大的作用。宣烨（2012）[②] 则认为,生产性服务业集聚发展对制造业效率提升具有重要作用。这是因为生产性服务业的集聚,降低了交易成本,提高了专业化水平。夏杰长、姚战琪、李勇坚（2014）[③] 对生产性服务业推动产业升级的理论与实践作了一个系统的论述。研究指出,从国际经验看,但凡进入工业化中后期加速发展阶段的国家和地区,特别强调生产性服务业对制造业转型升级的特殊作用。因此,要走现代制造业和生产性服务业"双轮驱动"的道路,强化生产性服务业对制造业的渗透与支撑,特别要推动制造业从"生产型制造"向"服务型制造"转变,打造一批生产性服务业集聚区或功能园区。刘奕、夏杰长、李垚（2017）[④] 从服务业空间集聚的视角研究了推动中国制造业由生产型制造向服务型制造转型的路径。生产性服务业集聚将通过改变

[①] 汪德华、江静、夏杰长：《生产性服务业与制造业融合对制造业升级的影响——基于北京市与长三角地区的比较分析》,《首都经济贸易大学学报》2010 年第 2 期。

[②] 宣烨：《生产性服务业空间集聚与制造业效率提升——基于空间外溢效应的实证研究》,《财贸经济》2012 年第 4 期。

[③] 夏杰长、姚战琪、李勇坚主编：《中国服务业发展报告 2014——以生产性服务业推动产业升级》,经济管理出版社 2014 年版。

[④] 刘奕、夏杰长、李垚：《生产性服务业集聚与制造业升级》,《中国工业经济》2017 年第 7 期。

成本剩余和收益剩余直接影响制造业升级。社会创新体系、综合交易成本、需求规模通过生产性服务业集聚间接作用于制造业升级，要素禀赋与政策环境也会对制造业升级产生正向的直接影响。

从整体来看，生产性服务业对制造业的双向促进作用，当前的研究重点是研究生产性服务业与制造业双向集聚（详见下文的相关讨论）。然而，关于双向集聚的机制等各个方面的问题，仍有待于进一步的研究。

三　生产性服务业与经济增长的关系

生产性服务业在经济体系中发挥着越来越大的功能，也正在成为经济增长的主要动力[1]。很多研究者观察到了这一事实，并提出了很多理论解释。刘志彪（2001）[2] 较早地发现生产性服务业对现代经济增长的主导作用。他根据赫伯特·G. 格鲁伯、迈克尔·A. 沃克（1993）的观点[3]，认为生产性服务业的一个重要功能是将人力资本和知识资本源源不断地引入社会生产过程中，从而推动社会生

---

[1] Riddle（1986）指出，服务业在经济发展中并不是一个被动的角色，从经济史的角度来看，商业革命是工业的前奏与先驱。而服务业的创新成为工业革命的支撑。例如，职业研究活动的出现，教育系统的改进，运输方式的改善，金融创新的出现，为工业革命提供了良好的基础。因此，Riddle 提出，服务业份额的上升不是经济增长的结果，而是经济增长的原因。因此他得出了这样的结论："服务业是促进其他部门增长的过程产业。服务业是经济的黏合剂，是便于一切经济交易的产业，是刺激商品生产的推动力。" 参见：Riddle, Dorothy I., 1986, *Service - Led Growth - the Role of the Service Sector*, Praeger。

[2] 刘志彪：《论以生产性服务业为主导的现代经济增长》，《中国经济问题》2001 年第 1 期。

[3] 例如，Francois（1990）指出，生产性服务是实现经济增长的最重要动力。在复杂的现代经济中，生产性服务具有重要意义，生产性服务的成本与可获得性将成为专业化所带来的递增报酬的限制条件。规模报酬的实现与经济发展的步伐均取决于生产性服务的发展步伐。而沃克和格鲁伯（1993）认为，生产者服务的核心功能在于：（1）积累人力资本和知识资本，（2）深化生产的迂回过程，（3）将人力资本和知识资本引入生产过程。

产快速发展，生产性服务也因此而成为现代经济增长的基本动力来源。华而诚（2001）同样指出，中国经济国际竞争力的提升，与服务业发展具有很大的关系。服务业对于开拓国内市场、创造内需、提升国际市场具有重要意义，更能提升制造业的效率，从而对国民经济发展发挥战略性地位。钟韵、阎小培（2003）[1] 以定量的方法研究了生产性服务业与经济发展的关系，1994—1999 年间，生产性服务业（他们使用了狭义的生产性服务业定义，包括金融保险业、房地产业、信息咨询业、计算机应用服务业、科研综合技术服务业）从业人数与人均 GDP 以及 GDP 增长率之间具有高度相关性。程大中（2010）[2] 从一般均衡关系视角，发现提高服务业劳动生产率、增加就业对经济增长具有促进作用，在服务业各个部门中，与人力资源相关的部门对生产促进具有明显的正向效果。李筱乐（2014）[3] 认为，生产性服务业对经济增长的作用发挥取决于政府规模。生产性服务业发展与经济增长呈非线性关系。政府规模较低时，生产性服务业发展对经济增长的促进作用较为明显；但当政府规模跨越较高门限值时，生产性服务业发展对经济增长的促进作用减弱。因此，单纯认为生产性服务业有利于经济增长的观点有待于进一步深化。于斌斌（2016）[4] 则研究了生产性服务业集聚模式与经济增长的关系，他的研究结果表明，不同的生产性服务业集聚模式在不同的区域发挥着不同的作用，低端生产性服务业集聚的中小城市选择专业

---

[1] 钟韵、阎小培：《我国生产性服务业与经济发展关系研究》，《人文地理》2003 年第 5 期。

[2] 程大中：《中国服务业与经济增长：一般均衡模型及其经验研究》，《世界经济》2010 年第 10 期。

[3] 李筱乐：《政府规模、生产性服务业与经济增长——基于我国 206 个城市的面板数据分析》，《国际贸易问题》2014 年第 5 期。

[4] 于斌斌：《中国城市生产性服务业集聚模式选择的经济增长效应——基于行业、地区与城镇规模异质性的空间杜宾模型分析》，《经济理论与经济管理》2016 年第 1 期。

化集聚模式可以促进经济增长，而高端生产性服务业集聚的大城市和特大城市更适合选择多样化集聚模式。生产性服务业的多样化集聚模式在全国层面和区域层面（东部、中部、西部）都能够推动经济增长，而生产性服务业专业化集聚对中部地区的经济增长也存在显著的正向影响，这得益于生产性服务业专业化集聚对经济增长的空间溢出效应。

生产性服务业通过促进产业升级等途径，还能促进经济增长方式的转变，提高经济增长的质量。李子叶、韩先锋、冯根福（2015）[①]认为，生产性服务业集聚发展对转变经济增长方式的作用并不是线性的，从全国的数据来看，呈现出存在"U"形的正向非线性关系。在各地区，这种作用都存在着一个门槛，而且这个门槛值随地区不同而不同。李平、付一夫、张艳芳（2017）[②]认为，近年来，生产性服务业TFP对GDP的贡献率超过第二产业且始终高于生活性服务业，成为高质量发展的重要动力。生产性服务业促进高质量发展的机制在于，生产性服务业具有较高的技术进步水平、较强的资本要素和劳动要素集聚能力。

生产性服务业与经济增长的关系是生产性服务业研究的逻辑起点。这方面的理论已经较完善，研究主要是基于已有的理论框架进行实证研究。从国内的研究来看，近年来这个方面已不是重点，但仍有较多的问题值得深入研究。例如，生产性服务业与高质量发展之间的关系，生产性服务业对经济发展的空间结构的关系等，都值得深入探讨。

四　生产性服务业集聚发展

与生产活服务业发展过程中要求按照空间均衡布局不一样，生

[①] 李子叶、韩先锋、冯根福：《我国生产性服务业集聚对经济增长方式转变的影响——异质门槛效应视角》，《经济管理》2015年第12期。

[②] 李平、付一夫、张艳芳：《生产性服务业能成为中国经济高质量增长新动能吗》，《中国工业经济》2017年第12期。

产性服务业的发展，有着天然集聚发展的特征。在早期，研究者认为，生产性服务业在生产消费上的时空不可分性、来源于制造业中间需求分工深化的特性以及面对面服务的要求，决定了其区位选择以制造业为中心、围绕制造业进行布局。但是，随着生产性服务业知识化程度越来越高，而信息技术进步为传递知识提供了非常好的条件，这使生产性服务业开始在都市区聚集，而且其聚集程度高于制造业。这些现象，使很多研究者开始关注生产性服务业集聚发展的研究。

在生产性服务业研究的初期，研究者主要关注生产性服务业聚集发展的基本理论。赵群毅、周一星（2005）从经济地理学的视角，对生产性服务业在大都市区集聚发展的理论研究情况进行了介绍。王晓玉（2006）[1] 从生产性服务业集聚的内涵和机理、生产性服务业集聚区的模式与演化以及集聚与扩散的关系对国外生产性服务业集聚理论的研究进行了一个简单综述。魏江、朱海燕（2006）[2] 从知识密集型服务业与产业集群发展关系的视角，提出了知识密集型服务业集聚发展的命题。这些早期研究主要是综述性的或者介绍性的，对生产性服务业集聚发展的理论与实践并没有系统化研究。

从2009年开始，国内关于生产性服务业集聚发展的研究开始兴盛起来。陈建军、陈国亮、黄洁（2009）[3] 从经济地理学视角，对生产性服务业集聚发展的影响因素进行了分析。他们发现，知识密集度、信息技术水平、城市和政府规模对生产性服务业集聚有显著的影响，但受地理因素、累积循环因果关系影响较弱。生产性服务

---

[1] 王晓玉：《国外生产性服务业集聚研究述评》，《当代财经》2006年第3期。

[2] 魏江、朱海燕：《知识密集型服务业与产业集群发展的互动模式研究——以慈溪家电产业集群为例》，《研究与发展管理》2006年第2期。

[3] 陈建军、陈国亮、黄洁：《新经济地理学视角下的生产性服务业集聚及其影响因素研究——来自中国222个城市的经验证据》，《管理世界》2009年第4期。

业集聚与城市规模因区域不同而呈现出不同的关系，东部与中西部地区存在截然相反的集聚路径。曾艺、韩峰、刘俊峰（2019）[①]则研究了生产性服务业集聚对城市经济增长质量的影响。从整体上看，生产性服务业集聚显著提升了本地区经济增长质量，但对邻近地区经济增长质量却产生了抑制作用，且该影响效果因生产性服务行业和城市规模等级不同而存在明显的异质性特征。具体而言，交通运输、仓储和邮政业与租赁、商务服务业均有利于提高本地区的经济增长质量，但对邻近地区未产生显著影响。批发与零售业、环境治理和公共设施管理业均能提高本地区经济增长质量，但不利于邻近地区经济增长质量的提升。信息传输、计算机服务和软件业能够促进本地区经济增长质量提升，但对邻近地区经济增长质量未产生显著影响。金融业对本地区经济增长质量提升无显著影响，却明显抑制了邻近地区经济增长质量的提升。

　　制造业与生产性服务业的双向集聚是关于生产性服务业集聚发展的基本模型。在国内相关的研究也关注了这一点。顾乃华（2011）[②]发现生产性服务业集聚能够提高制造业的全要素生产率，但是，这种外溢的边界受到行政区划的限制。陈国亮、陈建军（2012）[③]认为，二三产业共同集聚受到产业关联的影响，这其中，知识密集度起到了较大的作用。也存在着均衡的商务成本水平使得二三产业共同集聚度达到最优。但是，这些因素都存在着区域异质性。祝佳（2015）[④]分析了政府行为对共同集聚的影响。中国生产

[①] 曾艺、韩峰、刘俊峰：《生产性服务业集聚提升城市经济增长质量了吗》，《数量经济技术经济研究》2019年第5期。

[②] 顾乃华：《我国城市生产性服务业集聚对工业的外溢效应及其区域边界——基于HLM模型的实证研究》，《财贸经济》2011年第5期。

[③] 陈国亮、陈建军：《产业关联、空间地理与二三产业共同集聚——来自中国212个城市的经验考察》，《管理世界》2012年第4期。

[④] 祝佳：《生产性服务业与制造业双重集聚效应研究——基于政府行为差异的视角》，《武汉大学学报（哲学社会科学版）》2015年第5期。

性服务业与制造业存在双重集聚，且主要集中在京津冀、长三角和珠三角。政府行为对集聚的形成具有重要的差异化作用。刘奕、夏杰长、李垚（2017）则认为，生产性服务业集聚与制造业集聚具有双向促进作用，因此，应出台政策，加快形成以"生产性服务业—制造业"为内涵的新核心—边缘结构。

集聚发展是生产性服务业发展的一个重要特征。现有的研究重点放在生产性服务业与制造业的双向集聚方面（或者是生产性服务业集聚对制造业的影响），对于生产性服务业集聚的机制方面，仍有很多值得深入研究的地方。例如，现代大都市的生产性服务业集聚，与制造业集聚之间的联系越来越弱，其集聚的机理以及发展的方向；又如，以专业化为特色的生产性服务业集聚园区的形成机理，都是值得深入研究的。

第六节　研究展望

新中国成立以来的 70 年间，关于生产性服务业的研究从零起步，从有到无，不但建立了生产性服务业的理论框架，对生产性服务业的各个方面都进行了较为深入系统的研究，更为重要的是，这些研究结果还推动了社会各界对生产性服务业的认知，成为政府部门制定相关经济政策的依据，对我国社会经济发展起到了很大的促进作用。从总体上看，生产性服务业当前的研究，仍集中在集聚发展研究，包括服务业与制造业双向集聚、双向集聚带来的环境污染问题[①]、服务业集聚与城市发展质量等。但未来生产性服务业的研究，要在这些研究基础上，面对生产性服务业出现的新情况，进一步拓展其研究空间。

---

① 郭然、原毅军：《生产性服务业集聚、制造业集聚与环境污染——基于省级面板数据的检验》，《经济科学》2019 年第 1 期。

我们认为，未来研究重点应包括：生产性服务业开放与国家经济安全、新一代信息技术与生产性服务业的功能发挥及发展模式创新等各个方面的问题。

一　生产性服务业开放与国家经济安全

在生产性服务业开放与国家经济安全方面，要重点关注国际形势的变化以及我国对经济安全思想的演进。2014年4月15日，习近平在中央国家安全委员会第一次会议上发表重要讲话，提出了"总体安全观"的重要论断，经济安全是国家总体安全的基础。国家经济安全主要包括金融安全、产业与贸易安全、战略资源安全以及经济信息安全等方面。生产性服务业对国家经济安全具有极其重要的作用，但是这方面的研究仍十分缺乏。例如，资源能源安全、粮食安全、网络信息安全等都需要生产性服务业来进行保障，其中的理论及作用机制，仍有待进一步研究[1]。从对外开放来看，随着我国对外开放进入新的阶段，开放的重点将聚焦在生产性服务业，而生产性服务业的开放，对国家安全的意义比其国民经济所占的份额更为重要。

金融安全是经济安全的核心。而金融扩大开放是我国未来服务业开放的重点。金融安全涉及的问题非常多，除了金融业本身的风险监管之外，金融安全还与大量相关的生产服务业领域相关，如金融信息技术、大数据技术、人工智能技术等技术，还与评估、审计等商务中介服务相关[2]。这说明金融安全与开放问题并不是一个单一的问题，而是一个与国民经济，尤其是生产性服务业发展直接相联系的问题，研究这些因素之间的关联性，仍需要深入的理论与政策研究。

---

[1] 欧阳彪：《开放经济条件下服务业产业安全的理论与实证研究》，博士学位论文，湖南大学，2016年。

[2] 傅强、张小波：《金融开放外源性风险对中国金融稳定与安全的影响分析》，《南开经济研究》2011年第3期。

经济信息和科技信息安全是经济安全的保障,一方面,与其相关的信息安全等相关产业本来就是生产性服务业的重要组成部分,另一方面,很多生产性服务业都有经济信息安全相关的问题。在审计、资信评级等与金融相关的核心服务方面,普华永道中天、德勤华永、安永华明、毕马威华振等四家合作会计师事务所在中国境内共设有分所或办事处 49 家,基本垄断了我国高端核心审计服务[1]。在资信评级方面,美国信用评级机构已控制我国三分之二信用评级市场[2]。外资控制的评级机构还参与到中国重大债务融资活动,进入我国经济腹地和敏感性行业,并可以方便地获取我国的政务信息、国有骨干企业、国防工业和特种行业乃至国家全面的经济和技术信息,从而掌握我国技术发展动态和重大商业机密,使我国在国际竞争中处于被动地位,这势必会从根本上威胁我国的国家经济安全。研究经济信息和科技安全与生产性服务业发展开放之间的联系,跳出单一的经济信息和科技信息保密的桎梏,仍需要有大量的理论研究与对策研究予以支撑,才能在扩大开放的同时,确保国家经济安全。

科技安全是经济安全的重点。由于很多核心技术并不掌握在我国的企业手中,导致很多产业处于不安全的状态。在科技研发方面,知识产权服务的落后使产业技术升级更为艰难。从现实看,在主导国民经济的关键技术领域,我国绝大部分发明专利被外国企业拥有。例如,在信息产业,外国公司在中国的发明专利申请占 81%;生物工程领域,外国公司占 89%;高清晰彩电、西药等领域,外国公司也占 90% 以上[3]。这一事实说明,我国在科技研发方面,与国外有

---

[1] 吴义周:《国家经济信息安全立法问题研究》,《无线互联科技》2015 年第 4 期。

[2] 外资评级公司早就以各种方式进入中国。美国穆迪 2006 年收购中诚信国际 49% 的股权并接管经营权;同年,美国控制香港新华财经收购上海远东 62% 股权;2007 年,美国惠誉收购联合资信 49% 的股权。

[3] 魏衍亮:《跨国公司知识产权滥用严重威胁我国经济安全》,《商务周刊》2008 年第 7 期。

着巨大的差距。这一点是制约我国经济安全的重要因素。而不为人所知的是,对我国产业技术升级、自主研发核心技术、掌握自主知识产权造成更大障碍的是国外企业所进行的"垃圾专利战略"。从已有数据看,大量国外企业利用中国知识产权服务相对落后的现实,通过把公开发表的科学发现变造为工业发明,阻滞我国企业技术进步的步伐。从实践来看,产业演进更多的按照"标准化—产品化—产业生态"路径演进[1]。在维护产业安全的过程中,可以遵循"对关键性产业中关键环节的控制权—对关键性产业的控制权—对大多数产业的控制权"的基本路径,实施相应的战略[2]。而这些战略的实施,不但需要加大科技研发的投入,更需要有与研发相关的知识产权服务、科技成果转化服务、创新创业服务等相关生产性服务业的支撑。对于这些服务体系之间的作用机制的理论研究与实证研究,应成为生产性服务业研究的重点。

二 基于新一代信息技术的生产性服务业功效发挥及模式创新

从发展现实看,新一代信息技术,如大数据、人工智能、移动互联网、云计算等,正在全面进入我国的生产生活之中。推进新一代信息技术与生产性服务业相互渗透,推动生产性服务业的商业模式创新、业态创新、技术创新,提升生产性服务业的效率与竞争力,也是生产性服务业发展的一个重要方向[3]。而加强对这些方面的理论研究及实证研究,在研究过程中引入新的研究手段,如大数据方法、模拟方法等,也应该成为生产性服务业研究的重点。在新一代信息

---

[1] 信春华、高晓红:《高技术转化为技术标准的模式选择研究》,《科技管理研究》2010年第6期。

[2] 葛敏敏:《以控制权为导向的产业链整合及其稳定性研究》,博士学位论文,浙江工商大学,2010年。

[3] 王建冬等:《第四代生产性服务业:概念及实践意义》,《中国科学院院刊》2010年第4期。任兴洲:《产业互联网的发展与创新》,《中国发展观察》2015年第8期。

技术的推动下,生产性服务业的数字化、网络化、智能化,是一个必然的趋势。而制造服务化正在向 2.0 版升级迈进。其核心是依托工业大数据、智能技术与互联网技术,实现智能制造,并以智能制造为基石,打造适用消费者或用户多变需求的产品系统,这带动了传统制造企业的服务化转型,产生了"制造+数字+互联网+服务"的模式,极大地拓展了生产性服务业的内涵与外延[①]。

基于新一代信息技术的生产平台,能够实现生产的智能化,与企业的研发、设计、营销、售后服务等部门实现一体化,实现更快的响应速度。这需要生产性服务业体系与新一代信息技术相互渗透,在经济学理论方面,仍需要对这些方面所涉及的基本理论及实证问题进行深入探讨。

从研究现状来看,生产性服务业与新一代信息技术的融合仍需要在理论及实证方面的深入研究。党的十九大报告将生产服务体系的部分内容作为经济增长的新动能,报告明确指出,要在"现代供应链、人力资本服务"等生产服务领域"培育新增长点、形成新动能"。这说明了生产性服务具有双重意义,一方面,生产服务体系是我国建设制造强国的有力支撑,另一方面,生产服务体系本身将成为我国经济增长的新领域,目前,即使生产智能化水平较高的企业,其互联网化水平也主要体现在其生产线内部,在与外界协同方面,仍有较大的差距。大部分时候,企业强调内部数据与资源整合较多,对外部的数据与资源进行整合方面做得仍然不够。而借助互联网、大数据、人工智能,更好实现生产服务智能化,是生产服务体系升级的一个重要方向。例如,利用这些新技术,能够实现供应链优化。主要是通过获取仓储、配送、销售环节的各类数据,甚至将客户数据、企业内部数据、供应商数据汇总到供应链体系中,通过供应链上的数据采集和分析,来优化供应链,做到对客户的快速响应,以

---

① 程颖等:《新一代信息技术驱动的制造服务管理:研究现状与展望》,《中国机械工程》2018 年第 18 期。

及降低成本。利用大数据技术建立智能补货系统，智能采购系统，能够为企业降低库存做出很大的贡献。在产品流通层面，大量传感器所采集的流通数据，不但可以提高企业的物流效率，便于企业做出更为精准的库存决策，也可以让企业的生产决策、市场计划实现自动化、智能化[1]。后期的产品运维服务，也是新一代信息技术应用的重点。在产品的运行和维护过程中，大数据模式一改传统方法被动的运维模式，通过采集和分析智能设备的传感器数据，进行大数据分析，主动进行产品的安全监测、故障诊断，优化产品的运行过程[2]。

新一代信息技术的发展，不但改变了生产性服务业的效率与内容，还使生产性服务业的商业模式发生巨变，对生产性服务业商业模式创新的深入研究，将推动生产性服务业的理论创新。例如，借助电子商务平台，很多企业形成了 C2B（Customer to Business，即消费者到企业）发展模式，这种模式利用网络汇聚消费者需求，并在产品研发、设计、生产、营销过程中，大量吸引消费者参与，产品、价格等彰显消费者的个性化需求，生产企业进行定制化生产，这种方式不但满足了消费者的个性化需求，也使企业避免了库存等问题，极大地提升了经济的效能。在服装行业，青岛红领建立了全球第一家全面信息化的个性化生产线，通过构建系统平台，提供各类个性化定制产品。通过 C2M（Gustomer to Manufactory，即消费者直接面向制造商）平台，整个生产线完全用信息统率工业流水线和驱动后台的供应链，通过批量生产线重新编程、组合，能够实现同一产品的不同型号、不同款式、不同面料的不同转换，实现流水线上的不同数据、不同规格、不同元素的灵活搭配，以流水线生产模式制造

---

[1] 宋华：《新兴技术与"产业供应链+"——"互联网+"下的智慧供应链创新》，《人民论坛·学术前沿》2015 年第 22 期。

[2] 李杰：《工业大数据：工业 4.0 时代的工业转型与价值创造》，机械工业出版社 2015 年版。

个性化产品。定制化模式不但出现在消费品行业，也在很多生产资料行业开始盛行[1]。

很多在生产领域的共享模式正在改变生产性服务业的提供方式。在研究与开发领域，商业模式的变革也带来了理论创新的契机。以"猪八戒"为代表的设计能力共享模式，汇聚各类技能、设计能力等，为制造企业提供各种服务[2]。而联合办公共享空间的模式极大地降低了初创企业的运营成本，为创新创业提供了良好的土壤[3]。生产性服务业的共享模式，与生活领域的服务有着较大的区别，需要在共享经济理论与服务经济理论融合方面进行更深入的工作。

---

[1] 姜丽丽：《红领集团 C&M "个性化定制"模式研究》，《经贸实践》2016 年第 1 期。

[2] 林冠颖：《猪八戒网商业模式发展及转型研究》，《商业经济》2019 年第 8 期。

[3] 李垚、夏杰长：《共享办公室：动因、趋势与建议》，《学习与探索》2019 年第 3 期。

第 八 章

新中国消费性服务业研究

第一节 前言

以"服务业、服务经济、第三产业""生活服务业、生活服务经济"和"消费、消费性"为主题，以关键词、篇名结合摘要搜索的方式，在中国知网（http://www.cnki.net/）搜索学术文章，截止到2019年4月，根据检索结果共有相关文献505篇（范围限在中国知网的期刊库、博硕士库、国内会议库3个文献库中搜索，少量文章因使用不同的主题检索方式可能存在重复统计的问题），2003年之前我国一直用第三产业来表述服务产业，2003年后的相关消费性服务业研究文献共288篇，其中需要指出的是，本章对消费性服务业学术研究的回顾分析仅从总体研究的角度，并不针对消费性服务业中各行业的业态研究。

20世纪80年代以前的研究文献多为工作会议的总结报告、讨论或者社论，关键词多涉及社会主义、商业战线、人民公社、红旗运动、群众性，与服务业相关的业态为修理服务行业、私营商业、零售商，因此可以称这一阶段为消费性服务业的起步雏形阶段，且与一定的公有制经济形态和思想意识相关联。

1980年后的十多年处于改革开放后意识形态的解放初期，对于非公有制经济、个体经济、产业结构、经济结构、消费、财政管理等主题的研究开始逐步增多。1992年国务院发布了《关于加快发展第三产业的决定》，提出了到2000年服务业发展的目标、任务和政策措施，开启了对第三产业和现代服务业的探索，关于服务业、服务行业、服务部门的研究开始逐渐增多，如1992年对饮食服务企业，1993年对耐用消费品，1997年对家庭服务业，1999年对消费性服务、社区服务业，2001年对房地产开发企业、智力型服务，2005年对休闲服务业的研究。自2006年"十一五"规划后首次提出消费性服务业后，消费性服务业和消费服务业的主题研究最早出现在2007年，除了研究业态的更加丰富，如健身服务业、家政服务、养老服务业，对产业的研究也更具思想体系，如全面价值管理、消费者偏好、协整关系、产业升级、结构布局等，并且随着网络信息技术的发展，还出现了对消费性服务业互联网渠道的研究，如微信公众号、服务平台、O2O、团购等。

第二节 消费性服务业研究的萌芽期（1950—1978）

1955年全国私营商业及饮食业普查会议上的总结报告[①]可以算得上为国内消费性服务业研究起到了开启先河的作用，首次明确了私营商业及饮食业是为消费者服务。此阶段的消费性服务业研究性文章较少，多为工作会议的总结报告、讨论或者社论性质的文章，且多鼓励群众自办生活服务站、邻里服务所以及代销、代办业务等，

[①] 曾山：《国务院第五办公室曾山副主任在全国私营商业及饮食业普查工作会议上的报告》，《统计工作通讯》1955年第8期；薛暮桥：《国家统计局薛暮桥局长在全国私营商业及饮食业普查工作会议上的总结报告》，《统计工作通讯》1955年第8期。

进行计划性合理消费①，同时对商业服务业的工作性质从思想层面上进行了讨论，认为那些轻视商业服务业劳动的思想应该加以克服，商业服务业战线上的新职工教育有着重要意义②。除此之外，这一阶段消费性服务的研究对象即所涉及的生活服务业态较为初级，主要包括理发、浴池、旅馆、照相、修理服务、服装加工、小饮食、小食品等，采取固定、流动、小量贩运，摆摊、推车、挑担等方式经营③。

总体来看，由于该阶段的后期经历了"文革"④，致使该阶段针对消费性服务业的报告、讨论性等文章在这个十年的前后都有缺失。

第三节 消费性服务业研究的起步时期（1979—1991）

1978年12月党的十一届三中全会开启了对内改革、对外开放的历史新时期⑤，思想、组织等领域的全面拨乱反正为消费性服务业学者的研究提供了良好的风气，并且拓展了研究主题。廖少廉（1979）⑥对东盟五国的旅游业发展状况、对国家国民经济

---

① 程宏毅：《在商业战线上全面开展群众性的红旗运动》，《前线》1958年第2期。
② 北京日报理论部：《关于"商业服务业工作是不是低人一等"讨论的体会》，《新闻业务》1963年第7期。
③ 薛暮桥：《国家统计局薛暮桥局长在全国私营商业及饮食业普查工作会议上的总结报告》，《统计工作通讯》1955年第8期；袁文海：《城市人民公社要办好修理服务行业，为人民生活服务》，《前线》1961年第4期。
④ 中共中央文献研究室：《关于建国以来党的若干历史问题的决议》，人民出版社1985年版，第27页。
⑤ 《党的十一届三中全会开启了改革开放历史新时期》，2007年11月1日，人民网，http：//cpc.people.com.cn/GB/67481/94156/105719/105723/106451/6464267.html。
⑥ 廖少廉：《东盟国家的"无烟工业"——旅游业》，《南洋问题研究》1979年第2期。

的作用以及这些国家促进旅游业发展的措施进行了介绍，虽然只是对其他国家和地区消费性服务业发展的经验介绍，也算得上是将研究主题在上一阶段初级生活性服务业态的基础上进行了拓展。

党的十一届三中全会促进了城镇个体商业服务业、农村饮食服务业的恢复和发展，因此对以上服务业态存在的客观必然性、经济性质、地位作用和实施措施等方面进行正确地认识是当前阶段学者急需研究和解决的重要问题[1]。李江帆（1984）[2] 在马克思剩余价值理论的基础上，率先分析了服务消费品作为使用价值的特点，它是服务劳动提供的，不能离开服务劳动者单独存在的非实物使用价值，具有区别于实物消费品的一系列特点，包括产品形式的非实物性，生产、交换与消费的同时性，产品的非储存性、生产和再生产实现的严格制约性，作为劳动产品的必然性，及其价值实体的价值量。高涤陈（1985）[3] 随后对服务经济理论中服务行业的发展、服务劳动的特点、性质进一步探讨。尹世杰（1985）[4]、何正（1985）[5]、李宝卿和张建文（1985）[6]、傅林生和张延衡（1985）[7]

---

[1] 白仲尧：《搞好农村饮食服务业繁荣农村经济》，《经济学动态》1980年第9期；林宏桥、徐兴田、黄祖馨、秦广生：《正确认识和对待城镇个体商业服务业》，《经济研究》1980年第11期；秦瑞杰：《谈适当恢复和发展个体商业、服务业问题》，《山西财经学院学报》1980年第4期。

[2] 李江帆：《服务消费品的使用价值与价值》，《中国社会科学》1984年第3期。

[3] 高涤陈：《开展服务经济研究，推动第三产业发展》，《商业经济与管理》1985年第4期。

[4] 尹世杰：《振兴湖南经济必须大力发展第三产业》，《财经理论与实践》1985年第2期。

[5] 何正：《消费经济与第三产业——兼述广州市商业发展的战略重点》，《消费经济》1985年第1期。

[6] 李宝卿、张建文：《浅议发展第三产业的战略问题》，《经济问题》1985年第7期。

[7] 傅林生、张延衡：《天津市第三产业的昨天、今天和明天》，《南开经济研究》1985年第3期。

肯定了将服务业纳入经济发展战略的重要意义，对当前服务业发展的现状问题进一步分析，并提出了战略原则和具体对策。易宏伟和刘仁清（1985）[①]、黄焕中（1986）[②]、王昌隆（1986）[③] 分别针对城市、农村和垦区提出了特色的发展对策。王述英（1989）[④]、叶树生（1990）[⑤] 对第三产业中的服务消费结构进行了初步分析，指出在为消费服务的第三产业部门中，受到指导思想、体制、技术、文化等方面的条件限制，产业结构畸形，应该发展成为传统产业和新兴产业并举的结构模式。

这一阶段的研究对象并没有将消费性服务业从第三产业中明确地提炼出来，只是按照产品的最终用途的标准，把消费资料产品分为第三产业的一种产品类型，指出这类产品是用于个人消费的产品，包括文娱服务、旅游服务、饮食服务、理发、美容、浴室服务等[⑥]，可以看出该阶段的研究主题虽比上一阶段有所深入，但还没有完全脱离初级形态，保留有上一阶段研究对象的痕迹。同时，这一时期的研究主要以思辨研究和定性分析为主，有少数学者对第三产业内部分类后的产值计算、服务系统和服务供求曲线应用了计量模型和数学公式的计算方法[⑦]，对于消费服务业本身的理论研究较为欠缺。

[①] 易宏伟、刘仁清：《城市居民现代生活方式与第三产业》，《理论探索》1985年第2期。

[②] 黄焕中：《谈发展农村第三产业》，《安徽大学学报》1986年第1期。

[③] 王昌隆：《垦区发展第三产业浅见》，《学术交流》1986年第1期。

[④] 王述英：《论我国第三产业的结构模式及其转换》，《南开经济研究》1989年第6期。

[⑤] 叶树生：《论第三产业内部结构的调整与优化》，《当代财经》1990年第2期。

[⑥] 李江帆：《第三产业与两大部类的关系试析》，《改革》1986年第3期；易炼红：《论第三产业产品的交换》，《经济问题》1986年第12期。

[⑦] 郑德如：《第三产业和第三产业产值的计算》，《统计研究》1986年第3期；李江帆：《把第三产业纳入再生产公式》，《贵州社会科学》1987年第3期。

第四节 消费性服务业研究热度高涨（1992—2006）

20世纪90年代后，在进入社会主义市场经济体制改革新阶段的背景下，国务院于1992年6月发布的《关于加快发展第三产业的决定》，是我国第三产业发展史的一个重要里程碑，标志着我国第三产业发展在理论和实践方面都进入了一个新的历史阶段[1]，1993年中国社会科学院财贸经济研究所、广西社会科学院联合发起的"社会主义市场经济与第三产业"理论研讨会更是围绕第三产业和服务业展开了深入的理论探讨[2]。这一阶段服务功能的发挥不能满足基本需要，商业、饮食服务业等传统服务部门处于盲目状态[3]，针对这一现状，石柱成（1992）[4]、丁禹华（1998）[5]、郑鄂（1998）[6]、卿前龙（2002）[7]分别从服务商品的供求态势、服务业的消费对象、

---

[1] 冀归山：《我国第三产业发展的历史阶段和特点》，《经济研究参考》1995年第42期；苏刚：《完善我国第三产业政策的几点思考》，《管理世界》1998年第3期。

[2] 翁乾麟：《社会主义市场经济与第三产业理论讨论会综述》，《财贸经济》1994年第1期。

[3] 逄秀贞、潘悦：《论我国第三产业经济功能的优化》，《山东大学学报（哲学社会科学版）》1992年第4期。

[4] 石柱成：《第三产业市场的供求态势和运行机制分析》，《经济学家》1992年第2期。

[5] 丁禹华：《从客流人员的分类看餐旅服务业的消费档次》，《商业研究》1998年第2期。

[6] 郑鄂：《关于加快发展南京市第三产业的几个问题》，《南京社会科学》1998年第S1期。

[7] 卿前龙：《发展第三产业要重视服务质量的特殊性》，《南方经济》2002年第11期。

消费领域、服务质量需求进行分析并提出了服务业发展对策。紧接着，张俊英（2004）[①]、耿莉萍（2006）[②]、王子先（2006）[③]等学者聚焦到居民消费结构的变化和服务性消费的特点、主要问题，并给出相应的促进居民服务业发展的对策。另外，夏杰长（1999）[④]基于消费与经济增长关系的理论，分析了影响消费者需求的财税因素，并提出了运用财税政策调节消费需求、刺激经济增长的对策。在服务业水平与未来趋势方面，江小涓、李辉（2004）[⑤]分析了我国服务业发展内部结构的变化和总体趋势，并指出生活消费是服务业的重要组成部分，服务含量高的消费需求将成为新的需求热点。

该阶段的研究对象从过去的传统服务业发展到了对现代服务业的探索，研究主题也较上一阶段有了进一步的深入探讨，从服务业的总体水平发展、问题解析、影响因素、政策措施聚焦到消费结构、服务消费领域，并明晰出现了生活消费、服务性消费的主题研究，为下一阶段消费性服务业研究的快速发展奠定了基础。研究视角开始出现了与其他学科交叉分析的特点，赵奎菊（1994）[⑥]结合了系统动力学和投入产出方法，构建了包括"消费子系统"在内的第三产业经济模型。在研究方法上，由于该阶段服务业的快速成长和比

[①] 张俊英：《近年城镇居民消费结构的变化对服务业的影响》，《消费经济》2004年第6期。

[②] 耿莉萍：《我国居民服务消费的特点和居民服务业发展问题研究》，《北京工商大学学报（社会科学版）》2006年第4期。

[③] 王子先：《改善服务业供给扩大服务性消费》，《经济研究参考》2006年第55期。

[④] 夏杰长：《论引导消费需求、刺激经济增长的财税政策》，《财贸经济》1999年第3期。

[⑤] 江小涓、李辉：《服务业与中国经济：相关性和加快增长的潜力》，《经济研究》2004年第1期。

[⑥] 赵奎菊：《北京市第三产业经济模型及其应用》，《情报理论与实践》1994年第6期。

重持续上升，较早期样本对现实的解释力不够；虽有一些针对服务消费运用经济计量模型进行分析[1]，但一般计量分析变量较少，没有设置控制变量[2]。

第五节　消费性服务业研究纵深推进（2007年至今）

2006年，国家"十一五"规划明确了要加快消费性服务业发展。自此以后，国内学者对消费性服务业的研究可谓是百花齐放、百家争鸣式地增长。

2007年应该可以被称作消费性服务业的研究元年，胥勤利（2007）[3]、周超和孙华伟（2007）[4] 基于价值链理论，对消费性服务业独特的价值链进行了系统分析。刘建国（2007）[5]、陈秋玲等（2007）[6] 研究了上海市消费服务业的发展变动、政策选择、消费结构转型和功能定位，提出了上海郊区生活服务业、高新技术园区周

---

[1] 谭成文、杨开忠：《京津第三产业分工协作特征》，《经济地理》1999年第6期；刘东良：《我国第三产业与消费和交通电讯业关系的统计分析及其发展战略探讨》，《数理统计与管理》2002年第2期；陈锡鹏：《旅游消费及其对我国第三产业影响力的定量分析》，《经济师》2003年第5期；程大中、汪蕊：《服务消费偏好、人力资本积累与"服务业之谜"破解：Pugno 模型拓展及基于中国的数值模拟》，《世界经济》2006年第10期。

[2] 江小涓：《中国服务业将加快发展和提升比重》，《财贸经济》2004年第7期。

[3] 胥勤利：《消费性服务业价值链的思考》，《价格月刊》2007年第7期。

[4] 周超、孙华伟：《基于消费性服务业的价值链分析》，《江苏商论》2007年第9期。

[5] 刘建国：《上海市消费服务业的变动趋势与政策选择》，《上海经济研究》2007年第10期。

[6] 陈秋玲、宋晓琳、叶杨：《上海城市居民消费结构转型与消费者服务业功能定位研究》，《经济师》2007年第8期。

边休闲消费型服务业的发展思路和规划布局。周勇等等（2007）[①]梳理了当前信息密集型生活服务业的种类，并提炼了这一类型生活服务业的特点，紧接着，周勇（2008）[②]还总结和分析了资本密集型生活服务业的分类和发展规律。自此以后，消费性服务业理论研究进入了全面开花的阶段，消费性服务业、生活服务业与经济增长、劳动力技术禀赋、人口匹配、居民消费有着密切的关系[③]，对居民消费质量有主体质量、客体质量和环境质量三方面的影响[④]，同时资本、劳动力、能源等生产要素对消费性服务业产出也有一定贡献[⑤]。另外，消费服务业的发展路径、消费型物流运作也引起了学者的广

[①] 周勇、王国顺、李荣华：《中国信息密集型生活服务业的分类研究》，《生产力研究》2007年第8期。

[②] 周勇：《中国资本密集型生活服务业的分类研究》，《商场现代化》2008年第24期。

[③] 徐伟：《发展居民消费性服务业对策分析》，中国与世界年中经济分析与展望（2010）会议论文，北京，2010年，第167页；夏杰长、毛中根：《中国居民服务消费的实证分析与应对策略》，《黑龙江社会科学》2012年第1期；邹国强：《流通业、经济增长抑制与居民消费——基于消费性服务业的研究视角》，《商业时代》2013年第31期；吴晓晓、苏朝晖：《城镇居民服务性消费与第三产业发展——基于1993—2012年省际面板数据的实证研究》，《消费经济》2014年第6期；夏杰长：《城镇化对中国城乡居民服务消费影响的实证分析——基于2000—2011年省际面板数据》，《学习与探索》2014年第1期；张颖熙：《中国城镇居民服务消费需求弹性研究——基于QUAIDS模型的分析》，《财贸经济》2014年第5期；郝宏杰、付文林：《劳动力技术禀赋与消费性服务业增长——来自中国省级层面的经验证据》，《财贸研究》2015年第2期；侯佳卉、魏君英：《农村服务业对农民消费的影响及对策》，《商业经济研究》2015年第30期；陈东景：《基于投入产出表的居民服务业宏观经济效应分析》，《统计与决策》2016年第9期；吴煜、李永浮：《居民生活服务业与人口匹配关系研究——基于上海浦东新区实证研究》，《上海经济研究》2019年第2期。

[④] 杜逸冬：《消费性服务业发展对居民消费质量影响路径探讨》，《商业经济研究》2017年第14期。

[⑤] 谢爱良、刘忠秀、刘传玉、李学芝：《山东省消费性服务业产出的空间异质性估计》，《统计与决策》2017年第4期。

泛关注[1]。随着互联网技术的发展和"云消费"时代的到来，学者们也将研究视线延伸到消费性服务业转型发展和新业态的商业模式[2]。

这一时期的消费性服务业研究具有深度和广度层次的全面发展，在研究对象上由于概念的明确，对消费性服务业理论系统的构建逐步丰富起来，由刚开始只是对消费性服务业概念明晰、类别概括、发展水平、现状问题的分析，扩展到与经济增长、居民消费、发展路径、企业管理、财税政策等方面，特别是新产业形态的研究涌现，比如对电商消费、团购点评、O2O、旅游消费、健康医疗服务等。该阶段与其他学科的交叉融合分析的特点更为凸显，吴敦江和方建国（2010）[3]、张延吉和秦波（2015）[4] 分别从经济地理学的角度分析了消费性服务业的核心边缘型和生活服务业的非正规就业的空间分布；王芳和沈逸君（2012）[5] 从管理学的视角开发了消费性服务业管理人才的选拔培育量表；2016 年"营改增"政策实施后，这一举措给消费性服务业带来的财税变化和综合效果也相继得到了财税

---

[1] 王小军、张振家：《结构调整背景下的沈阳市消费性服务业发展路径》，《商业经济研究》2015 年第 25 期；郑小丽：《服务现代都市生活性服务业的消费型物流运作思路》，《商业经济研究》2017 年第 4 期。

[2] 刘欣梅：《O2O：本地生活服务业电子商务发展之路探究》，《经济研究导刊》2014 年第 1 期；赖阳、康健：《"云消费"时代提升生活性服务业品质的思路》，《商业经济研究》2015 年第 20 期；郑秀梅：《O2O 生活服务业电子商务模式发展探索》，《商业经济研究》2015 年第 32 期；青玮：《上海创新试验"互联网+生活性服务业"》，《上海人大月刊》2016 年第 7 期；易旸、刘婷：《基于消费者行为的现代生活服务业业态创新研究》，《中外企业家》2016 年第 24 期；王法辉：《本地生活服务业 O2O 商业模式研究》，硕士学位论文，首都经济贸易大学，2017 年，第 6 页。

[3] 吴敦江、方建国：《消费性服务业的核心边缘模型研究——以福州市为例》，《海峡科学》2010 年第 11 期。

[4] 张延吉、秦波：《非正规就业的空间集聚及与正规就业的共栖关系——基于全国工业和生活服务业的实证研究》，《经济地理》2015 年第 8 期。

[5] 王芳、沈逸君：《消费性服务业管理人才"智情一体化"培育探索——以"文化产业管理专业"为例》，《中国集体经济》2012 年第 28 期。

学者和从业者们的实证研究和探索[1]。在研究方法上，逐步实现了定量与定性分析的结合，基于不同尺度的动态面板数据或者问卷调查的一手数据，运用更为多样化的计量方法证实研究结果的科学性，如 VAR 模型、核心边缘模型、Pugno 模型、非参数 Malmquist 指数方法等。但是消费性服务业研究的研究范式和理论体系尚未构建完全，未来需进一步完善相关理论研究框架。

中国人口众多，居民收入也在较快速增长，消费市场很大，消费性服务业理应快速增长。但实际情况是，大多数年份，中国消费性服务业发展滞后。这一问题引起了越来越多国内学者的关注，程大中（2009）[2] 认为，中国服务业劳动生产率滞后，居民服务消费需求缺乏弹性，价格而不是收入在拉动服务业消费，服务业存在明显的"成本病问题"。徐伟（2010）[3] 总结居民收入的不稳定性、未来支出的不确定性、消费结构的不平衡性、体制的障碍方面的原因是我国居民消费性服务业发展的主要制约因素，需要根据不同消费群体促进居民服务性消费、加快发展农村服务业，加速服务业产业化和社会化的形成，同时加大对消费性服务业发展的财政及金融政策的支持。夏杰长和张颖熙（2012）[4]、沈家文和刘中伟（2013）[5]

---

[1] 戴艳玲、刘厚兵：《生活服务业"营改增"实施要点与企业应对》，《财务与会计》2016 年第 14 期；田小平：《生活服务业增值税征管的难点》，《税务研究》2016 年第 9 期；刘金科、谢鋆：《生活服务业营改增的经济效应研究》，《税务研究》2017 年第 7 期；殷珂：《生活服务业"营改增"政策效果实证研究》，硕士学位论文，武汉科技大学，2018 年，第 18 页。

[2] 程大中：《收入效应、价格效应与中国的服务性消费》，《世界经济》2009 年第 3 期。

[3] 徐伟：《发展居民消费性服务业对策分析》，中国与世界年中经济分析与展望（2010）会议论文，北京，2010 年，第 167 页。

[4] 夏杰长、张颖熙：《我国城乡居民服务消费现状、趋势及政策建议》，《宏观经济研究》2012 年第 4 期。

[5] 沈家文、刘中伟：《促进中国居民服务消费的影响因素分析》，《经济与管理研究》2013 年第 1 期。

指出，收入偏低和收入差距较大、城乡和区域发展不平衡、产业化和城市化水平低等因素导致了中国服务消费的低迷。郑国中和王劲（2015）[①]认为我国目前仍存在着不利消费服务业发展的状况，各级政府轻视服务业、重视工业的现象十分普遍，服务业内部结构不完善，服务业规模小且缺乏人才，并据此提出了几点建议，包括扩大消费服务业的市场规模，提高服务业的结构水平；提高居民的消费能力；充分利用区位发展优势；提高人力资本水平。郝宏杰、付文林（2015）[②]的研究证明，高技术工人就业比重上升、技术外溢带来的生产率效应促进了生活性服务业供给，对提高服务业技术创新能力、加快服务业领域的市场化改革以及推动现代服务业人才就业市场发展，加速人力资本积累有一定的政策意义。此外，还有其他宏观因素影响着消费性服务业的供给与需求，比如城市化因素[③]、休闲时间[④]。

消费是最终需求，既是生产的最终目的和动力，也是人民对美好生活需要的直接体现。加快完善促进消费体制机制，增强消费对经济发展的基础性作用，有利于优化生产和消费等国民经济重大比例关系，构建符合我国长远战略利益的经济发展方式，促进经济平稳健康发展；有利于实现需求引领和供给侧结构性改革相互促进，带动经济转型升级，推动高质量发展，建设现代化经济体系[⑤]。进入经济发达阶段，以美、英、日为代表的三个发达国家服务业发展的

---

① 郑国中、王劲：《服务业消费聚集与城市经济双向转型——以江苏为例》，《江西社会科学》2015年第9期。

② 郝宏杰、付文林：《劳动力技术禀赋与消费性服务业增长——来自中国省级层面的经验证据》，《财贸研究》2015年第2期。

③ 曾国平、张付玲：《城市化、服务业与城镇居民消费关系实证研究》，《中国经贸导刊》2012年第21期。

④ 魏翔：《国外休闲经济研究的发展与演进》，《国外社会科学》2018年第3期。

⑤ 新华社：《中共中央 国务院关于完善促进消费体制机制 进一步激发居民消费潜力的若干意见》，2018年9月20日，中国政府网，www.gov.cn/zhengce/2018-09/20/content_5324109.htm。

主要动因是消费者服务业的增长[1]，作为直接面向消费者的服务业类型，消费性服务业一直与人们的服务消费需求息息相关，直接关系百姓福祉，它的发展不仅有利于扩大总消费需求，提高居民生活品质、促进就业创业，有利于促进生产与消费的协调发展，也有利于国民经济发展和社会进步[2]。

通过袁琛钦等（2010）[3]的实证研究结果证明，拉动经济发展的"三驾马车"中，消费的增长对经济发展的贡献是最大的，扩大内需作为经济发展的新动力，对城市和农村经济都具有促进增长的作用。发达国家城市纷纷借助发展消费服务业以实现从制造中心向服务中心的经济结构转型，服务业集聚不仅有利于集群内服务企业获得内部规模经济，且有利于提升城市内制造企业的竞争力，推动城市经济的增长，提升区域内产业的竞争力。为了实现现代城市经济的转型，必须不断推动城市消费服务产业发展[4]。基于新中国成立后到2013年的农村居民消费数据，得出中国农村居民消费对经济增长的影响具有明显的阶段性特征，且在线性和非线性关系之间的频繁转换的实证结果。陈东景（2016）[5]从产业关联效应、收入分配效应和最终需求拉动效应等三个方面分析了我国居民服务业的宏观经济效应，发展居民服务业能够促进就业，提高劳动者收入水平，改善收入分

---

[1] 益瑞涵、张振刚：《美、英、日三国经济发达阶段服务业发展及其动因定量分析》，《经济研究导刊》2010年第8期。

[2] 徐伟：《发展居民消费性服务业对策分析》，中国与世界年中经济分析与展望（2010）会议论文，北京，2010年，第167页；欧阳艳蓉：《消费性服务业对居民消费质量影响路径分析》，《商业经济研究》2017年第24期。

[3] 袁琛钦、李爵、刘文龙：《中国经济增长与人均消费、人均投资以及服务业产值关系的实证分析：1985—2008》，《中国市场》2010年第44期。

[4] 郑国中、王劲：《服务业消费聚集与城市经济双向转型——以江苏为例》，《江西社会科学》2015年第9期；夏杰长、徐斌：《农村居民消费对经济增长的非线性冲击——基于STR模型的研究》，《黑龙江社会科学》2015年第1期。

[5] 陈东景：《基于投入产出表的居民服务业宏观经济效应分析》，《统计与决策》2016年第9期。

配结构；城镇居民对居民服务业的发展起主导作用，并且这种主导趋势在不断加强。

促进消费结构加快升级，进一步释放消费潜力，对中国经济持续健康发展具有重要的现实意义。消费结构的升级为源头，市场最终需求的变化将通过带动中间需求变化，引导劳动、资本和技术等生产要素的不断创造和再配置，带来主导产业的更迭、产业结构升级和经济的增长①。当前我国正处于工业化后期阶段，亦是消费结构由物质性消费向服务性消费转型升级的关键时期，服务性消费代表着消费升级的最终趋势，服务消费比重不断提升是消费结构转型升级的重要表现。推动消费结构转型升级的驱动力分别是，人均可支配收入持续提高，中产阶层迅速崛起，人口结构深刻变化，"互联网+"商业模式创新，以及宏观政策的积极引导等②。通过对发达国家居民消费结构升级经验的研究，居民消费结构升级的趋势主要按照"衣食—住行—康乐"的路径进行，服务消费代表消费升级的最终趋势。我国现阶段总体上已开启向服务消费升级的阶段，但由于城乡"二元"结构差异，城乡居民处于不同的消费升级阶段③。由于我国城镇和农村的经济发展差异较大，城镇居民和农村居民的消费结构差异也十分明显，造成现代服务业与城乡居民的消费结构关系并不是完全相同，要尽快完成农村消费结构的改造与升级。对城镇居民来说，食品消费和医疗保健消费与现代服务业发展存在反比例关系；农村居民在文教娱乐、居住等方面的消费与现代服务业发展存在正比例关系，但家庭设备消费与现代服务业发展存在反比例关系，减少这部分的消

---

① 郭正熙：《消费结构升级、消费者服务业发展趋势及区域经济增长的关系》，硕士学位论文，南京大学，2012年，第29页。

② 张颖熙、夏杰长：《以服务消费引领消费结构升级：国际经验与中国选择》，《北京工商大学学报（社会科学版）》2017年第6期。

③ 张颖熙、夏杰长：《服务消费结构升级的国际经验及其启示》，《重庆社会科学》2011年第11期。

费有利于现代服务业产业结构升级[1]。

2015年3月"互联网+"被写入国务院政府工作报告中,从而上升为国家战略。"互联网+"主要指互联网与各产业的结合体,属于社会发展到一定阶段的产物,属于行业发展的新时期技术背景,体现在各行业与互联网技术的融合与创新[2]。"互联网+"技术应用颠覆传统产业,给生活服务业的发展带来新的机遇,政府支持力度庞大,电商市场发展迅速,基础设施日益完善,居民生活方式改变。这些机遇对发展生活服务业的影响表现为,提供就业通道,引燃创业激情;提升服务质量,满足个性化服务;改善资源利用,打破地域限制;变革服务方式,促进产业升级[3]。

互联网服务业的发展经历了三个阶段:第一个阶段,信息网络开始成为第三产业分支中独立部门,内容为主、服务为辅;第二个阶段,"服务业+互联网",主要是传统服务业以既有业务为基础,利用互联网技术和理念,提高为用户服务的效率和质量;第三个阶段,"互联网+服务业",是以互联网平台为基础,创造出新产品、新业务与新模式,推动传统服务业转型升级甚至变革,从我们国家来看,目前正处于第二阶段深入发展、第三阶段初期探索的转型时期,正在推进互联网对传统产业从"补充"到"颠覆"的跨越式发展[4]。顺应"互联网+"时代潮流,加速消费性服务业的转型,一是需要加速去中介化和社交化,在生活服务领域,从打车软件、家政、美容、房地产交易、二手车买卖、医疗就诊等都开始"去中介化",二是以共享

---

[1] 李春红:《从现代服务业发展看城乡居民消费结构》,《中国统计》2018年第6期。

[2] 孙亚娟:《"互联网+"时代下商贸流通组织重构》,《商业经济研究》2016年第1期。

[3] 刘杰:《"互联网+"助力生活服务业的发展研究》,《知识经济》2016年第3期。

[4] 张新生:《加快发展"互联网+"服务业的思考》,《上海商业》2015年第12期。

经济颠覆传统消费模式、实现资源的优化配置，三是加快"互联网＋"服务业国际化步伐①。刘思雨（2017）② 以零售业为例，研究了大数据对消费性服务业态的影响，总结这一影响主要体现在卖给谁、卖什么、怎么卖三个过程，即对消费者群体进行细分，大数据指导生产，利用数据分析市场变化，做出合适营销方案，还要监控营销活动的效果，及时调整营销策略。计宁扬（2018）③ 认为应该借力互联网思维发展生活服务业，目前阿里巴巴推出了很多服务颠覆了传统生活服务业，如免押骑行共享单车、租房免押金等服务。用互联网思维来增大有效需求，激发市场潜能，使生活服务业发展与时俱进，培养生活服务业的"人脉"，打造智慧"养老"，创建宜居城市。上海率先从政策层面设立了"互联网＋生活性服务业"创新试验区，以互联网为驱动，充分发挥互联网的高效、便捷优势，提高资源利用效率，降低服务消费成本，推动生活性服务业产业创新④。

互联网革命给传统消费服务业态带来了巨大的变革，服务业态的智能化、需求的个性化、移动互联网化以及基于这种移动终端消费需求决定的消费市场的集成，将成为消费的主流方式⑤。近年来，随着移动互联网技术的发展，电子商务逐渐由传统互联网向移动互联网迁移，越来越多的用户喜欢通过移动终端购物，移动电商即将超越 PC 端成为主要网购入口⑥。截至 2018 年 12 月，我国网民规模

---

① 青玮：《上海设立"互联网＋生活性服务业"创新试验区》，《互联网天地》2016 年第 6 期。
② 刘思雨：《大数据对生活服务业业态的影响——以零售业为例》，《经济论坛》2017 年第 7 期。
③ 计宁扬：《用互联网思维发展扬州生活服务业》，《科技经济导刊》2018 年第 11 期。
④ 青玮：《上海设立"互联网＋生活性服务业"创新试验区》，《互联网天地》2016 年第 6 期。
⑤ 陈文玲：《互联网与新实体经济》，《中国流通经济》2016 年第 4 期。
⑥ 郭顺利、张向先、李中梅：《面向用户信息需求的移动 O2O 在线评论有用性排序模型研究——以美团为例》，《图书情报工作》2015 年第 23 期。

达8.29亿,普及率达59.6%,其中我国手机网民规模就有8.17亿,网民通过手机接入互联网的比例高达98.6%[①]。伴随着智能终端的快速普及,移动上网已成为常态,围绕移动社交、O2O、LBS等,消费性服务企业正在不断加大投资规模,积极布局移动端,开发和推出各类应用,广泛渗透到人们的衣食住行各个领域,包括网络购物、团购、美食、生活资讯、地图、旅行、天气、导航、健康、电影等,致力于为消费者提供无处不在、无时不在的贴身服务[②]。陈文玲(2016)[③]指出,酒店和旅游行业最早引入了互联网服务,开启了酒店和旅游资源的线上直销渠道,移动互联网进一步创新了场景化营销渠道,更加快捷便利地满足了消费者即兴、临时的旅行与住店需求;在餐饮行业,移动互联网和线上到线下模式的发展,进一步推动了餐饮行业消费与运营模式的变革,外卖上门日益流行,远程排队与基于位置的餐饮服务日渐增多,"点评"与"分享"成为营销引流的重要通道;在医疗、健康、养老行业,互联网平台和智慧医疗大大提升了医患沟通与信息交流的效率,移动互联网推动了养老产业的社区化、智慧化转型升级;移动互联网技术提升了教育的均等性、普遍性与知识传播的效率,推动了社会教育向"碎片化"与"终身学习"的转变。

随着移动互联网通信技术和手机支付技术的快速发展,移动电子商务给人们的生活和消费带来了极大的便利[④]。移动互联网浪潮已经开始融入并改变着人们的生活习惯,在日常出行、旅游出行、购

[①] 《第43次〈中国互联网络发展状况统计报告〉》,2019年2月28日,中国互联网络信息中心,http://cnnic.cn/gywm/xwzx/rdxw/20172017_7056/201902/t20190228_70643.htm。

[②] 张新生:《加快发展"互联网+"服务业的思考》,《上海商业》2015年第12期。

[③] 陈文玲:《互联网与新实体经济》,《中国流通经济》2016年第4期。

[④] 马雪静:《线上优惠券对消费者行为影响研究——基于O2O模式的分析》,《价格理论与实践》2019年第2期。

物消费等诸多领域，人们的习惯及需求发生了巨大改变，如在医疗领域，治疗前移现象日益显著，人们更加关注平时的健康情况，在日常出行领域，越来越多的人习惯网络约车，在日常娱乐领域，视频平台更习惯用移动客户端来观看，在生活购物领域，人们更习惯于通过淘宝、京东等购物平台下单购买，并且每年各平台的网购狂欢节成交纪录都会被刷新①。我国居民消费方式也发生了深刻变化，消费渠道变宽，向网络端转移，消费信息搜索频次增多，从以前的纯搜寻购买行为转化为大数据智能推荐开始占据一席之地，并且社交电商也开始崭露头角，移动网络支付渐成主流②。赖阳和康健（2015）③ 分析了"云消费"时代对城市生活服务需求的变化，要求城市生活服务的发展需要功能更加完善、服务更加便捷、流通更加安全，指出未来需要探索既保障满足居民高品质生活服务需求，又保证服务企业健康可持续发展的新的社区生活性服务业发展模式——社区生活"零距离、云服务"体系。

传统的服务业消费模式已不能满足客户的要求，新型的服务业模式兴起势在必行。O2O 平台、线下商家、消费者构成了一个 O2O 闭环链，可以通过服务差异化释放增值潜力，实现低成本接近高价值客户，低成本细化市场和产品多样化④。移动 O2O 是适应移动电子商务的发展而出现的一种新型电子商务模式，它通过移动互联网将线下商品或服务和线上相结合，即线上生成订单，线下完成商品

---

① 路博、金桦、张义：《中国移动互联网应用服务领域发展研究》，《电视技术》2017 年第 Z1 期。

② 卢迪、韩银丽、徐玥：《后移动互联网背景下的智能媒体发展与管理》，《现代传播（中国传媒大学学报）》2018 年第 5 期；周楠：《互联网背景下居民消费行为特征与影响要素探析》，《商业经济研究》2018 年第 24 期。

③ 赖阳、康健：《"云消费"时代提升生活性服务业品质的思路》，《商业经济研究》2015 年第 20 期。

④ 肖飞：《O2O 模式下消费性服务业发展探讨》，《商业经济研究》2017 年第 16 期。

和服务的交付，将实体企业尤其是本地生活服务业和商业服务业与移动互联网紧密相连，目前国内已涌现出一大批移动 O2O 应用，例如大众点评、美团、滴滴打车等[1]。刘京等（2014）[2] 指出生活服务 O2O 是 O2O 模式在生活服务领域的扩展，通过网络平台和支付平台为消费者提供线上与线下相结合的消费模式。线上渠道因为移动互联技术为消费者提供了极大的便利，线下渠道因为"社区化"拉近了与消费者的距离。线下渠道专卖、折扣等实体店铺和线上渠道官网、APP 商城等，形成了移动互联时代的多渠道经营有机链接和融合，这充分体现了 O2O 线上线下全渠道的多样融合[3]。近年来，我国本地生活服务 O2O 发展呈现以下几个特点，生活服务 O2O 商家分布呈地域碎片化，消费者品牌意识不断增强，O2O 消费模式已经成为人们生活的一部分，人力成本在商家成本中的比重逐渐加大，区位对商家的影响越来越大，由粗放式发展向精细化发展[4]。张新生（2015）[5] 指出随着"互联网+"服务业和传统服务业的新一轮博弈，线上或线下单一模式已经无法满足市场需求，未来 PC 端—手机端、线上线下结合的立体化渠道将是大势所趋。刘鹏（2016）[6] 对 O2O 模式对消费性服务业的具体作用路径进行了探究，并提出应该从标准化建立、加强 O2O 平台建设，推进 O2O 模式与消费性服务业

---

[1]《2014 年度中国电子商务市场数据检测报告》，2015 年 4 月 8 日，中国电子商务研究中心，http://www.100ec.cn/zt/upload_data/20150408.pdf。

[2] 刘京：《本地生活服务 O2O 市场现状及发展趋势探析》，《现代商业》2014 年第 21 期。

[3] 高凯：《移动互联网背景下零售商业模式创新路径分析》，《商业经济研究》2017 年第 12 期。

[4] 何军红、李仲香：《生活服务 O2O 带动消费模式升级的路径探讨》，《商业经济研究》2018 年第 16 期。

[5] 张新生：《加快发展"互联网+"服务业的思考》，《上海商业》2015 年第 12 期。

[6] 刘鹏：《O2O 模式下推进消费性服务业发展的机制与路径研究》，硕士学位论文，天津工业大学，2016 年，第 29 页。

的融合发展及消费性服务业产业的再造与整合。王法辉（2017）[①]以当地生活服务业O2O的典型代表——美团网为例，对O2O、生活服务行业、电子商务与"互联网+"、美团网的商业模式等方面进行了研究。

但是在互联网高速发展、平台经济蓬勃兴起的今天，我们所面对的互联网治理问题，前所未有、极度复杂。梁达（2015）[②]指出目前我国互联网管理的法律法规体系尚不完善，对信息隐私立法不够，执法手段相对不足，要推进信息隐私立法和保护，加强网络安全和监管机制。顾洪辉表示，监管新业态，一是要建立跨部门的联动惩戒机制，二是要考虑关于开放信用信息有关的服务，或者说关于联合信用信息社会化的应用，三是推动对互联网企业信用服务的评估，来推动它们更多地关注自己的信用[③]。电子商务具有的虚拟性、跨地域全球性、开放性的复杂特征，这使得电子商务市场相较于传统线下市场，其市场失灵现象的表现形态更为多样化，失灵市场现象的根源也更为错综复杂。张纬（2016）[④]认为我国政府传统的准入许可、人力巡查的监管方式及按行政级别进行层级监督的监管体制不仅无法形成有效的监管，更对电子商务的发展起到了束缚的负面作用，我国政府电子商务监管模式变革势在必行，并针对国情尝试提出了当前我国政府电子商务监管的对策，除了确立多元治理的监管模式，引入大数据系统整合各部门数据，形成电子商务领域的信用体系，通过监管成本决定电子商务主体的实名程度，建立

[①] 王法辉：《本地生活服务业O2O商业模式研究》，硕士学位论文，首都经济贸易大学，2017年，第18页。

[②] 梁达：《"互联网+"：服务业发展的新引擎》，《宏观经济管理》2015年第11期。

[③] 青玮：《上海设立"互联网+生活性服务业"创新试验区》，《互联网天地》2016年第6期。

[④] 张纬：《当前我国政府电子商务监管对策研究》，硕士学位论文，南京大学，2016年，第22页。

线上智能化的巡查系统,对重点领域监管智能化,还提出要引导第三方平台的自我监管、加强事后监管。而作为电子商务的第三方平台,淘宝网的电子商务治理方式,就跟传统市场管理有很大不同,采取在交易前实名审验、网站备案、消保基金、大数据风险预警;交易中间建立买家和卖家博弈制度,在商品售卖过程中进行信用评价、社交网络、网规约束、第三方支付担保交易;卖家不能很好地遵从规则的时候,大量的买家会给他中评、差评,卖家信用分值低,买家看到这些信息的时候,自然就会放弃购买①。

第六节 研究展望

综观学术界关于消费性服务业发展的相关研究成果,研究主题和内容呈现先深后广的态势。首先,与国家政策紧密结合。随着改革开放后经济体制的改革和思想意识的解放,消费性服务业的概念和范畴不断的明确也是伴随着每个阶段国家政策的出台,从1985年《关于建立第三产业统计的报告》中正式使用第三产业的概念,到2003年《国民经济行业分类》明确第三产业即为服务业,从2006年《中共中央关于制定国民经济和社会发展第十一个五年规划的建议》明确提出了消费性服务业的概念,到2011年《国务院关于印发服务业发展"十二五"规划的通知》中进一步指出生活性服务业是服务经济的重要组成部分,到2015年11月,消费性服务业发展的第一个全面、系统的政策性文件《关于加快发展生活性服务业促进消费结构升级的指导意见》的发布,再到2016年《中华人民共和国国民经济和社会发展第十三个五年规划纲要》中明确提出"推动生活性服务业向精细化和高品质转变"的目标,消费性服务业的理论研究不断深入、不断聚焦,从第三产业、服务业中的分类或者仅仅是对服务产品价值的探

---

① 高红冰:《平台经济崛起改变互联网治理模式》,《前线》2016年第2期。

讨慢慢分离出来成为独立的研究主题。其次，国民经济增长和网络信息技术促进了研究主题的全面发展。国民经济的增长和互联网技术的发展催生了居民消费不断从物质型消费到精神享乐型消费转变的需求，多样化、细分化、高定化的消费需求也使得消费升级和转变成为学者纷纷探索的研究主题，同时拉动经济发展三驾马车中消费的增长对经济发展的贡献也是最大的，消费对不同尺度地区的经济推动作用也亟须研究者进行实证研究的证明。新经济形态和网络技术的发展，使得"互联网+"时代、"云消费"背景下消费性服务业新业态的研究涌现，特别是与电商消费、团购点评、O2O、APP、拼单等进行结合的研究。最后，研究内容的视角出现多样化、交叉融合的发展。李江帆（1984）[1] 作为国内服务业问题研究的先行者，最早基于马克思剩余价值理论研究了服务消费品的价值属性；赵奎菊（1994）[2] 把系统动力学和投入产出方法结合起来，构建了包括"消费子系统"在内的第三产业经济模型；吴敦江和方建国（2010）[3]、张延吉和秦波（2015）[4] 从经济地理学的角度出发分析了消费性服务业的核心边缘型和生活服务业的非正规就业的空间分布；王芳和沈逸君（2012）[5] 从管理学的视角开发了消费性服务业管理人才的选拔培育量表。在研究方法上，消费性服务业的研究不断实现了定性分析和定量分析方法的结合。前期学者多以对消费性服务业的现状问题进行定性分析，并偶有学者使用经济函数的方法，后期学者较多使用计量经济模型对消费

---

[1] 李江帆：《服务消费品的使用价值与价值》，《中国社会科学》1984 年第 3 期。

[2] 赵奎菊：《北京市第三产业经济模型及其应用》，《情报理论与实践》1994 年第 6 期。

[3] 吴敦江、方建国：《消费性服务业的核心边缘模型研究——以福州市为例》，《海峡科学》2010 年第 11 期。

[4] 张延吉、秦波：《非正规就业的空间集聚及与正规就业的共栖关系——基于全国工业和生活服务业的实证研究》，《经济地理》2015 年第 8 期。

[5] 王芳、沈逸君：《消费性服务业管理人才"智情一体化"培育探索——以"文化产业管理专业"为例》，《中国集体经济》2012 年第 28 期。

性服务业的产出、生产率、产业结构以及与经济增长、第三产业、居民消费的关系进行分析,也会使用经济地理学的空间分析和管理学的问卷调查方法。

今后,我国消费性服务业的研究可以从以下两个角度着眼作进一步探索。

第一,研究内容的拓展。从现有学者的研究成果来看,较少聚焦于政府在消费服务业的作用。生活服务业的发展往往与政府的支持分不开,首先是政府的政策,其次是政府的投资[1]。有些消费领域如教育医疗等不能完全依靠市场来配置资源,这些行业成为政府干预和公共支出的重要领域,在这些领域政府既是主要的服务提供者,又是服务的出资人[2],政府在消费服务业中的角色定位和所承担责任的特殊性需要更多学者进行研究。同时以大数据、移动互联网、人工智能等现代信息技术的发展催生了数字经济,势必为消费服务业带来更多新的变化态势,充分释放了消费者的个性需求,消费空间得以延伸,移动支付、网络约车、远程教育、在线医疗、数字家庭、智慧社区、分享经济等新服务模式不断涌现,智慧零售、无人零售、机器人餐厅等商业模式开始进入市场,未来可以借助大数据、云计算、人工智能、虚拟现实等技术手段,需要更多学者对消费性服务新业态、新领域、新模式以及数字经济服务平台发展与治理的新思路进行探索研究[3]。

---

[1] 周勇:《中国资本密集型生活服务业的分类研究》,《商场现代化》2008年第24期。

[2] 刘建国:《上海市消费服务业的变动趋势与政策选择》,《上海经济研究》2007年第10期。

[3] 刘立君:《消费升级了,我们怎么看》,《科技智囊》2016年第9期;冯超颖:《创新发展背景下智慧餐饮管理模式构建》,《现代企业》2017年第4期;孙为民:《零售走向智慧与定量发展阶段》,《时代经贸》2017年第22期;陈晓红、唐立新、李勇建、霍宝锋、刘士新、顾远东、张兴伟、吴刚:《数字经济时代下的企业运营与服务创新管理的理论与实证》,《中国科学基金》2019年第3期;上海市人民政府:《发挥新消费引领优势 打响"上海购物"品牌》,《中国经贸导刊》2019年第3期。

第二，研究尺度的拓展。目前消费性服务业的研究已在国家、城市、县域等空间尺度进行了实证分析，也有介绍了发达国家如美国、日本、英国等地消费服务业发展的成功经验，但较少与中国消费性服务业发展的对比分析。未来消费性服务业的分析除了要进一步加强对我国特大城市、国家级开发区、服务业集聚区等空间尺度的实证研究，还应该通过探寻国内外消费性服务业发展的对比实证研究，为我国未来消费性服务业的发展提供研究参照，并在此基础上根据不同区域现状提出相应的政策建议和发展对策。

第 九 章

新中国社会服务业研究

第一节 前言

一 研究社会服务业的意义

新中国成立70年来，伴随着市场化机制逐渐确立和政府公共服务职能的日益完善，我国社会服务业经历了从无到有，到至今形成多元化供给的发展模式，为我国经济发展与社会进步发挥了重要作用。从历史的角度来看，有必要系统总结过去70年我国社会服务业领域改革的基本历程和历史经验，以为将来更好地发展提供借鉴。当前中国特色社会主义建设进入了新时代，社会主要矛盾发生了变化，社会服务业的改革和完善面临着更加严峻的挑战。大力发展和完善社会服务业是新时期实现我国经济社会高质量发展的必然选择。

陈宪（2010）认为，社会服务业具有政府主导性、非营利性以及公益性的特点，对稳增长、促就业、优结构具有重要的促进作用[①]。徐丹丹等（2013）认为社会服务业是从第三产业中衍生并独立发展成一个新的服务业产业门类，以消费者服务和社会公共服务

---

① 陈宪：《中国服务产业研究》，经济管理出版社2010年版，第52页。

为主体，具有劳动密集型产业特征，作为生产性服务业的重要补充，对促进经济增长、改善民生、缓解就业压力、保持社会和谐稳定具有十分重要的作用①。一个国家社会服务业的发达程度是衡量经济、社会现代化水平的重要标志，是评价人民生活水平高低的重要指标，发展社会服务业对提升一个国家或地区的国民经济水平具有举足轻重的作用。

二 社会服务业的分类与属性

从国民经济统计角度看，社会服务业属于第三产业的一部分。国家统计局在1985年《关于建立第三产业统计的报告》中，将第三产业分为四个层次：第一层次是流通部门，第二层次是生产和生活服务的部门，第三层次是为提高科学文化水平和居民素质服务的部门，第四层次是社会公共需要服务的部门。显然，第四层次一般被称之为"社会服务业"或者"公共服务业"。国内学者对社会服务业的研究起步较晚。关于社会服务业概念，岳经纶（2011）认为社会服务业是由政府或非营利组织向社会提供的公共设施管理、教育、医疗卫生、保健服务、邮政、社会福利、宗教等服务以及其他专业化服务和社会服务②。韩隆隆（2014）从行业角度梳理了社会服务业的具体范围，包括水利、环境和公共设施管理业，教育，卫生、社会保障和社会福利业，公共管理和社会组织（中国共产党机关、国家机构、人民政协和民主党派、群众团体、社会团体和宗教组织、基层群众自治组织），国际组织③。孙长学（2012）根据政府与市场发挥作用不同，对社会服务业作了更加清晰的界定，具体将社会服

---

① 徐丹丹等：《中国发展社会服务业的金融支持研究》，经济科学出版社2013年版，第91页。

② 岳经纶：《社会服务——从经济保障到服务保障》，中国社会出版社2011年版，第34—39页。

③ 韩隆隆：《中国社会服务业FDI空间格局及演变研究》，硕士学位论文，暨南大学，2014年，第89页。

务业划分为两大类：一类是群众必需的基本公共服务，主要依靠政府提供的社会服务；另一类是面向市场需求的非基本公共服务，主要依靠市场机制满足市场需求的社会服务[①]。倪明胜（2012）既强调社会服务的公益性，又考虑到了它的社会性，认为社会服务是"通过将创造国民收入的一部分人的收入分配给值得同情和救济的另一部分人，而进行的对普遍的福利有贡献的一系列集体的干预行动"，它一方面以满足全体社会成员的基本公务服务（如义务教育、基础医疗卫生、基本社会保障、环境保护、公共安全等）为重点，另一方面为老年人、残疾人、流浪儿童等弱势群体提供福利性社会服务以及个性化服务[②]。

第二节 社会服务业研究的孕育萌芽（1949—1992）

1949—1992年间，新中国的发展可以划分为"国民经济恢复"和"计划经济"两个时期。在这段时间，我国社会服务业发展基本是政府绝对主导的单一供给制。自"一五"时期开始，政府的主要职能是经济管理。政府主要工作是通过对企业实行国有国营，对财政实行统收统支，用计划经济手段，动员一切人力、物力、财力投入经济建设，促进社会主义工业化。政府在承担经济建设职能的同时，又承担着公共产品，如教育、文化、科技、医疗、社会保障、就业、职工住房等[③]的提供。

新中国成立初直到1992年邓小平南方谈话，我国基本上执行的是"计划经济"和"计划为主、市场为辅"的经济体制。由于财力

---

① 孙长学：《社会服务业 战略与选择》，山西经济出版社2012年版，第64页。
② 倪明胜：《社会服务概念辨识与路径优化》，《江西社会科学》2012年第2期。
③ 冯兰瑞等：《中国社会保障制度重构》，经济科学出版社1997年版，第103页。

所限，当时政府提供公共产品的数量不多、质量不高，特别是社会保障没有把农村包括在内，教育设施非常简陋，人民生活长期保持在一种低水平上。以医疗服务为例，计划经济时期，我国农村逐渐形成了以"合作医疗"为主的医疗服务供给体系，城市形成了"公费医疗和劳保医疗"相结合的医疗服务体系[1]。所谓"农村合作医疗"就是以公社为组织单位，由公社卫生院组织本公社所辖大队举办，并由公社卫生院进行管理[2]。我国农村合作医疗虽然存在着很大的缺陷和隐患，但在当时的社会历史背景下，对于满足大量农村人口的基本医疗服务需求起到了至关重要的作用，是值得肯定和称赞的。我国农村合作医疗曾被世界卫生组织和世界银行所认可，认为其"以最少投入获得了最大健康收益的中国模式"，"取得了低收入发展中国家举世无双的成就"[3]。由此可见，计划经济时期，中国农村广泛实行的合作医疗制度是当时经济社会发展背景下形成的一种"制度均衡"[4]。有学者将这种制度均衡定义为人们对既定制度安排和制度结构的一种满足状态或满意状态[5]。可以说，这是我党在新中国成立后，面临百废待兴而财力有限条件下，实事求是、因地制宜地进行的一场具有中国特色的社会主义重要探索和制度创新。

总结这一时期我国公共服务（社会服务）领域改革与制度安排，主要有四个特点：一是有助于迅速恢复国家经济和社会职

---

[1] 钱信忠、张怡民：《中国卫生50年历程》，中国古籍出版社1999年版，第11—109页。

[2] 人民卫生出版社编辑部：《合作医疗遍地开花》，人民卫生出版社1975年版，第33—92页；清华大学经济与管理学院：《中国医疗体制改革与卫生服务业的发展》，人类发展论坛（2006）健康与发展国际研讨会背景报告，第67页。

[3] 世界银行：《1993年世界发展报告：投资于健康》，中国财政经济出版社1993年版，第49—115页。

[4] 顾昕、方黎明：《自愿性与强制性之间——中国农村合作医疗的制度嵌入性与可持续性发展分析》，《社会学研究》2004年第5期。

[5] 张曙光：《论制度均衡和制度变革》，北京大学出版社2003年版，第76页。

能，尽快满足人民对社会服务的迫切需要；二是公共服务供给和管理体制基本停留在计划经济时代的"三位一体"管理体制上；三是尝试在公共服务供给空白区和薄弱领域，有限度地允许个人或社会参与供给，并给予一定的政策发展空间；四是在政府单一提供主体的格局下，公共服务供给能力有限，公共服务供需矛盾开始扩大，而这一矛盾也直接导致了我国公共服务供给制度的变革。

二 计划经济时期公共服务（社会服务）制度选择的理论基础

朱玲（1998）认为，计划经济下公共服务领域制度选择，除了满足保护生产、稳定社会的目标之外，还有更为广阔的经济理论、意识形态和发展战略选择等背景[1]。丁之锁（1994）认为，20世纪50—70年代实施的以公共服务为代表的社会保障制度是建立在马克思《资本论》第三卷和《哥达纲领批判》的基本设想上，即未来共产主义社会在对个人消费品分配前必须做出一系列扣除，其中包括用来应付不幸事故、自然灾害等的后备基金或保险基金，以及为丧失劳动能力的人等设立的基金[2]。对于这一制度的选择，必须放到当时的国际政治背景下考察。当时，社会主义国家建立起来的时间还不长，以为在剥夺私人资本的同时就必将消除失业和贫困，因而统揽了"从摇篮到坟墓"的一揽子社会保障，即工伤、疾病、孕产、养老、死亡等多种项目构成的"福利包"，以突显社会主义制度的优越性。这种制度安排，优点是比较迅速地解决了"公平"问题，化解了社会矛盾，但也由此带来的是服务供给效率低下以及人们的更高需求得不到有效满足。

---

[1] 朱玲：《计划经济下的社会保护评析》，《中国社会科学》1998年第5期。
[2] 丁之锁：《社会保障比较研究》，博士学位论文，中国社会科学院研究生院，1994年，第78页。

第三节　社会服务业研究的拓展深入（1993—2011）

1993年11月，中国共产党十四届三中全会在北京举行。会议通过了《中共中央关于建立社会主义市场经济体制若干问题的决定》，是对党的十四大提出的建立社会主义市场经济体制目标的具体化和系统化，在理论和实践上都有重要的突破和发展，这个文件是建设社会主义市场经济体制的行动纲领。这实际上意味着中国彻底告别了计划经济体制，市场取向改革是社会的共识，并不断深入前行。这一段时期，对社会服务业的发展的研究异常活跃，在许多重大的问题上有创新性探索，理论创新和政策设计都有了新的突破。

一　社会服务业中引入市场机制

1992年我国确立了建设社会主义市场经济体制的目标，掀开了我国改革开放与经济建设事业的新篇章。随着市场在资源配置中基础性的确立，政府职能也在从经济管理向宏观调控、综合协调、社会管理转变[1]。党的十六大报告第一次将政府职能明确界定为"经济调节、市场监管、社会管理、公共服务"。十六届六中全会提出"建设服务型政府，强化社会管理和公共服务职能"。所谓经济社会转型期是指改革开放以来中国经济由计划向市场转型的时期，计划经济体制虽然已经解体，但市场经济体制尚未真正建立，不完全的计划和不完全的市场同时对资源配置起作用[2]。这一时期既是经济高速增

---

[1]　张卓元：《从计划经济体制向社会主义市场经济体制的大跨越》，《经济研究》1998年第11期。

[2]　沈坤荣：《中国经济转型期的政府行为与经济增长》，《管理世界》1998年第2期。

长的时期，也是政府职能明显转变和社会服务逐步完善的时期。一方面，经济增长为社会提供了日益丰富的公共产品，使政府有足够财力投入民生领域；另一方面，政府职能转变使社会服务的基础设施、制度机制和法律法规不断完善。在引入市场竞争机制后，政府逐渐放开了部分公共产品定价权和浮动空间，通过"大包干""承包制""放开服务收费权限"和"现代企业制度"等改革，加快了企业的现代化管理转型。政府与市场的格局、分工、地位、关系发生了巨大变化。市场在资源配置中由基础性作用提高到决定性作用，政府的职能锁定在公共服务和弥补市场失灵方面。在公共产品和公共服务的提供上政府发挥主体作用，市场弥补政府失灵[1]。

从社会服务的具体行业和领域来看，市场化改革进程在日益加快。与此相对应，在这段转轨时期，学术界对于公共服务（公共产品）市场化机制问题展开了深入的探讨：张馨（1998）借鉴西方资本主义社会发展出来的"公共产品论"，论证了它对我国市场化机制改革和宏观调整方向的重要作用[2]。公共产品论是在强调和尊重市场机制配置资源作用的基础上探讨政府和财政活动问题的。无论资本主义还是社会主义，市场经济下的政府宏观调控都必须尊重市场机制的基础性作用。计划经济下与市场经济下政府宏观调控的根本差别就在于是肯定还是否定市场机制的基础性配置资源作用。因此，只有真正尊重了市场的基础性作用，我国才可能建立起社会主义市场经济。学术界对公共服务市场化供给机制的讨论中，基本上一致认为市场是起基础性作用的，并且是在政府合理、有效宏观调控下的市场化供给，只是学者们选择的研究视角各有不同。例如，汤建光和李慧中（2002）从公共服务产品特性角度，探讨了公共产品供

---

[1] 姜晓萍、邓寒竹：《中国公共服务30年的制度变迁与发展趋势》，《四川大学学报（哲学与社会科学版）》2009年第1期。

[2] 张馨：《公共产品论对我国不具有借鉴意义吗？——答许毅教授》，《中国经济问题》1998年第3期。

给机制。他们认为公共服务产品的特性决定了它的提供既需要市场化运作机制又需要政府的监督和管理。所谓市场化特性，即公共服务产品在一定经济和技术状态下，社会的每一个成员只要支付合理价格就有资格对其享用，但又不能通过通常的市场渠道对其进行合理分配的服务，其中最主要的是城市公用事业服务和部分交通、基础医疗、收费教育等服务。它和一般的商品与服务一样具有市场化特性，需要遵循市场化机制的运行规则以保证产品的供给。除此之外，由于不完全信息、不完全竞争和外部性等因素导致公共服务产品存在市场失灵问题，因而需要政府的价格管制与监督管理[1]。吕恒立（2002）从公共产品私人供给的理论和实践角度，认为在不完善的现实政府、不完善的现实市场和现实社会之间，应建立一种有效的选择和相互协调机制，努力寻求政府、市场和社会在公共产品供给领域的均衡点，以更有效地提供公共产品、实现公共利益[2]。蔡汉波等（2002）从公共产品与国家财政角度，认为公共产品市场化供给有助于缓解国家财政压力，但并不是说国家财政就可以不管不问，还是要考虑需要，提供适当的财力支持，特别是对私人企业提供公共产品给予税收优惠、投资扶持等政策支持[3]。

二 城乡公共服务（社会服务）差距问题

转轨时期既是我国经济快速发展、综合经济实力逐步提高的时期，也是我国城乡公共服务二元格局加剧的时期，公共服务城乡二元化特征日益突出。城乡基本公共服务的差距表现为城乡之间的基本教育、基本医疗、社会保险、文化与基础设施、户籍制度和土地

---

[1] 汤建光、李慧中：《公共服务产品的市场特征与成本的公共管理》，《经济问题探索》2002年第12期。

[2] 吕恒立：《试论公共产品的私人供给》，《天津师范大学学报（哲学社会科学版）》2002年第3期。

[3] 蔡汉波、黄瑞新、李凌：《公共产品的市场供给》，《财政研究》2002年第7期。

制度等方面①。城乡公共服务二元化差距的扩大主要归结于二元经济结构和二元化的制度安排。从二元经济结构角度看，朱德云和刘玉安（2012）认为，城乡二元经济结构是造成基本公共服务"供给不均"和"享受不均"的主要原因。城乡二元化的经济发展模式不仅拉大了城乡经济发展的差距，而且导致基本公共服务呈现城乡二元的特点②。从二元制度角度看，城乡二元体制障碍成为经济社会体制中最明显、最突出的矛盾之一，也是导致城乡公共服务差距的根源③。例如，政府在教育制度上的安排存在着明显的城乡差异。城市义务教育要优先于农村义务教育。这种二元化的制度安排一定程度强化了农村教育的边缘化地位，直到我国免除农村义务教育学费之后才开始逐步转变④。

三 社会服务业发展变迁与"政府"与"市场"的角色定位

经济社会的快速发展，难免会带来诸多矛盾。比如：经济快速增长与发展的严重不平衡、资源与环境约束的突出矛盾；公共需求的全面快速增长与公共服务的不到位、公共产品严重短缺的突出矛盾⑤。这些矛盾的形成，原因复杂，但与市场机制不明确、政府职责不到位和职能的错位密切相关。政府与市场的关系与定位是伴随着中国改革开放的重大理论问题和重大实践问题。中国经济社会改革

---

① 吴根平：《统筹城乡发展视角下我国基本公共服务均等化研究》，《农村经济》2014 年第 2 期。

② 朱德云、刘玉安：《我国基本公共服务均等化的制约因素探析》，《山东社会科学》2012 年第 12 期。

③ 党秀云、马子博：《我国城乡基本公共服务均等化的制度困境及改革路径》，《西北大学学报（哲学社会科学版）》2013 年第 11 期；王胜子、韩俊江、白明艳：《农村公共服务：问题及对策》，《税务与经济》2014 年第 3 期。

④ 周芬芬：《城乡教育差距的分析视角与实践模式》，《华中师范大学学报（人文社会科学版）》2009 年第 1 期。

⑤ 迟福林：《门槛——政府转型与改革攻坚》，中国经济出版社 2005 年版，第 103 页。

与发展的进程可以归结为"市场机制逐渐确立与政府职能向公共服务转型"的过程。伴随着市场化改革，中国社会服务业呈现出多渠道、多层次、多形式发展的趋势①。社会服务业市场化改革的实质是将部分社会职能归还社会②。在这个过程中，政府的角色地位发生了重大转变，政府包揽一切的格局被彻底打破，市场和社会在供给社会服务方面的作用明显增强。

四 社会服务业中政府角色的转型

社会服务业中政府转型问题讨论的核心是，政府既不是计划经济时期公共服务的垄断供给者，也不是纯粹市场经济下放任不管的旁观者，而是有计划、有目标的参与者、管理者与监督者，而这恰恰是服务型政府的职责所在。迟福林和方栓喜（2011）对公共品出现严重短缺的基本国情讨论中，认为政府只有转向以公共服务建设为中心才能实现经济结构转型升级。③ 迟福林的论断是基于对欧美发达国家工业化时期的基本经验得出的，"正是由于政府以公共服务为中心，欧美发达国家才赢得了四十多年的黄金发展期"。当然，政府以公共服务为中心与发展经济并不矛盾，而是在工业化中后期这样的特定发展阶段，政府要积极地创造条件克服生产过剩危机，实现经济结构的转型升级，为经济发展创造公平的市场和社会环境，以推动更高质量的经济增长。迟福林认为，以公共服务为中心的政府转型是对公共资源配置的整体优化，政府要确立经济性公共服务、社会性公共服务、制度性公共服务三大核心职能。从制度经济学角度看，政府在制度创新、制度变迁上具有不可替代的比较优势。制

---

① 刘筱、闫小培：《转型期中国城市公共服务业管制研究》，商务印书馆2010年版，第56页。

② 方远平、闫小培：《大都市服务业区位理论与实证研究》，商务印书馆2008年版，第103页。

③ 迟福林、方栓喜：《公共产品短缺时代的政府转型》，《上海大学学报（社会科学版）》2011年第7期。

度创新,既体现为对现有制度安排进行变革,也体现为创设一种崭新的制度。① 计划经济体制下公共服务领域形成行政性垄断,单纯依靠市场自发力量无法改变利益格局。政府具有合法强制力,当新制度安排与旧制度发生抵触时,它可以进行有效的强制性干预,使新制度合法覆盖旧制度,改变"锁定状态"。② 新制度经济学为论证"经济发展方式转变有赖于政府进行制度创新"提供了注脚。政府作为制度公共品的提供者,有权决定改革的时机、制度变革的强度和实施的范围。

第四节 社会服务业研究的创新突破(2012年至今)

一 从规制经济学视角研究社会服务业

"规制"是由行政机构制定并执行的,直接干预市场配置机制和间接改变企业和消费者的供需决策的一般规则或特殊行为。社会服务市场化中会遭遇外部性、垄断、信息不对称等问题。因此,要通过规制机制的建立来化解社会服务市场化中的局限性和矛盾,以确保市场化的顺利实施与服务的有效供给。从市场化视角下的社会服务模式重塑角度,社会服务中既需要竞争机制,也需要规制机制,并达成二者的动态平衡③。

关于社会服务市场化规制,是指在社会服务市场化过程中管理社会服务的权力机关,依据法律规定制定相关的法规、规章及规范性文件,依法对社会服务市场化、竞争中的事业单位、私人企业、

---

① 曹沛霖:《制度纵横谈》,人民出版社2005年版,第126页。
② 王覃刚:《中国政府主导型制度变迁的逻辑及障碍分析》,《山西财经大学学报》2005年第3期。
③ 王刚、王荣科:《竞争与规制:市场化视角的社会服务模式重塑》,《安徽大学学报(哲学社会科学版)》2013年第4期。

非营利组织及个人实行监管、控制、激励的一系列行为，是政府为保证市场化中社会服务有效供给的重要手段[①]。王梅（2012）认为政府角色从传统的"生产者"成为"授权者"以后，政府行政权力突显，"寻租"和权力交易等腐败现象极易发生，所以必须从立法、绩效评估和监管等环节，有效地规制政府行为，确保政府购买服务改革顺利进行。[②] 江春芳（2013）从民生类公共服务自身的特点（如均等性、公益性和普及性）研究出发，认为市场化过程中民营企业易受逐利性驱使而忽略民生类公共服务的有效供给，导致社会服务市场化过程中公益公正的特点被忽略，从而违背了改革的初衷。因此，在社会服务市场化过程中必须要加强政府管制，通过政府管制与市场化共同作用而提高社会服务的市场化效益。陈富良等（2016）梳理了中国公用事业规制性改革的不同阶段，并认为我国公用事业规制性改革应从新公共服务演进为新规制治理，即引入第三方形成金字塔形规制框架，鼓励公用事业提升服务意识实现自我规制为主、合约规制为辅、命令控制规制为最后手段的规制治理新格局。[③]

二 社会服务业的多元化供给模式

社会服务是多维度的，单一的政府投入维度显然远远不够。实现社会服务供给的充分性，需要服务供给的市场化、社会化力量共同参与，这意味着社会服务供给模式的转变，即从单一的政府供给模式转向政府、市场、社会多元的供给模式。政府、市场与社会合作能够有效提升公共服务效率，弥补政府的

---

① 王刚、王荣科：《竞争与规制：市场化视角的社会服务模式重塑》，《安徽大学学报（哲学社会科学版）》2013年第4期。
② 王梅：《规制政府购买公共服务行为的制约因素及其体系建构》，《改革与战略》2012年第4期。
③ 陈富良、熊毅、邓明：《公用事业规制改革路径：从新公共服务到新规制治理》，《经济与管理研究》2016年第12期。

财力不足。因而通过社会服务供给的社会化渠道弥补政府供给的不足,能够大大提升社会服务供给量,实现充分供给,从而更好地满足经济高质量发展的需要,回应人民日益增长的美好生活诉求。

(一) 政府购买社会服务

政府购买服务是社会服务供给方式转型的一个重要选择。政府购买服务作为一种新型的社会服务供给方式,有利于发挥市场机制作用,转变公共服务供给模式,从而实现公共利益最大化。2013年,国务院办公厅发布的《关于政府向社会力量购买服务的指导意见》中明确指出社会组织是承接政府购买的重要主体;2013年十八届三中全会强调社会组织参与我国基础设施建设工作;2016年,财政部、民政部联合发布的《关于通过政府购买服务支持社会组织培育发展的指导意见》强调:"要围绕供给侧结构性改革,结合'放管服'改革、事业单位改革和行业协会商会脱钩改革,充分发挥市场机制作用,大力推进政府向社会组织购买服务。"政府购买社会组织服务是政府与社会组织合作生产的过程,这种合作生产体现为服务供给过程中的角色分工,其重点是将政府从服务生产中分离出来。[1] 从近年来我国社会组织承接社会服务项目看,政府部分公共服务职能向社会组织转移也更加成熟,合作更加完善。但是,政府在购买社会组织服务过程中往往存在"过度干预"等结构性扭曲问题。对此,很多学者针对政府购买社会组织服务中存在的问题和政策建议作了很多研究。例如,王焰和张向前 (2017) 提出了实现政府与社会组织合作模式优化的建议。[2] 魏娜和张勇杰 (2017) 建立了供给侧改革视角下政府购买社

---

[1] 魏娜、张勇杰:《供给侧视角下政府购买社会组织服务的路径优化》,《天津社会科学》2017年第4期。

[2] 王焰、张向前:《购买服务、社会资本合作 (PPP) 中政府与社会组织合作模式研究》,《科技管理研究》2017年第18期。

会组织服务的分析框架,并提出了一系列的路径优化措施。① 李晋中(2016)分析了新常态下如何改进政府公共服务的供给方式,特别强调"政府购买服务、非营利性组织提供公共服务以及用市场化手段筹集公共设施资金都是很好的市场方式,可以提高公共服务供给效率和效果"。②

总之,政府向社会组织购买公共服务是由社会服务机构生产公共服务和产品,并通过生产者的多元化与服务类型的多样性实现,它是政府与市场、社会共同协作的行为。政府只有创设良好的制度供给环境,在"补短板"上下功夫,才能有效地满足公众多样化的服务需求。

(二) 政府—社会资本合作

政府与社会资本合作(PPP,Public – Private Partnership),是指政府与社会组织之间为了共同建设基础设施,或是为了提供基本公共服务,以契约明确双方的权利和义务,彼此间形成一种伙伴合作关系,最终使合作各方均获得比单独行动更大的收获。PPP 是集融资、管理到治理而有关基本公共服务供给的一种创新机制,是解决当前政府财政投入不足、难以有效满足人们多元社会服务需求等问题的有力工具③。社会资本合作 PPP 包括两个方面的内容:首先,它是公共部门和私人部门建立的合作伙伴关系;其次,它的主要目的是满足基础设施、公共事业等公共性或非公共性产品和服务的需要④。PPP 有着

---

① 魏娜、张勇杰:《供给侧视角下政府购买社会组织服务的路径优化》,《天津社会科学》2017 年第 4 期。

② 李晋中:《政府和市场在公共产品供给中的作用》,《当代中国史研究》2016 年第 1 期。

③ 欧纯智、贾康:《医疗健康服务供给的 PPP 模式探讨》,《求是学刊》2017 年第 3 期。

④ 王俊豪、付金存:《公私合作制的本质特征与中国城市公用事业的政策选择》,《中国工业经济》2014 年第 7 期;王焰、张向前:《购买服务、社会资本合作(PPP)中政府与社会组织合作模式研究》,《科技管理研究》2017 年第 18 期。

重要的现实意义，不仅是适应经济新常态的重大部署，应对当前经济下行压力增大的重要举措，同时也是社会资本参与解决公共服务供给不足的主要保障。

（三）供给侧结构性改革与社会服务业发展

随着人口红利逐步消失、外需萎缩、以投资推动的经济增长不可持续，经济增速由高速增长阶段转入中高速增长阶段，同时我国人均收入水平也进入中等收入偏上的国家行列，能否跨越"中等收入陷阱"，公共产品供给面临着新的矛盾。胡鞍钢等（2016）比较早地发现了"十二五"以来我国经济发展过程中的这种结构性问题，并提出了针对性的解决措施[①]。这种结构性问题突出表现在供需结构不平衡。从"供给端"来看，供给端提供服务的水平、程度、质量还都不能满足公众的基本公共服务需求，公众享有公共服务的满意度和获得感不强，尤其是在养老服务、医疗保健、社区救助、再就业培训等方面明显存在供不应求的情况[②]。

供给侧结构性改革，如今已深入社会服务业的各个领域。在文化服务领域，秦宗财、方影（2017）认为文化产业供给侧动力要素包括内生动力要素和外部助力要素两大方面，其结构性改革的基本路径是内生动力要素的激活和外部要素的协同优化，推动文化产业创新发展，应通过内外兼施，实现两端"共振效应"，创造最优化的供给侧生态结构，从而推动文化产业转型升级[③]。李锋（2018）基于供给悖论的发生逻辑和供给效能的检视，认为新时代农村公共文化产品供给改革更应着力于供给侧，探索供给驱动与需求引导相结

[①] 胡鞍钢、周绍杰、任皓：《供给侧结构性改革——适应和引领中国经济新常态》，《清华大学学报（哲学社会科学版）》2016年第2期。

[②] 魏娜、张勇杰：《供给侧视角下政府购买社会组织服务的路径优化》，《天津社会科学》2017年第4期。

[③] 秦宗财、方影：《我国文化产业供给侧动力要素与结构性改革路径》，《江西社会科学》2017年第9期。

合的供给侧改革路径。① 在养老服务领域，随着我国步入深度老龄化，居家养老服务供给与需求的结构性矛盾日益尖锐，表现为"居家养老服务市场供给中便利的平民服务缺乏与大量需求之间的矛盾；专业性居家养老服务的匮乏与发展享受型消费之间的矛盾；养老服务的碎片化难以满足老年群体对居家养老服务分层链接紧密结合的需求"②。高传胜（2016）在供给侧改革背景下重新审视我国老龄服务业促进政策与管理措施。供给侧改革对养老机构实行的公建民营、公助民营和财政补贴等做法，采取政府购买服务方式或者直接补贴经济困难老人，让其自主购买老龄服务，有助于扩大市场发展空间、培育优秀的行业主体③。

（四）互联网与社会服务业创新

"互联网+"这一概念和技术的蓬勃兴起不仅对经济生活产生了变革性的影响，更激发了人们对产品推广、商业生态乃至产业发展的重新审视。互联网与社会服务业的融合发展对提升社会服务供给效率和服务质量起到了不可忽视的作用。由于"互联网+"是一个新兴概念，对其相关问题的讨论主要集中在近十年中。国内学者从文化产业、养老服务等领域，分别探讨了互联网促进社会服务业发展的一系列问题。

以文化产业为例，互联网的发展不仅拓展了文化产业的范畴，为文化产业发展提供了新的平台，还为文化生产方式的变革掀开了全新的一页④。孙铁柱和刘谭（2014）认为我国文化产业发展中依然存在着产业链不完善、文化消费比重偏低、知识产权保护不力及

---

① 李锋：《农村公共文化产品供给侧改革与效能提升》，《农村经济》2018年第9期。

② 陈宁：《从供给者主导到消费者主导：关于中国居家养老服务供给的一个分析框架》，《企业经济》2017年第8期。

③ 高传胜：《老龄服务业促进政策及现实问题再审视》，《社会科学辑刊》2016年第4期。

④ 王爽：《互联网与文化生产变革》，《学术论坛》2013年第12期。

人才匮乏等问题。因此，未来我国文化产业应竭力探索与互联网的深度融合，将互联网平台化、互动化与多元化的特性应用于文化产业，扩宽文化产业的发展前景，使其更好地为国民经济服务[1]。在"互联网+文化"问题上，学者们探讨最多的是其商业模式的创新。陈少峰（2015）从价值链角度考察了"互联网+文化产业"的商业模式，并提出了它的价值链构建途径[2]。黄芙蓉（2015）结合"互联网+"、大数据等高科技时代特征，提出了重构文化产业生态链的发展对策与创新模式[3]。王林生（2017）认为，"互联网+"理念逐渐与文化发展的实际相结合，催生出"泛娱乐文化业态、二次元文化业态、虚拟文化业态"等诸多新的文化业态，从而极大地推动了文化产业创新发展[4]。卫军英、吴倩（2019）从网络化关系视角探讨了"互联网+"与文化创意产业集群转型升级[5]。

国务院在关于"互联网+"方面明确提出，要以互联网资源为基础，动员社会力量，参与社区服务，搭建养老信息服务平台，提供一系列居家养老服务。近年来，中国学界和政策界对"互联网+养老"已作了不少理论探索。2012年，全国老龄工作委员会办公室和北京市怀柔区政府联合主办"首届全国智能化养老战略研讨会"。此后，"互联网+养老"问题作为中国面临的重大问题在各种重大议事中多次被提及和展开深入讨论。所谓"互联网+养老"，即以信息网络技术为主要支撑，综合运用物

---

[1] 孙铁柱、刘谭：《互联网思维下中国文化产业发展问题研究》，《税务与经济》2014年第6期。

[2] 陈少峰：《互联网+文化产业的价值链思考》，《北京联合大学学报（人文社会科学版）》2015年第10期。

[3] 黄芙蓉：《互联网+文化产业发展的对策与模式创新》，《统计与决策》2015年第24期。

[4] 王林生：《互联网文化新业态的产业特征与发展趋势》，《甘肃社会科学》2017年第5期。

[5] 卫军英、吴倩：《互联网+与文化创意产业集群转型升级——基于网络化关系的视角》，《西南民族大学学报（人文社会科学版）》2019年第4期。

联网、大数据和云计算等新技术，改造传统养老产业的服务方式、管理方法和商业模式，通过提供相应服务和产品来满足老年人的养老需求，为老年人提供生活照顾和护理服务、满足老年人生活和精神需求的行业[1]。互联网养老产业是对传统养老产业的优化与升级，在老龄化日益严峻形势下已成为确保社会健康良性发展的必然要求。

国内学者张少芳（2016）对互联网养老产业发展现状、机遇及路径选择作了详细的研究[2]。孔伟艳（2018）运用"需求—供给"分析框架，从宏观视角研究当前中国"互联网＋"养老服务发展中的问题，包括供给侧的供需匹配度不高、供方明确度不高、设备可靠性不强问题与需求侧的老人参与度不高、购买力不强、消费不主动问题。作者建议在供给侧强化供需匹配、明确供给主体、鼓励企业创新，在需求侧重建社会信任、针对老人赋能、促进老人消费[3]。温海红、王怡欢（2019）运用个体差异理论，从微观视角分析"互联网＋"居家社区养老服务需求及其影响因素。王媛媛（2017）综合分析了互联网金融和PPP在养老服务业中的应用。其研究发现，在PPP养老项目中结合互联网金融，可以利用投资主体的分散性，解决主体缺位风险，同时还可通过互联网技术合理分配融资风险，提高融资效率，进一步拓宽PPP养老项目融资渠道[4]。王瑀（2017）认为依托大数据，建立完善的老年人数据信息库；找准切入点，以老年电商带动养老服务；积极触网，

---

[1] 耿永志：《养老产业发展研究：目标、差距及影响因素》，《湖南社会科学》2013年第5期。

[2] 张少芳：《互联网养老产业发展现状、机遇及路径选择》，《河北学刊》2016年第7期。

[3] 孔伟艳：《推动"互联网＋"养老服务的供需双侧改革》，《宏观经济研究》2018年第8期。

[4] 王媛媛：《联网金融与PPP结合在养老服务业的应用分析》，《科技金融》2017年第4期。

深入地服务于养老；聚焦于居家养老，克服传统的线下养老服务的不足等是社会力量今后进一步参与养老服务业的有效途径[①]。耿永志等（2019）针对当前我国"互联网＋养老服务"产业在发展过程中存在的问题，从如何捋顺体制机制、增强科技研发力度、拓宽融资渠道等方面，详细探讨了推动互联网和养老深度融合发展的政策建议[②]。

（五）社会服务业对外开放

社会服务引入外资是社会服务市场化改革的重要环节，也是满足多层次服务需求的有效途径。扩大社会服务业对外开放、实现服务业跨越式发展，成为我国转变经济发展方式、加快产业转型升级的重大战略选择。

社会服务业作为劳动密集型服务行业是本地化程度最高、最难以外包的服务行业。随着社会服务领域消费者个人意识的觉醒以及付款方节约成本压力的逐渐升高，越来越多的社会服务将以离岸服务外包的形式转移到人力成本更低的发展中国家。刘奕、雷雄（2013）从外包角度探讨了社会服务业对外开放的意义，即大力发展社会服务业外包可以极大地激发服务承接方的供给潜力，并为中国的社会服务体系带来经济收益增加、创新动力增强、服务质量和标准化程度提高、服务信息透明度改善等传统社会服务体制难以带来的良好效果[③]。韩隆隆（2014）以社会服务业的外商直接投资为研究对象，从行业规模、行业结构、外资发展的角度揭示我国社会服务业发展的经济特征，并利用探索性空间数据的分析方法，对我国近年来社会服务业 FDI 的空间分布特

---

① 王瑀：《"互联网＋"条件下社会力量参与养老服务业的研究》，《四川文化产业职业学院学报》2017 年第 3 期。

② 耿永志、魏云娜、周瑾：《"互联网＋养老服务"发展问题探究》，《宏观经济管理》2019 年第 1 期。

③ 刘奕、雷雄：《全球价值链体系中的社会服务业外包：趋势、效应与启示》，《学习与探索》2013 年第 8 期。

征和演化模式进行了系统分析[1]。杨丹辉和王子先（2014）在服务业全球化进程加快的大背景下，以服务业价值链的深度分解和全球治理为切入点，系统探讨了社会服务业开放的新模式，进而提出了扩大文化、教育、医疗等社会服务业对外开放的战略思路和政策建议[2]。

社会服务业对外开放的研究主要集中在文化教育领域。林桂军和任靓（2014）[3]、张国军（2014）[4]、王峰和何宜晓（2014）[5]梳理了中国境外消费教育服务贸易的发展历史和现状，结合中国、英美等发达国家境外消费教育服务贸易的出口情况，分析了我国境外消费教育服务贸易的竞争力，其研究结果显示，我国境外消费教育服务贸易处于竞争劣势，逆差大，发展不平衡。"一带一路"倡议提出建立健全服务贸易促进体系，巩固和扩大传统贸易，大力发展现代服务贸易。国内学者孙少勤（2017）[6]、刘克春（2017）[7]、陈飞宇（2018）[8]在"一带一路"背景下，探讨了中国文化教育服务贸易的现状、竞争优势及发展策略。"一带一路"倡议加强了全球联结，不

---

[1] 刘奕、雷雄：《全球价值链体系中的社会服务业外包：趋势、效应与启示》，《学习与探索》2013年第8期。

[2] 杨丹辉、王子先：《服务外包与社会服务业开放式发展战略》，经济管理出版社2014年版，第81页。

[3] 林桂军、任靓：《开放型经济视角下我国教育服务贸易发展战略研究》，《国际贸易》2014年第10期。

[4] 张国军：《我国境外消费教育服务贸易发展现状及对策》，《中国高教研究》2014年第1期。

[5] 王峰、何宜晓：《教育服务贸易国际竞争力比较与相关定位》，《中国与全球化》2014年第7期。

[6] 孙少勤：《如何塑造来华教育服务贸易新优势——基于"一带一路"视角的分析》，《国际贸易》2017年第10期。

[7] 刘克春：《中国文化服务贸易问题与协同创新对策》，《国际贸易》2017年第8期。

[8] 陈飞宇：《我国与"一带一路"区域高等教育服务贸易问题研究》，《理论学刊》2018年第11期。

仅是在基础设施方面，还在人与人的关系方面，尤其是人才以及文化等方面的交流。

第五节 研究展望

新中国成立初期，服务于重工业优先发展战略，中国逐渐建立起城乡分割的计划经济体制。在这一制度安排下，我国的社会服务基本是在政府一揽子主导下的公共服务。由于财力所限，当时政府提供公共产品的数量不多、质量不高，可以说，这一时期的公共服务基本维持在一个低水平上。改革开放以后，随着计划经济向市场经济的转型，我国社会服务业发展经历从计划经济下的政府垄断供给向"以市场为基础、政府有效监管"的模式转变。总结和回顾中国社会服务业70年的演变历程，展望未来，我们要尤其关注以下三个方面的内容。

一 坚持和完善社会服务业市场化改革取向

始终坚持市场化改革取向，不断提高市场配置资源的作用，是中国改革成功的核心经验之一。社会服务业高质量发展离不开政府与市场的作用。当前要按照党的十九大报告所强调的，让市场在资源配置中起决定性作用，更好地发挥政府作用，切实将市场和政府的优势充分发挥出来[1]。

二 推动政府职能向公共服务转型

通过对中国政府转型历程的分析，中国政府转型是根据不同历史时期经济社会发展的现实需要进行的。从世界经济发展史

---

[1] 郭春丽：《全面推动新时代经济高质量发展》，《中国社会科学报》2018年第2期。

看，政府在经济发展中的角色因发展阶段的不同而有很大的差异。从发达国家的经验看，工业化中期以后无一例外地扩大了公共服务供给范围，实现了向福利国家模式的转型。政府以公共服务为中心不是不要经济增长了，而是在工业化中后期这样的特定发展阶段，政府要积极地创造条件克服生产过剩危机，实现经济结构的转型升级，为经济发展创造公平的市场和社会环境，以推动更高质量的经济增长。

三 妥善处理好社会服务业领域政府与市场的关系

从中国市场化改革的趋势来看，处理好政府与市场的关系，既是经济体制改革中的一个关键问题，也是政府能否实现顺利转型的一个核心问题。市场机制在资源配置中起主体地位，是中国市场化改革的基本要求，但市场不是万能的，特别是对社会服务这种关乎民生的领域来说，公共产品和准公共产品的性质决定了单纯靠市场来提供是有失公平的。因此，必须要依靠政府的有效提供和监管才能保证服务的可及性与公平性。总之，没有市场竞争机制的社会服务业发展是不可持续的，缺乏政府有效管制的社会服务市场是难以为继的，有效的社会性管制制度是实现社会服务公平与普遍可及性的重要保障。

第十章

新中国服务业改革研究

第一节 前言

从现有的文献资料看,对中国服务业改革历程进行深入研究的文献并不多,这与关于中国改革研究的丰富文献形成了鲜明的对比,也与服务业在中国地位的日益提升形成了巨大的反差。针对这种情况,李勇坚、夏杰长(2009)[①]认为,这种状况出现的原因在于:第一,服务业内部各个行业之间差异非常大,很难使用一般经济学的方法来对服务业进行整体研究;从制度变革的角度来看,也缺乏统一的制度变革模式。第二,在很长的一段时间里,甚至时至今天,仍有许多经济学家、经济工作者、政府官员将服务业视为非生产性的,服务业处在经济增长的附庸地位,这一点在我国的外资产业政策中表现得特别明显。第三,与农业及工业领域快速而急剧的体制变革相比,服务业的体制变革是琐碎而具体的,其变化也是一个渐进的过程。这种渐进的过程只有在一个长时段里才能进行研究,但中国制度变革的时间序列并不长。这三点都能够解释服务业改革的研究文献较少的原因。我们认为,还有一个非常重要的原因,就是

---

① 李勇坚、夏杰长:《制度变革与服务业成长》,中国经济出版社2009年版。

服务经济学的理论框架本身还没有完全建立起来。例如，国内外关于服务经济学的教科书屈指可数。由于服务经济学理论框架的不完善，使对其改革进行理论研究也相应具有一定的难度。

在我国经济改革的进程中，一般认为，服务业改革滞后于农业改革（农村联产承包责任制）和工业改革（国有工业企业改革），也缺乏明确的整体改革方案①。当然，对于服务业改革历程或者阶段划分，学者从不同的视角出发，有不同的结论。郭怀英（2010）认为，中国服务业改革大致可以分为三个阶段，即准备与起步阶段（1978—1991）、全面推进阶段（1992—2005）、深化与突破阶段（2005年至今）②。黄少杰（2007）认为，中国服务业改革可以划分为三个阶段，包括萌芽和试点阶段（1978—1984）、全面推广阶段（1984—1992）、攻坚阶段（1992年至今）。但在具体阶段划分方面，中国服务业的发展随着国家产业政策的演进，可以划分为：服务业初步认识期（1978—1984）、服务业认识的深入期（1985—1991）、服务业发展认识的转变期（1992—2000）、服务业发展认识的加速期（2001—2005）、服务业发展认识的完善期（2006年以后）③。丁辉侠、董超（2010）从服务业开放的视角，划分为严格限制准入（1979—1987）、跟随性发展（1988—1995）、逐步降低门槛（1996—2001）、严格遵守WTO承诺（2002—2006）、全面开放（2007年以后）④。

---

① 徐芦、赵德昆、杨书兵：《第三产业：改革开放与发展的统一选择》，《改革》1993年第2期；潘海岚：《中国服务业发展的政策变迁及效应评析》，《北京工商大学学报（社会科学版）》2009年第5期。

② 郭怀英：《中国服务业体制沿革及其"十二五"战略》，《改革》2010年第3期。

③ 黄少杰：《我国就业问题与第三产业发展的关联性研究》，博士学位论文，吉林大学，2007年。

④ 丁辉侠、董超：《中国服务业投资的开放过程与政策启示》，《国际经济合作》2010年第3期。

新中国成立 70 年来，对服务业改革的研究伴随着我国服务业改革实践进程逐渐得到丰富完善，研究与实践之间呈现出互为影响、互为促进的关系，具有非常明显的问题导向和时代发展特征。在不同的发展阶段，基于改革与实践的现实需要，服务业改革的相关研究主题也在发生变化，这些问题成为各阶段服务业改革和发展的主要动力。李勇坚、夏杰长（2010）系统研究了中国服务业发展的动力与历程问题，他们认为，中国服务业发展的动力是动态变化的，在 20 世纪 80 年代主要是就业压力、在 90 年代主要是财政压力，到 2000 年之后变革为国际化压力[1]。在一些后续的研究中，李勇坚（2015）对此观点作了进一步阐释[2]。

本章在对我国 70 年来服务业改革相关研究划分阶段时，继续沿用了该观点。从检索结果来看，也能看出，服务业改革的相关研究在新中国 70 年的发展历程中呈现出阶段性的变化，这与我国服务业现实发展的改革时代背景密切相关。

第二节 服务业改革的初步探索（1949—1978）

在新中国成立之初，我国是一个落后的农业国，经济发展水平远远低于发达国家，在"一五"计划时期，党中央实施的是重工业优先发展的战略，将有限的资源集中到能源、原材料、机械等基础工业的发展上面，经过一定时期的积累和发展，我国农业在国内生产总值中比重有所下降，工业占比实现了较大幅度的提升。到 1957 年，第三产业在国内生产总值中的比重基本维持

---

[1] 李勇坚、夏杰长：《服务业体制改革的动力与路径》，《改革》2010 年第 5 期。
[2] 李勇坚：《中国第三产业体制改革的动力与路径（1978—2000 年）》，《当代中国史研究》2015 年第 6 期。

在28%左右①。第二个五年计划发展时期，产业结构继续发生倾斜，直到1961年，我国针对"大跃进"时期出现的问题开始调整经济结构，但重点仍然是农业和工业的占比发生变化，农业又开始占据主导地位。"文化大革命"时期，受"备战"思想的影响，我国的工业又出现了新一轮的快速发展。受国家发展战略的影响，我国第三产业在国内生产总值中的比重基本处在下降的态势，到1976年，已经下降到21.9%②。

1949年至1978年，在社会主义计划经济建设时期，我国第三产业的发展和相关的管理思想主要体现在商贸和流通等方面，通过对供需状况、组织机构、财税制度等方面进行改革，旨在活跃城乡经济、稳定市场。1950年3月3日出版的《政务院第二十二次政务会议记录》也提到，在陈云的推动下，国家政务院陆续出台了对商贸经营活动进行统一管理和规范其行为的一系列法规，包括《关于统一全国国营贸易实施办法》《关于全国仓储清理调配办法》《关于统一国家公粮收支、保管、调度办法》等规定③。1954年的《中华人民共和国国务院公报》（总第一号）中就有《商业部关于迅速调运工业品供应农民需要的指示》，调研组发现由于对市场供需变化估计不足，不少基层商店出现不同程度的缺货现象，提出了加强运输、做好合作社衔接、利用私营零售商和货郎担扩大商品流通等措施。④1955年，除了完成购销计划、活跃和稳定城乡市场之外，商业部的工作重点还表现在了对私营商业的安排和社会主义改造上⑤。《中华

---

① 国家统计局国民经济综合统计司：《新中国60年统计资料汇编》，中国统计出版社2010年版。

② 数据来源于《中国统计年鉴》。

③ 《政务院第二十二次政务会议记录》，1950年3月3日。

④ 《中华人民共和国国务院公报》一九五四年第一号（总第一号），中华人民共和国政府网站政策历史资料库，http://www.gov.cn/gongbao/shuju/1954/gwyb195401.pdf。

⑤ 《中华人民共和国国务院公报》一九五五年第五号（总第八号），中华人民共和国政府网站政策历史资料库，http://www.gov.cn/gongbao/shuju/1955/gwyb195505.pdf。

人民共和国发展国民经济的第一个五年计划（1953—1957）》中关于第三产业的内容也主要体现在运输、邮电（第五部分）和商贸（第六部分）领域，实施第一个五年计划导致了我国商贸业改革的快速推进，此外，在干部建设和科学研究（第八部分）、改善人民物质和文化生活水平（第九部分）等方面也有相当的篇幅[1]。可以看出，在计划经济建设时期，国家和政府在保障和发展第三产业方面起到了非常强势的作用。1956 年 12 月，我国还专门成立了城市服务部（后与全国供销合作总社合并）主要负责与全国各城市相关的经济尤其是贸易流通方面的事务。1958 年，我国专门颁布了《中华人民共和国工商统一税条例（草案）》和《中华人民共和国工商统一税条例施行细则（草案）》，其中涉及第三产业的分为商业零售、交通运输及服务性业务部分，并统一规定了税率[2]。

在计划经济建设时期，以刘少奇、陈云等为代表的经济思想家对产业结构关系、商贸服务业地位以及宏观调控管理等领域有过诸多观点，成为这一阶段我国服务业改革的主流思想。刘少奇在 1949 年 12 月华北财经委员会的报告中，就有商业在经济体系中的地位和作用的相关阐述，针对商业"不创造价值"的观念，刘少奇强调建立适当的市场关系属于中心问题，"谁领导了市场，谁就领导了国民经济"。[3] 刘少奇主张建立新的商业网，搞活城乡物资流通，发展农村供销合作社，并主持起草了《中华人民共和国合作社法（草案）》

---

[1] 《中华人民共和国国务院公报》一九五五年第十五号（总第十八号），中华人民共和国政府网站政策历史资料库，http：//www. gov. cn/gongbao/shuju/1955/gwyb195515. pdf。

[2] 《中华人民共和国国务院公报》1958 年第 28 号（总号：155），中华人民共和国政府网站政策历史资料库，http：//www. gov. cn/gongbao/shuju/1958/gwyb195828. pdf。

[3] 《少奇同志对新中国经济体制的理论探索》，人民网，http：//cpc. people. com. cn/ GB/85037/8476828. html。

和《中华全国供销合作社章程》[①]。陈云在产业结构关系上，主张加快发展工业，重点发展重工业，相应发展商贸、服务业[②]。同时，陈云对发展交通运输的重视程度也很高，他倡导的物资平衡思想要以良好的交通运输事业为基础[③]。陈云提到要完善中国人民银行经营机构，充分发挥该机构的功能作用，同时也提到要大力推动教育服务业发展，培养更多的专业技术人才[④]。新中国成立之初，百废待兴，各地税制差别比较大。对于税制不统一的现状，1950年1月6日陈云同薄一波联名给毛泽东并中共中央的报告中就全国财税情况做了说明，他们提出"统一财经，建立全国统一的税制势在必行"[⑤]。

第三节　服务业改革的再认识
（1978—1984）

这一阶段改革的动力主要是缓解当时因知青返乡而产生的就业压力以及服务业供给不足而产生的需求压力，而改革的路径主要是允许个体经济、私营经济在服务业领域边际增长，以解决当时因知青返城而产生的巨大就业压力，并通过服务业的发展，解决因长期歧视服务领域而造成的服务产品供给不足[⑥]。

具体的改革措施包括，"批准一些有正式户口的闲散劳动力从事

---

① 刘崇文：《刘少奇同志论我国社会主义的生产、流通和分配问题——学习〈刘少奇选集〉下卷的经济思想》，《经济研究》1986年第1期。

② 《陈云文选》第2卷，人民出版社1995年版。

③ 彤新春：《陈云与新中国成立前后的交通运输事业》，《党的文献》2010年第5期。

④ 《陈云文选（1949—1956年）》，人民出版社1984年版。

⑤ 姜长青：《陈云与新中国税制演变》，《党史博览》2018年第7期。

⑥ 李勇坚、夏杰长、姚战琪：《中国服务业发展报告2018》，经济管理出版社2018年版。

修理、服务和手工业的个体劳动，但不准雇工"①；开放市场，允许个体从事商品流通工作②；提高对服务业工作的重视③；积极宣传第三产业（即服务业）的相关概念等④。

值得指出的是，这一阶段服务业改革的重要特点是，改革的原意不是为了促进服务业的发展（当时连服务业或第三产业的概念都没有完全进入到决策层的视角），而是为了解决当时普遍存在的就业压力，在改革措施方面，没有直接从现有的服务经济体制开始进行改革，而是从实际出发，破除意识形态的障碍。从市场准入、所有制松绑等方面入手，以增量推动存量变革。通过市场的开放，利用边际力量慢慢地改变着服务业发展的格局，积极利用渐进市场化的力量，给改革设立一个缓冲地带，进而对服务业的体制产生着潜移默化的影响。

采用这种先易后难，先边缘后中心，使改革的阻力变最小的增量推动模式，其主要原因恰恰在于当时服务业在国民经济中的地位并不重要。事实上，1978—1983年，服务业占GDP的比重也并未显著上升，在1979—1982年间，服务业比重甚至还呈现了下降趋势。而到1984年，服务业增加值占比才真正超过1978年。

在学术研究领域，研究数量在总体上看相对较少，但已经有部分学者开始意识到第三产业的重要性，开始倡导和呼吁发展第三产业。

---

① 参见1979年2月国家工商行政管理局全国局长会议后致国务院的报告。
② 1978年末，国家工商行政管理局在四川大竹县召开全国集市贸易座谈会，为集市贸易恢复名誉。
③ 例如，1979年，国务院财政经济委员会组织了一次全国性经济结构调查研究工作，调查得出的主要结论首次提出，服务业发展对国民经济发展形成了障碍。
④ 1981年上半年，《世界经济导报》先后刊登了《有关第三产业的话》、《第一、二、三产业如何划分》、《第三产业的由来》、《关于第三产业》等文章，系统介绍了第三产业概念的由来，发展原因、分类、作用、趋势，以及理论研究新问题，对中国的启示，中国第三产业的现状与发展前景等问题。

陈浩武（1980）认为银行信贷支持第三产业发展有着广阔的前景，需要改变原来只向生产企业放贷的格局，面向第三产业各部门形成突破[1]。在一些地方实践中，也已经出现了银行向第三产业发放贷款的探索，例如，衡阳市人民银行面向招待所、餐馆和电影院发放了贷款，使其扩充规模、产生盈利的同时，还提供了不少新的就业岗位[2]。宫策（1981）认为，作为生产资料和消费资料生产以外包括商业流通、生活服务、知识生产、精神生产等范围广泛的产业部门，第三产业的发展是现代经济发展的必然趋势，也是一种规律[3]。农垦部政策研究室一处（1981）直接撰文题为"第三产业大有作为"的文章，指出发展第三产业符合近几十年来世界上经济发达国家和一些发展中国家经济发展的特点与趋势，第三产业的地位和作用应该更加突显，并提出制定规划、放宽政策、独立核算、技术培训等多方面政策建议[4]。陶桓祥（1982）还提出了尽快建立一门《服务经济学》的设想，并详细阐述了对服务经济学研究对象和研究内容的看法[5]。

这一阶段的不少学者分析第三产业问题时，都以当时就业难的现实问题作为切入点。例如，王胜泉（1981）以北京市待岗青年就业为例，分析了发展第三产业的迫切需要，同时还认为有许多有利条件和充分的可能性[6]。林新康（1981）认为必须改变劳动力结构，加快发展各种服务性产业，成为解决就业的有效途径。

还有学者在当时开始分析日本、美国等国家的第三产业发展问题，旨在得出相应的借鉴经验。例如，张开敏（1981）就分析了日本劳动力结构与第三产业发展的问题，提出其经验可以为我们解决

---

[1] 陈浩武：《银行信贷应支持"第三产业"的发展》，《中国金融》1980年第9期。
[2] 《支持第三产业 活跃经济生活》，《中国金融》1980年第10期。
[3] 宫策：《第三产业——现代经济的必然趋势》，《瞭望》1981年第4期。
[4] 农垦部政策研究室一处：《第三产业大有作为》，《国营农场经济研究资料》1981年第11期。
[5] 陶桓祥：《尽快建立服务经济学》，《财贸经济》1982年第4期。
[6] 王胜泉：《必须大力发展第三产业》，《经济与管理研究》1981年第3期。

人口问题提供一定参考[1]。崔维（1983）分析了美国第三产业的发展问题，提出第三产业对扩大再生产、劳动力能力提升、增加就业等方面都有着积极作用[2]。在对具体的改革实践分析方面，已经有学者开始分析上海的第三产业发展问题。例如，上海市计委的同志在1984年就提出过贸易中心、金融中心、交通通信中心、科技中心、信息中心、咨询服务中心、人才培训中心等设想[3]。孙恒志等（1984）从产业结构的角度提出了上海市第三产业发展不平衡的问题，认为上海发展第三产业的空间和潜力很大[4]。

这一阶段与服务业改革相关的研究主题，还体现在关于生产劳动和非生产劳动的讨论上，由此还引出了关于社会经济统计方面的讨论，其中，有代表性的学者有于光远（1981）[5]、孙冶方（1981）[6]、刘诗白（1982）[7] 等。

第四节　服务业改革思想大解放
（1984—1992）

经过了1978年以来的边际化改革，以及1980年以来关于服务

---

[1] 张开敏：《日本劳动力结构的变化与第三产业的发展》，《人口学刊》1981年第4期。

[2] 崔维：《美国第三产业的发展》，《世界经济》1983年第7期。

[3] 《上海发展"第三产业"的设想》，《计划经济研究》1984年第34期。

[4] 孙恒志、葛伟民、谢依艺：《上海第三产业初析》，《社会科学》1984年第10期。

[5] 于光远：《社会主义制度下的生产劳动与非生产劳动》，《中国经济问题》1981年第1期。

[6] 孙冶方：《关于生产劳动和非生产劳动；国民收入和国民生产总值的讨论——兼论第三次产业这个资产阶级经济学范畴以及社会经济统计学的性质问题》，《经济研究》1981年第8期。

[7] 刘诗白：《论社会主义制度下的生产劳动与非生产劳动》，《财经科学》1982年第1期。

业概念、意义、作用等各个方面的理论探索与改革实践，到 1984 年，社会各界以及政府部门对服务业在国民经济的重要地位以及其对国民经济发展的意义已有深刻的认识。而且，从发展现实看，服务业在国民经济中的地位日益重要，在 1985 年超过了第一产业，成为国民经济中的第二大产业部门。在增长动力方面，从 1985 年开始，作为改革重要动力的第一产业增长速度开始回落（1985 年增长速度仅为 1.8%，之后持续维持在 1 位数增长）。中央开始对主动深化服务领域的改革有着深刻认识。1984 年 6 月，邓小平在会见日本外宾时指出，下一步的改革重点将发生变化，"改革要从农村转到城市。城市改革不仅包括工业、商业，还有科技、教育等，各行各业都在内"①。

其时，已有中央领导同志认识到，发达国家的服务业占比均已超过 60%，中国的发展问题，一方面固然有工业化，提升工业制造业能力的问题，另一方面，也需要将服务业发展起来②。因此，如何加快服务业发展，发挥服务业在国民经济中的动力与支撑作用，这需要在改革方面有大动作，花大力气。在这个背景下，1984 年开始的第二波服务业改革，开始直面中国服务业的快速增长问题。1984 年时，中央领导同志指出，今后要大力发展第三产业。并明确提出，

---

① 邓小平：《建设有中国特色的社会主义》，载《邓小平文选》第 3 卷，人民出版社 1993 年版，第 65 页。

② 当时有领导指出，"随着生产力水平的提高和专业化、社会化的发展，'第三产业'将迅速发展。在一些发达国家中，'第三产业'占就业人口的 60%—70%，在国民生产总值中占了 50%—65%。我们国家的经济不发达，'第三产业'发展缓慢，据统计仅占就业人口的 15% 左右，占国民生产总值的 20% 左右"。"所有的城市和集镇，不要老是把注意力放在办地方工业上，以为办工业才能安排就业，而应当把主要力量放在搞基础设施，放在第三产业上。""我国的各种服务行业，包括文化娱乐、旅游业等，前途无量，发展之快，将会出乎预料。过去第三产业，公用事业发展不起来，有一系列的问题。主要在于我们没有把它当成企业，而是当成福利事业甚至慈善事业来办，谁办谁赔钱，根本缺乏活力。这种办法必须改变。"参见《国务院领导同志谈要进一步把"第三产业"放开》，《中国经贸导刊》1984 年第 18 期。

"发展第三产业，可以解决就业问题，发展生产，繁荣经济"。还提出了一个重要观点，"社会越是进步，搞第三产业的人越多"①。这是改革开放以来国家领导人对第三产业发展规律的较早的公开表达。1985年4月，时任国务院总理赵紫阳在武汉市视察时提出了生产服务业的问题，这是国家领导人首次公开提出生产服务业能够为经济增长提供条件和动力的理念。②

1986年4月全国人大六届四次会议审议批准的《中华人民共和国国民经济和社会发展第七个五年计划》提出，第三产业发展是经济结构调整的一个重要方面，要"大力发展为生产和生活服务的第三产业，特别是要大力开展咨询服务，积极发展金融，保险，信息等事业"，并在五年计划里首次提出了第三产业发展目标。这是在中国五年计划中首次出现"第三产业"概念，并对第三产业增长提出明确的目标：要求第一产业年均增长4.2%，第二产业年均增长7.7%，而第三产业的增长目标设定为11.4%，第三产业目标增长率远高于第一、二产业，这说明当时中央已关注到服务经济增长的潜力，把服务业作为经济发展的主要动力。1985年，六届人大三次会议的政府工作报告明确指出："大力发展包括商业、外贸、交通、邮电、旅游、金融、保险、咨询、技术服务和其他社会服务的第三产业。……应当把国民生产总值的增长情况，作为考核大城市经济发展的主要指标。"这是在政府工作报告中首次详细论述"第三产业"发展，并将其作为大城市考核的主要指标。1985年4月5日，《关于建立第三产业统计的报告》由国务院转发，较为明确地界定和划分了第三产业的范畴和领域。这是将第三产业首次纳入正式的统计指标中。

从这些文件的内容看，从1984年开始，服务业作为国民经

---

① 《领导同志谈今后要大力发展第三产业》，《中国经贸导刊》1984年第15期。
② 邹东涛：《中国改革开放20年（1978—2008）》，社会科学文献出版社2008年版。

济的一个重要产业部门，在决策层得到了认可，因此，对服务业改革的一个重要内容就是释放服务业增长的潜力。改革的路径主要是提高服务业地位，积极推进服务业的市场准入、价格等诸多方面的改革；重建服务业增长的动力，并通过服务业增长，为国民经济的增长做出贡献。金融、电信、民航、交通等行业，都存在着政企不分等问题，持续推进服务业各个行业的管理体制等诸多方面的改革，促进服务业各个行业快速发展，开始对服务业内部各个行业进行市场化改革，积极完善市场管理体制，成为服务业改革的一个重要内容。在1980年中期之后，随着改革的深入，特别是对服务业的产业性质认识的深化，开始对许多服务业领域的政企不分的情形进行改革。这些改革对于形成市场主体，改善当时服务业的供给状况起到了关键性的作用。但是，在形成市场主体过程中，缺乏市场管制措施的跟进，以及对民营经济开放不够，形成了行政垄断等诸多方面的问题。这些问题，直到今天仍然是服务业改革的一个重点。

20世纪80年代，通过将附属于政府部门的一些服务职能进行剥离，例如，将银行、电信、交通等诸多部门剥离出来，形成政企分开的架构，对服务业市场竞争的形成具有一定的作用。从今天的眼光看，这些服务部门从政府部门的剥离是不完整的，还遗留了诸多历史问题。从当时的眼光看，这种剥离建立了市场化的基础，对建立与完善市场经济具有非常重要的指导意义。

随着政策层面对第三产业的关注度越来越高，学术界关于第三产业改革发展的研究也开始增多，从中国知网的检索结果来看，1984年以第三产业为研究主题的文章有49篇，而1985这一年就发表了467篇，发文量迅速增加，另外，1985年有两次有影响力的关于服务业发展的理论研讨会。

一是1985年5月由中国商业经济学会、江苏省商业经济学会、江苏省常州市商业经济学会在常州市联合召开的"服务经济理论讨论会"，会上不乏关于服务业改革的研究。会上指出了当时服务业改革所要面对的关键问题,例如,宏观上没有统一的领导机构,政策与实际脱节,资金信贷政策不合理,服务定价与市场供求关系不符等问题;同时,会上还提到了一些改革的方向,例如,做到政企分开,减少行政干预,配套适应服务业发展的财政、税收、信贷、社会保险、价格等政策,建立统一领导服务业的机构,通过改革管理层次、多渠道融资等方法改善企业活力,建立社会劳动保险制度,统筹规划服务网点等;与会代表还认为服务业的改革不能一哄而上,搞一刀切,需要体现因地制宜的原则,要建立适合地方特色发展的服务网络[①]。

二是 1985 年 8 月由中国社会科学院财贸物资经济研究所(今中国社会科学院财经战略研究院)联合辽宁省社会科学院城市经济研究所和辽宁省商业经济学会在辽宁省兴城县召开的全国第三产业经济理论讨论会。参会专家对第三产业的概念及范围、劳动与产品、第三产业与商品经济的关系、第三产业与城市经济发展的关系、发展符合中国国情的第三产业等内容展开了讨论与交流。在涉及服务业改革方面,会上提出,要将发展第三产业和城市经济体制改革相结合,要重视第三产业企业的效率和效益,要缩小服务商品价格同工农产品价格之间的"剪刀差",同时还要关注服务业改革中所涉及的人才、技术、资金、场地等一系列问题[②]。

在研究内容上,这一阶段的服务业改革研究主要分为以下几个方面。

第一,第三产业统计改革研究。郑家亨、吴戎(1985)就第三产业的统计范围以及产值计算等方面提出了看法[③]。杨中泽(1985)

[①] 白仲尧、白景明、苏广文:《服务经济理论讨论会综述》,《商业经济研究》1985 年第 4 期。

[②] 《全国第三产业经济理论讨论会纪要》,《财贸经济》1985 年第 11 期;张卓元:《开展第三产业经济理论问题的研究——在全国第三产业经济理论讨论会上的开幕词》,《财贸经济》1985 年第 11 期。

[③] 郑家亨、吴戎:《对建立第三产业统计的几点认识》,《统计》1985 年第 3 期。

除了提出要明确范围以外，还要建立第三产业相关的统计指标体系，此外，还提到了计算国民生产总值时的折旧和价格换算等具体问题[①]。钟兆修（1985）从指标、价格、基础数据等方面对第三产业的统计问题进行了分析[②]。

第二，服务业主体效率及准入制度研究。梁志华、盛绳武（1985）专门提到了要破除传统的观念，促进企业的自主经营和自负盈亏，发展开放型企业和工贸结合企业[③]。张凡、叶章和（1985）提出了要动员全社会力量来兴办第三产业，铁路、航空、邮电、金融保险、公用事业等由国家兴办，而商店、饮食、律师和会计事务所等服务的提供应允许多种经济形式、多种经营方式并存[④]。胡季、易之（1985）认为第三产业中的不少行业没有人去干，而有的干的人又干不好的问题，因此需要改革体制，放宽政策，许多行业和单位应当逐步实行企业化、商品化、社会化经营，独立核算，自负盈亏，小型国营经济可以改为集体经营或者承包给个人[⑤]。马建堂、王育琨（1987）认为随着第三产业经营主体的多元化、服务设施的逐步开放和经营方式的初步转轨，严重失衡的第三产业结构有了转机[⑥]。

第三，第三产业发展相关的财税、金融改革研究。王居庆（1985）认为银行商业信贷工作要向多领域方向发展，放宽信贷政策，

---

① 杨中泽：《关于第三产业统计若干问题的论述》，《统计与决策》1985年第1期。

② 钟兆修：《第三产业统计问题初探》，《财经问题研究》1985年第3期。

③ 梁志华、盛绳武：《破除传统观念　大力发展第三产业——崇文区发展第三产业的几点体会》，《学习与研究》1985年第4期。

④ 张凡、叶章和：《对我国"七五"期间第三产业发展的几点看法》，《财贸经济》1985年第9期。

⑤ 胡季、易之：《关于发展第三产业的路子问题》，《财贸经济》1985年第9期。

⑥ 马建堂、王育琨：《我国第三产业运行机制的转换问题》，《经济问题》1987年第4期。

大力支持第三产业发展。①徐日清等（1985）从财政和税收的角度分析了第三产业的发展问题，提出要提高财政资金的使用效率，支持企业的技术改造；发放低息贷款、鼓励多方集资支持第三产业发展；通过税收调整第三产业协调发展等观点。② 国务院发展研究中心第三产业专题组（1986）认为要建立良性的资金循环机制，提出设置第三产业投资附加和服务消费附加、征收土地使用费、发行债券和股票等建议。③ 范源新（1987）认为税收作为调节经济的重要杠杆之一，也要服务于第三产业发展，要调整、完善税收制度，主动适应第三产业的发展趋势，并主张对不同层次的第三产业制定不同的税收政策④。

第四，第三产业内部结构改革研究。朱涵萍（1985）从产业结构调整、消费和生产服务区分的角度分析了第三产业的宏观管理问题。⑤ 国务院发展研究中心第三产业专题组（1986）提出要优化调整一、二、三次产业和第三产业内部的比例关系，在资金、人才、能源、原材料短缺的"七五"期间，优先发展严重不足且对国民经济整体贡献大的行业，对重点发展的行业也要有不同的发展重点⑥。李京文（1990）提出应通过结构性发展来实现第三产业总量的增长，调整生活服务业的内部结构，促进为生产服务的第三产业发展，为新兴产业的迅速发展创造条件，在政策上加以扶持。⑦

---

① 王居庆：《银行商业信贷工作要向多领域方向发展》，《天津金融研究》1985 年第 2 期。
② 徐日清、赵恺泰、顾丽萍：《第三产业协调发展与财政税收》，《财贸经济》1985 年第 12 期。
③ 国务院发展研究中心第三产业专题组：《加速我国第三产业协调发展的对策研究》，《经济研究》1986 年第 12 期。
④ 范源新：《税收工作支持第三产业发展的探讨》，《税务研究》1987 年第 3 期。
⑤ 朱涵萍：《把第三产业纳入国民经济宏观管理》，《改革》1985 年第 2 期。
⑥ 国务院发展研究中心第三产业专题组：《加速我国第三产业协调发展的对策研究》，《经济研究》1986 年第 12 期。
⑦ 李京文：《关于我国产业结构调整的几个问题》，《数量经济技术经济研究》1990 年第 11 期。

第五，城市第三产业改革研究。张军、李陵生（1985）认为发展第三产业是充分发挥城市多功能的重要前提，通过城市改革将促进商品经济的发展，而新兴服务业的开拓将促进城市的繁荣。[①] 崔林（1989）认为通过大力发展各类第三产业，调整人口的就业构成，可以扩大城市人口容量，同时，需要重视流动人口与第三产业发展的关系问题。[②]

第五节　服务业市场化改革的新探索（1992—2001）

1978 年开始的中国经济改革，最初是针对高度集中的计划经济而进行的体制调整。其基本思路是通过"减税让利"和"放权让利"，以达到调动企业和地方政府积极性及促进经济发展的目的。这种改革模式造成了财政收入占 GDP 的比重和中央财政收入占全国财政收入的比重迅速下滑。财政收入占 GDP 比重在 1978 年时为 31.06%，1990 年下降到 15.73%，到 1995 年时，进一步下降到 10.27%；中央财政收入占全国财政收入比重后者先升后降，1978 年为 15.52%，1990 年上升为 33.79%，1993 年下降至 22.02%。这样，政府部门的财政压力持续增加。而我国服务业在经营机制上，产业化、社会化、商品化程度低，福利化现象和机关、企事业单位封闭式自我服务的问题严重，财政负担沉重。服务业所遇到的重要问题是部分服务行业如何从国家包办的福利型事业向产业转型，以减少服务业对国家财政的依赖。

在财政压力骤增、百姓服务需求增加等动因下，20 世纪 90 年代

---

① 张军、李陵生：《发挥城市多功能作用与发展第三产业》，《理论学习》1985 年第 5 期。

② 崔林：《我国城市第三产业的发展和城市人口问题》，《人口与经济》1989 年第 1 期。

服务业开始了以价格和市场化为主线的改革,是沿两条主线进行:第一条是供给方面的市场化,例如,住房市场化、教育产业化,这些行业原来由财政包办,导致供给增长缓慢,财政包袱沉重,改革思路是想借助市场的力量,快速增加供给,以满足百姓的需求,并扔掉财政包袱;第二条是放开价格管制,以涨价来减少政府对服务行业的补贴,如铁路运输价格、医疗价格、住宅租售价格等,都呈现大幅度上涨的趋势。

从1990年服务业改革看,其目标并不明确。在很多文件中,将"提升效率"等作为改革的终极目标。而在实际执行中,服务业改革被当作减缓财政压力的重要手段。正是改革目标的异化,导致很多改革并没有取得预期的效果。这要求政府在改革过程中有定力,能够抵制利益的诱惑。然而,在财政压力的现实下,很少能够抵制这种诱惑。

这一发展阶段服务业改革的研究重点是市场化问题,第三产业的形成与发展必须以市场为条件,建立市场经济体制必须加快发展第三产业,发展第三产业必须强化市场机制。[①] 在此期间,中国社会科学院连续参与组织了两场学术研讨会,一场是"加快发展城市第三产业研讨会",于1992年10月由中国城市经济社会发展研究会、商业部经济研究中心、中国社会科学院财贸经济研究所和乐山市人民政府在乐山举办,与会人员认为,第三产业是城乡相互联系和支援的载体,加快第三产业发展意义重大,会上提出了转变观念、做好规划、转变政府职能、动员社会力量参与、重视服务质量等发展建议[②]。另一场是"社会主义市场经济与第三产业"理论研讨会,于1993年10月由中国社会科学院财贸经济研究所、广西社会科学院在广西南宁联合召开,讨论的主题中涉及第三产业在国民经济中的定位问题以及如何进一步推进第三产业改革和发展的问题,并提出推进政企分开、搞好宏观调

---

① 李江帆:《市场经济与第三产业》,《经济学动态》1993年第2期。

② 王廉君、孙亮:《加快发展城市第三产业研讨会纪要》,《经济学动态》1993年第1期。

控、抓好服务质量和加强法制建设等对策。①

在推进第三产业市场化改革的进程中,广东省人民政府(1993)总结和分析了广东引入市场机制促进第三产业发展的经验和做法,包括从改革流通入手、放宽第三产业企业的经营范围、简化审批手续、有步骤的推进原有服务设施社会化经营、支持内外贸互相渗透等诸多内容。② 有许多学者持类似观点,例如,贾履让等(1994)对第三产业发展提出了加速企业化进程、加强投资、主抓重点行业、强化质量、加快法制建设等方面的建议③。

在市场准入方面,许多学者提出了放开限制、分类引导的观点。例如,苏刚(1998)认为完善第三产业发展政策需要重塑市场主体和改善竞争环境,而处理好存量和增量的矛盾、经营成本和社会成本、政府调控管理与干预不当的矛盾至关重要。④ 郭克莎(2000)以第三产业产出结构变动、就业结构变动和投资结构变动的国际比较为基础,提出优化第三产业的结构,一是通过推进体制改革来加快经济市场化的进程,二是依赖于城市化的进程促进服务业的多角度扩张和多层次发展,三是有效利用外商直接投资对第三产业的带动作用⑤。他认为,启动民间投资加快第三产业发展要注重两种形式,一是企业形式的进入,改革的目标是尽快减少以至消除非国有企业的进入障碍;二是资本形式的进入,为了尽快启动民间投资,可以发展以国有控股为主要形式的股份制经济⑥。

---

① 翁乾麟:《社会主义市场经济与第三产业理论讨论会综述》,《财贸经济》1994年第1期。
② 《发挥市场机制作用 促进第三产业发展》,《宏观经济管理》1993年第1期。
③ 贾履让、陶珝、郭冬乐、白仲尧:《第三产业的发展与分析》,《学术论坛》1994年第1期。
④ 苏刚:《完善我国第三产业政策的几点思考》,《管理世界》1998年第3期。
⑤ 郭克莎:《第三产业的结构优化与高效发展(上)》,《财贸经济》2000年第10期;郭克莎:《第三产业的结构优化与高效发展(下)》,《财贸经济》2000年第11期。
⑥ 郭克莎:《启动民间投资加快第三产业发展》,《经济管理》2000年第3期。

当然，在具体的实践过程中，因地制宜的产业规划思想也在不断强调，例如，上海市计委产业规划处（1997）针对上海的第三产业发展现状，提出要注重发展要素市场、交通通信、商业市场、都市旅游、房地产市场和一些新兴第三产业的发展构想[①]。

除了上述建议性的研究外，围绕市场化改革问题，还有一些研究主题引人关注。

财政和税收问题与第三产业发展之间存在一个互相影响的关系，而使得这种关系良性发展的关键就是市场化机制的引入。郜冲（1994）提出要将第三产业的潜在财源转化成现实财源的建议，顺应市场经济发展要求，加快第三产业发展，使之成为国家财政的支柱财源[②]。杜文娟（1995）认为，造成政府财政困难的主要原因之一，就是政府没有及时调整活动边界，过多的包管了第三产业，而财政收支困难的体现则表现在支出结构调整延误和税源流失上，这与第三产业市场化步伐相对缓慢有关，因此，需要根据行业自身特点，分类推进第三产业的市场化改革进程。以市场化的方式完善第三产业运行方式和增长模式并不单纯是"卸包袱"，最终还是为了促进服务业的发展[③]。

第三产业的市场化改革需要客观评价其发展水平，而我国第三产业统计指标体系不完整、统计标准不统一的问题长期存在，现有统计数据满足不了分析研究和制定政策的需要，因此，摸清家底，健全统计显得尤为重要。1993年，为了解决这一问题，国务院发布了《关于开展全国第三产业普查工作的通知》，于1993年下半年开始对全国第三产业进行普查，普查结果显示的主要数据包括了全国第三产业单位数、从业人员数、第三产业增加值数等指标。李江帆（1997）从服务需求的角度提出了影响需求、决定服务业发展状况的

[①] 上海市计委产业规划处：《上海第三产业的发展现状和设想》，《宏观经济管理》1997年第7期。

[②] 郜冲：《发展第三产业培植新型财源》，《财政研究》1994年第7期。

[③] 杜文娟：《分类转化第三产业：缓解财政困难的现实选择》，《财贸经济》1995年第6期。

因素（人均GDP、城市化水平、人口密度和服务的输出），并认为可综合第三产业的就业和产值比重、人均服务产品占有量和服务密度等指标评价第三产业发展水平。[1] 李纲、杨宽宽（1999）认为以需求为导向，健全指标体系，建立重点城市、重点行业的抽样调查方法，是服务业统计改革的关键[2]。

此外，这一阶段的改革进程中，有一些具体的行业备受关注，因此出现了一些针对具体服务业行业改革的讨论。例如，刘维新（1992）提出需要理顺房地产的产权关系，正确处理和分配土地收益中的利益关系，才能解决土地资产流失的问题，促进房地产业健康发展。[3] 郑泽香（1993）对我国房地产业的现状、问题做了分析，并提出强化土地制度的改革和领导、采用信贷、价格、税收等经济手段调节、建立健全法规体系和中介服务体系等建议。[4] 金碚（2001）以卫生医疗行业为例，研究了非营利机构产业化经营和行业准入问题，指出卫生医疗服务业公益性特别突出，需要国有机构和国有企业主导，并注重引导行业内的非国有企业行为[5]。

第六节　服务业改革新突破
（2001—2012）

服务业是相对国际化程度较低的产业部门，服务产品的无形

---

[1] 李江帆：《第三产业发展状况的评估依据与评价指标》，《经济管理》1997年第8期。

[2] 李纲、杨宽宽：《关于服务业统计改革》，《中国统计》1999年第10期。

[3] 刘维新：《理顺产权关系发展房地产业》，《经济研究参考》1992年第Z7期。

[4] 郑泽香：《我国房地产业的现状、问题及对策》，《经济研究参考》1993年第Z7期。

[5] 金碚：《论非营利行业国有经济单位的改革方向——以卫生医疗服务业为例》，《江海学刊》2001年第6期。

性、消费与生产的部分同步性等方面的问题，导致服务业总体国际化程度不如商品部门高。但是，随着交通技术、信息技术等技术进步以及各种基础设施的完善，服务产品的可贸易性正在提高。2001年中国加入WTO之后，中国服务业面临着新的发展环境。服务全球化进程加快，各国都将服务业作为产业升级和结构调整的重要支撑，服务业对经济的促进作用大大增强，全球服务业竞争空前剧烈。

从中国服务业国际竞争力来看，我国服务贸易从1995年开始出现逆差，并且规模逐年增加。整体上处于工业化中期，批发零售等传统服务业发展得比较成熟，但也存在服务质量不高、数量饱和、服务市场不规范的情况；金融、保险、物流等现代服务业比重上升，但总体上发展滞后。政府职能缺位和越位、监管不到位等问题仍然突出。

在加入WTO议定书中，中国对服务贸易总协定12个大类中的9个大类、近100个小类承诺渐进开放，占比达到62.5%，设置了五年过渡期（2002—2006）[①]。按照加入WTO的承诺，过渡期结束后，从2006年11月12日起，除个别领域外，中国取消服务业对外资的限制，至此，中国服务业进入全面开放的新阶段。

因此，自2001年开始，国际化压力骤增是中国服务业改革的重要驱动力。改革的路径是深化服务业改革与扩大开放相结合，通过各种措施提高服务业的竞争力，并有序开放服务市场，以开放促进改革。注重产业与服务贸易和服务业对外直接投资的协调发展也成为一个重要的方向。

加入WTO后，中国服务业在应对国际化压力时，大力发展服务贸易，将服务外包作为扩大服务贸易的重点。服务外包作为供应链、价值链、产业链延伸和管理的重要支撑，不仅是提升服务业竞争力

[①] 李钢、聂平香等：《新时期中国服务业开放战略及路径》，经济科学出版社2016年版。

的重要手段，也日益成为改善服务贸易结构、引领服务贸易发展的重要抓手。

《国民经济与社会发展第十一个五年规划纲要（2006）》对服务业外包有了新的安排，"加快转变对外贸易增长方式，建设若干服务业外包基地，有序承接国际服务业转移"。同年，承接服务外包的"千百十工程"①。国家在服务外包人才培训、大力开展"服务外包基地城市"建设、支持服务外包企业做强做大、创建中国服务外包信息公共服务平台等方面给予政策和资金支持。2007 年，国务院发布了《关于加快发展服务业的若干意见》（国发〔2007〕7 号），重点提到了"服务外包"②。之后，国务院发布了一系列促进服务外包的文件，包括《关于促进服务外包产业发展问题的复函》（国办函〔2009〕9 号）、《关于鼓励服务外包产业加快发展的复函》（国办函〔2010〕69 号）、《进一步鼓励软件产业和集成电路产业发展的若干政策》（国发〔2011〕4 号）等，各部委和各地方政府也相应出台了促进服务外包发展的政策措施。这一时期，服务外包产业成为国家"引进来"和"走出去"战略的新领域，服务外包产业的发展加速了中国服务业发展水平和竞争力的提升。

在这一时期，对服务业发展的意义也越来越重视，发布了关于服务业发展的许多政策文件。2001 年国务院办公厅转发国家计委关于《"十五"期间加快发展服务业若干政策措施的意见》（国办发〔2001〕98 号）。这是从国家层面发布的关于服务业发

---

① 即每年投入不少于 1 亿元资金，在今后的三到五年内建设 10 个中国承接服务外包的基地，推动 100 家跨国公司将其部分的外包业务转移到中国，同时培养 1000 家承接国际服务外包的大型企业，全方位地接纳离岸服务外包业务。

② 意见指出，"把大力发展服务贸易作为转变外贸增长方式、提升对外开放水平的重要内容。把承接国际服务外包作为扩大服务贸易的重点，发挥我国人力资源丰富的优势，积极承接信息管理、数据处理、财会核算、技术研发、工业设计等国际服务外包业务。具备条件的沿海地区和城市要根据自身优势，研究制定鼓励承接服务外包的扶持政策，加快培育一批具备国际资质的服务外包企业，形成一批外包产业基地"。

展的第二个文件。该文件明确了进入 21 世纪后发展服务业的重要意义，"加快发展服务业，是国民经济持续快速健康发展的重要保障，是提高国际竞争力和国民经济整体素质的有力措施，是缓解就业压力的主要途径，也是提高人民生活水平的迫切需要"。同时，明确了发展路径，"以市场化、产业化和社会化为方向，增加供给、优化结构、拓宽领域、扩大就业。要进一步解放思想，更新观念，真正把服务业作为产业对待。要有步骤地扩大开放，在主要依靠市场机制的基础上，通过政策引导，加大工作力度和资金投入，促进全国服务业发展再上一个新台阶"。该政策文件从优化服务业行业结构、扩大服务业就业规模、加快企业改革和重组、放宽服务业市场准入、有步骤地扩大对外开放、推进部分服务领域的产业化、促进后勤服务的社会化、鼓励中心城市"退二进三"、加快服务业人才培养、多渠道增加服务业投入、扩大城乡居民的服务消费、加强服务业的组织领导等 12 个方面，提出了 37 条促进服务业发展的措施。之后"十五"期间，国家又围绕着金融业发展和体制改革、物流业、文化产业等服务领域出台了多项政策文件，旨在促进各服务业发展。

2006 年国务院授权发布的《中华人民共和国国民经济和社会发展十一五规划纲要》中提出了"十一五"期间服务业发展的总体方向和基本思路。2007 年 3 月，国务院发布《关于加快发展服务业的若干意见》（国发〔2007〕7 号），再度为服务业发展政策松绑。提出当前和今后服务业发展的总体要求，"将发展服务业作为加快推进产业结构调整、转变经济增长方式、提高国民经济整体素质、实现全面协调可持续发展的重要途径，坚持以人为本、普惠公平，进一步完善覆盖城乡、功能合理的公共服务体系和机制，不断提高公共服务的供给能力和水平；坚持市场化、产业化、社会化的方向，促进服务业拓宽领域、增强功能、优化结构；坚持统筹协调、分类指导，发挥比较优势，合理规划布局，构建充满活力、特色明显、优势互补的服务业发展格局；坚持创新发展，扩大对外开放，吸收发达国家的先进经验、技术和管理方式,提高服务业国际竞争力,实现服务业又好又快发展"。从优化服务业发展结构、科学调整服务业发展布局、积极发展农村服务业、着力提高服务业对外开放水平、加快推进服务领域改革、加大投入和政策扶持力度、不断优化服务业发展环境、加强服务业发展工作的组织领导等方面提出了发展路径。2008 年,国务院办公厅为落实《关于加快发展服务业的若干意见》提出的政策措施,提出《关于加快发展服务业若干政策措施的实施意见》(国发〔2008〕11 号)。

中国加入 WTO 为服务业改革研究提供了新的主题和视角,基于这一阶段的发展背景特征,学术界在研究服务业改革相关问题时,都会考虑国际竞争的影响。例如,吴欣望、夏杰长(2006)认为,中国服务业企业面对国际竞争局面,会出现不同的可能性(借助进入壁垒阻止新企业进入、统一市场持久竞争和退出市场),国内企业要结合所在行业的特性灵活运用各种形式的策略,以维护和发展自身的优势地位[1]。裴长洪、彭磊(2007)认为,加入 WTO 后应该进行三个方面的研究,一是服务业市场进一步开放的进程和影响效应问题,二是如何构建具有国际竞争力的服务业和服务贸易的制度环境,三是服务贸易、货物贸易和经济增长的协调发展关系问题[2]。江小涓(2008)系统地分析了服务全球化的理论和发展趋势,指出因要素差异、产业和需求基础、分工成本降低和服务外包等因素的存在,服务全球化将在较长时期内保持快速发展,而中国可利用服务全球化的机遇促进自身发展[3]。李勇坚、夏杰长(2009)根据标准产业结构模型分析认为,我国服务业虽然取得了长足的进步,在大多年份保持着快于 GDP 增长速度的速率,但与国外发达国家相比,

---

[1] 吴欣望、夏杰长:《中国服务业对外开放:进入、福利和一体化》,《经济研究参考》2006 年第 26 期。

[2] 裴长洪、彭磊:《服务业和服务贸易理论的发展》,载《中国服务贸易发展报告》,国际贸易杂志社 2007 年版。

[3] 江小涓:《服务全球化的发展趋势和理论分析》,《经济研究》2008 年第 2 期。

仍有不小的距离,还没有进入"经济服务化"的阶段,而促进工业化和服务业互动、加快城市化进程和大力发展服务外包能够有效推动这一进程[①]。

同时,随着国际竞争压力的日益凸显,发展服务业在载体建设、保就业、惠民生等方面有明显的优势,因此,发展服务业成为扩大内需、拉动增长的重要力量[②]。

加入 WTO 以后,中国服务业进入一个全新的战略区,需要进一步提升对外开放程度,吸引国外投资,提升我国服务业的技术含量和国际竞争力,鼓励有比较优势的服务业走出国门,参与国际竞争[③]。然而,从哪些方面提升我国服务业的竞争力,促进我国服务业向世界先进水平看齐,成为这一阶段服务业改革研究中的一个重要命题,这引发了许多的分析角度。例如,霍景东、夏杰长(2007)对制造业服务化的内涵、国际经验和发展趋势作了分析,并提出了促进制造业服务化的对策建议[④]。此外,技术研发能力是推动现代服务业发展的重要力量,他们还从投入与支持、人力资本、产出与绩效、研发系统连接性等方面对我国服务业的技术研发竞争力进行了国际比较,通过比较发现我国现代服务业的研发国际竞争力仍然不强[⑤]。姚战琪等(2010)从全球价值链的角度分析认为中国服务外包产业的实力并不强,依然处于全球价值链的低端,需要从人才培养、企业培育、中心城市辐射等多方面努力寻求一条适应中

[①] 李勇坚、夏杰长:《我国经济服务化的演变与判断——基于相关国际经验的分析》,《财贸经济》2009 年第 11 期。

[②] 夏杰长:《大力发展服务业是扩大内需的重要途径》,《经济学动态》2009 年第 2 期。

[③] 陈文玲:《服务业进入战略区》,《中国商贸》2001 年第 1 期。

[④] 霍景东、夏杰长:《制造业与生产性服务业:分化、互动与融合的实证分析》,《经济研究参考》2007 年第 41 期。

[⑤] 霍景东、夏杰长:《现代服务业研究开发竞争力的国际比较》,《中国软科学》2007 年第 10 期。

国国情的发展道路，进而真正摆脱"低端道路"的束缚，使中国服务外包产业尽快进入全球价值链的高端[①]。李文秀、夏杰长（2012）认为发展高技术性、高附加值、高融合性的高端服务业，对提升我国服务业整体质量和水平有着重要意义，也有利于赢得国际竞争地位[②]。

总结我国服务业30年发展历程，我国服务业体制束缚的坚冰已经打破，但仍然是任重道远，未来需要坚持市场化取向的改革方向[③]。周振华、周国平（2011）在研究服务经济与制度环境问题时，系统阐述了服务经济对税收制度、信用制度、金融监管制度、海关监管制度、市场准入制度、法律制度、统计制度和政府行业管理体制等方面的要求[④]。任兴洲、王微（2011）系统地分析了我国服务业面临的主要制度障碍和约束，一是服务业面临较为复杂的制度约束，且不同行业所面临的制度约束也存在较大差异；二是服务业发展缺乏市场机制支撑，要素和服务价格形成机制的市场程度不够，要素市场体系发展失衡；三是市场主体缺乏必要的制度保障，多元化市场主体和服务组织的制度建设滞后；四是服务领域市场准入的改革亟待推进，准入方式、准入标准和退出机制等方面都需要加强和完善；五是服务业监管体制改革明显滞后，存在监管主体单一、监管内容不合理、行政手段偏多等问题；六是与服务业发展相关的配套改革推进缓慢，政府职能不清，管理体制改革滞后，财税制度尚未理顺，政绩考核制度不利于服务业加快发展；七是服务业支持体系建设滞后，标准体系、信用体系、司法体系亟待健全和完善，

---

① 姚战琪、程蛟、夏杰长：《中国服务外包产业攀升全球产业链的路径分析》，《黑龙江社会科学》2010年第1期。

② 李文秀：《促进高端服务业发展》，《人民日报》2012年6月4日第7版。

③ 夏杰长：《中国服务业三十年：发展历程、经验总结与改革措施》，《首都经济贸易大学学报》2008年第6期。

④ 周振华、周国平：《服务经济发展与制度环境（理论篇）》，格致出版社/上海人民出版社2011年版。

社会中介服务组织功能较弱；八是服务业发展的促进机制尚未形成，缺乏针对服务业发展的高层次协调机制和促进多元化主体发展和创新的激励机制，税收制度的激励导向作用不清①。在财税政策方面，可以从财政倾斜、社会参与、设立引导资金、支持职业教育、完善税收政策等多方面出发，为服务业发展营造良好的环境和氛围②。值得一提的是，在这一发展阶段，服务业实行增值税改革的相关研究也备受关注③。

这一发展阶段中，还有不少针对服务业某一行业的改革研究。例如，黄汉民（2002）分析了我国零售服务业面对激烈的国际竞争问题，认为需要重视流通产业发展政策和企业自身能力建设两个方面的内容④。何德旭（2004）针对当前和今后一个时期内我国金融服务业所存在的问题，提出了坚持稳定的金融政策、建立健全金融服务业相关法律法规、进一步完善监管体系、有效控制和防范各种金融风险、建立现代金融服务体系、强化竞争意识、提高金融服务品质、人才培养和政策支持等多方面加以保障⑤。姚战琪、夏杰长（2007）探讨了科技进步与金融创新内在关系的机理、互动机制，提出了促进科技进步与金融业互动和融合的具体措施⑥。夏杰长、张颖熙（2010）认为政府管制、公共意识、市场机制和气候、环境协定

---

① 任兴洲、王微：《服务业发展制度、政策与实践》，中国发展出版社 2011 年版。

② 夏杰长：《我国服务业发展的实证分析与财税政策选择》，《经济与管理研究》2007 年第 2 期。

③ 胡怡建：《推进服务业增值税改革 促进经济结构调整优化》，《税务研究》2011 年第 6 期；何骏：《上海增值税改革对现代服务业的影响测算及效应评估》，《经济与管理研究》2012 年第 10 期。

④ 黄汉民：《经济全球化与我国零售服务业发展的对策思考》，《财贸经济》2002 年第 9 期。

⑤ 何德旭：《中国金融服务业的发展趋势》，《经济学动态》2004 年第 8 期。

⑥ 姚战琪、夏杰长：《促进现代金融服务业与科技进步的融合与互动》，《上海金融》2007 年第 3 期。

规制都是环境服务业发展的动力,这四个方面也是我国环境服务业发展的可行路径[①]。

这一时期,服务业统计改革方面的研究则以问题导向为主。例如,许宪春等（2004）认为服务业统计在统计范围、统计方法、指标设置和管理体制等方面都存在问题,未来需要在抽样调查方法推广、增加值核算、周期性普查、指标体系建立和部门协调协调等方面做出改善[②]。谢伏瞻（2007）分析了我国服务业统计工作中仍然存在被低估、不及时和漏统等问题,指出未来仍需改进和完善国家统计局常规服务业统计,厘清各部门服务业统计的职责,规范部门的服务业统计报表制度,建立面向全行业的服务业统计制度[③]。

第七节　服务业改革再出发
（2012年至今）

2012年党的十八大召开之后,经济发展进入新常态,服务业成为第一大产业,各种新业态、新商业模式层出不穷,但相关的管制措施并没有动态跟进,服务领域的供给能力不足成为制约我国居民幸福、产业转型升级的重要瓶颈,经济领域的改革重点,则已转移到服务业领域。一方面,服务领域集中了经济发展中的尖锐矛盾,例如,垄断的问题、政府与市场关系问题等；另一方面,服务领域的改革,多年来处于走弯路状态。

新一届中央政府对民生高度关注。而服务业被视为影响民生幸

[①] 夏杰长、张颖熙：《我国环境服务业发展的动力机制与路径选择》,《经济研究参考》2010年第54期。

[②] 许宪春、董礼华、赵同录、刘慧平、金红：《中国服务业统计的现状及其改革与发展》,《统计研究》2004年第1期。

[③] 谢伏瞻：《积极推动服务业统计工作——在部门服务业财务统计座谈会上的讲话》,《中国统计》2007年第12期。

福的重要产业。2016年12月，国务院办公厅印发的《关于进一步扩大旅游文化体育健康养老教育培训等领域消费的意见》，将旅游、文化、体育、健康、养老、教育培训等领域视为幸福产业。

在这个背景下，基于民生改善的压力与支撑中国全面建成小康的动力成为新一轮服务业改革的基点。服务业改革的重点与方向，从关注国际竞争力，向关注民生、关注增长转型，其改革措施也包括两个方面，一方面是对制约服务业发展的体制机制进行变革，为服务业发展创造一个良好的环境，另一方面是对服务业内部的重点行业进行扶持，支持其快速发展。据不完全统计，自2013年起，以国务院或者国务院办公厅名义发布的与服务业发展相关的政策文件多达50件以上，这比1978—2012年的总数还多。很多行业，如健康服务业、体育产业、养老产业等服务领域的促进政策，都是国务院首次提出。从实施效果看，虽然政策密集出台，对服务业快速发展起到了很好的促进作用，但也存在着政策体系不健全，配套性较差，各项措施具体落实较难等问题。

2017年，为深入贯彻习近平总书记关于供给侧结构性改革的重要讲话精神，落实党中央、国务院决策部署，推进服务业改革开放和供给创新，国家发展改革委会同有关部门研究印发了《服务业创新发展大纲（2017—2025年）》，文件中明确提出："到2025年，服务业市场化、社会化、国际化水平明显提高，发展方式转变取得重大进展，支撑经济发展、民生改善、社会进步、竞争力提升的功能显著增强，人民满意度明显提高，由服务业大国向服务业强国迈进的基础更加坚实。"该文件对发展环境、有效供给、质量效益、创新能力和国际竞争力等方面都提出了高标准的要求。

在以上发展背景之下，围绕改善民生和提升质量的服务业改革研究越来越受到重视，学术界相关的讨论也越来越多。例如，2012年9月，由中国社会科学院经济学部主办、中国社会科学院财经战略研究院和辽东学院承办、上海鹏鑫集团协办的"现代服务业与产业升级学术研讨会"在辽宁省丹东市召开，围绕包括经济发展阶段与产业转型升级、加快发展服务业、制造业和服务业的互动、服务业行业和区域问题，与会人员展开了深入讨论。[①] 这次讨论在体制机制改革方面凝聚了共识。

在这一时期，我国经济发展进入新常态，而在服务业领域的有效供给不足问题开始受到重视。例如，来有为（2017）分析了我国服务业发展存在的供给侧结构性矛盾，一是面对城乡居民的消费升级，我国服务业存在有效供给不足、中高端服务供给不足的问题；二是研发设计、信息技术、物流快递、人力资源等生产性服务业的比重偏低，迫切需要提质增效；三是相对于货物贸易，有国际竞争力的服务行业和服务业企业偏少，服务贸易逆差的规模不断扩大；四是深层次的体制机制困扰仍存在，发展活力有待进一步释放。[②]

在改善民生方面，许多研究开始关注人们生活质量和水平提升的服务业改革问题。例如，王微、王青、赵勇（2018）认为更好发展消费性服务业，对满足居民的消费需求升级、实现质量、效率和动力变革、培育新动能和提升国际竞争力有重要的作用，面对消费性服务业的不足与问题，需要在增供给、提质量、促改革、扩开放等方面共同发力。[③] 具体行业上，许多热门行业受到关注，例如，朱德云、孙成芳（2017）关注了养老产业的改革问题，认为需要遵从市场导向，一是重视主体参与的多元化、服务产品的多样化和供给效率的提升，二是完善养老保障体系，扩大养老消费需求。[④]

由于服务业各行业间的特征和现状存在较大差异，因此，在推

---

① 王朝阳：《发展现代服务业　推动产业结构优化升级——"现代服务业与产业升级学术研讨会"会议综述》，《财贸经济》2012年第10期。

② 来有为：《服务业供给侧结构性改革重点及建议》，《经济日报》2017年3月4日第12版。

③ 王微等：《消费性服务业需进一步深化供给侧结构性改革》，《经济日报》2018年9月20日第15版。

④ 朱德云、孙成芳：《基于供给侧改革谈中国养老服务业发展问题与政策建议》，《财政科学》2017年第5期。

进改革时需要对不同门类的服务业区别对待。例如,刘志彪(2015)市场认为深度开放是生产者服务业发展的基本动力,收入增长与合理分配是促进消费者服务业发展的基本措施,资源配置均等化则是促进社会公共服务业发展的基本战略①。张建华、程文(2019)构建了消费性服务业、生产性服务业和人力资本供给的匹配模型,分析认为,针对中国跨越中等收入陷阱所面临的风险,一是要扩大中等收入群体,以有效支撑知识密集型服务业发展;二是提升公共服务水平,积累高层次人力资本;三是推进先进制造业与现代服务业深度融合,大力发展生产性服务业②。在中国社会科学院财经战略研究院每年都出版的《中国服务业发展报告》中,更是注重具体行业具体分析的问题,除了每年的总报告之外,往往还会设专题报告部分。在2012年的报告中,精选了14个市场需求强烈、改革备受关注的新兴服务行业做了专题分析,分别是信息通信服务、软件与信息服务外包服务、检测认证服务、节能服务、电子银行服务、电子认证服务、人力资源服务、文化创意服务、网络文化服务、邮轮旅游服务、健康服务、家庭服务、房地产中介服务和海洋服务;2013年,报告分析的切入点是区域差异,对社会普遍关注的金融服务、商贸物流服务、房地产业和旅游业专门做了分析;而2014年的报告主题直接对准了生产性服务业;作为"十二五"和"十三五"的节点年份,2015年分别对中国的金融服务、物流服务、科技服务、软件和信息服务、商贸服务、文化服务、旅游服务、健康服务、体育服务等行业的发展趋势和政策建议做了详细分析③。

此外,服务业发展质量的提升有许多的改革方向,这就催生了

---

① 刘志彪:《全面深化改革推动服务业进入现代增长轨道》,《天津社会科学》2015年第1期。
② 张建华、程文:《服务业供给侧结构性改革与跨越中等收入陷阱》,《中国社会科学》2019年第3期。
③ 中国社会科学院财经战略研究院服务业发展课题组:《中国服务业发展报告》,经济管理出版社2012年、2013年、2014年、2015年版。

多元的研究角度。例如，湛军、王照杰（2017）从创新能力和绩效的角度出发，通过实证研究揭示了创新能力对企业绩效起到了显著的促进作用，认为企业要更加坚定创新发展理念，积极开拓中高端需求市场[1]。渠慎宁、吕铁（2016）从产业结构调整的角度出发，认为面对经济下行压力，片面讨论工业和服务业孰轻孰重的问题并无意义，应协调工业和服务业融合互动发展，充分发挥制造业"纳创新"、服务业"稳经济"的功能，以创造新的增长点[2]。张彬斌、陆万军（2016）从基础设施建设对服务业的影响这一角度出发，发现国道主干线贯通对过境县域的服务业就业份额有显著的提升效应，在网络零售、农村电商、现代商贸物流等新型流通服务业兴起的时代，公路交通对商品流和服务流的影响深远，加强子区域与干线公路的联系，完善地方性公路交通基础设施网有助于这种影响的更好发挥[3]。毛中根、洪涛（2012）从服务业发展和居民消费的关系这一角度，通过实证研究验证了产业结构优化升级和扩大消费需求的内在一致性，并认为政策支持可放大这种效应，政策上应多向中西部倾斜，以弥补区域间差距[4]。

总之，关注民生需求和追求服务业的高质量在方向上是高度统一的，推进服务业高质量发展的最终目的就是能满足人民日益增长的美好生活需要，不仅如此，还要进一步创造和引领市场需求，坚持五大发展理念的系统性、整体性和协同性[5]。

---

[1] 湛军、王照杰：《供给侧结构性改革背景下高端服务业创新能力与绩效——基于整合视角的实证研究》，《经济管理》2017年第6期。

[2] 渠慎宁、吕铁：《产业结构升级意味着服务业更重要吗——论工业与服务业互动发展对中国经济增长的影响》，《财贸经济》2016年第3期。

[3] 张彬斌、陆万军：《公路交通性能与服务业发展机会——基于国道主干线贯通中国西部的研究》，《财贸经济》2016年第5期。

[4] 毛中根、洪涛：《中国服务业发展与城镇居民消费关系的实证分析》，《财贸经济》2012年第12期。

[5] 姜长云：《服务业高质量发展的内涵界定与推进策略》，《改革》2019年第6期。

第八节 研究展望

当前,我国经济发展进入新常态,我国社会主要矛盾已经转化为人民日益增长的美好生活需要和不平衡不充分的发展之间的矛盾,我国服务业的改革与发展进入前所未有的战略机遇期,开始了由服务业大国向服务业强国迈进的步伐。面对新一轮技术革命和服务全球化的挑战,未来服务业改革的相关研究亟须在以下几个方面寻求创新与突破,为服务业优化升级、提质增效提供服务。

一 继续关注服务业新业态的发展趋势

在服务业领域,从供给端依靠多元化的创新改变传统供给方式,提升供给质量,从需求端适应和引领不断变化的新需求,正在成为服务业发展的"新常态"。[①] 在互联网时代,新一轮技术革命激发服务业不断创新升级,科学技术、产业形态、商业模式和服务内容上的创新应用层出不穷,服务网络化、智能化、平台化和融合化的发展趋势明显。这些新的发展趋势在主动适应生产和消费需求的同时,既在改变着服务行业的未来走向、竞争格局和产业边界,也在引领市场需求不断向个性化、定制化、体验式、互动式的方向加速转变。因此,未来的服务业改革研究,应该以新应用和新业态的发展趋势为分析前提,多关注这些创新事务的发展环境,将改革的重点放在如何推进创新引领、增强服务业发展动能上来,为创新应用营造良好的生存空间和发展环境。

同时,多关注知识和技术密集型服务业的改革和发展问题,为提高服务业发展绩效、提升国际竞争献计献策。

---

① 夏杰长:《中国现代服务业发展战略研究》,经济管理出版社2019年版。

二 遵循创新、协调、绿色、开放、共享的理念高质量发展服务业

服务业的高质量发展和未来改革的方向需要体现五大发展理念的要求，还要注重创新、协调、绿色、开放、共享发展理念的系统性、整体性和协同性[①]。因此，加快服务业创新发展、协调和优化产业间和地区间的发展关系、推进服务业绿色转型、继续扩大对外开放和促进服务业共享经济的发展等问题都是服务业未来改革的重点研究领域。以此为前提，服务业领域的相关研究可细化和衍生出不同角度的研究选题。

三 继续深化服务业供给侧结构性改革研究

推进供给侧结构性改革，要从生产端入手，提高供给结构对需求变化的适应性和灵活性[②]。当前，我国服务业发展在供给结构上仍然存在许多不合理之处，在生产性服务业领域，专业性强、附加值高的生产性服务业占比仍然比较低；在生活性服务业领域，服务供给类型和质量仍然滞后于消费升级需求[③]；在公共服务业领域，服务产出水平低和公共服务均等化问题仍亟待解决[④]。因此，应继续加强提升有效供给、对接服务需求相关的研究，继续坚持问题导向，以"优化结构""提高质量"和"提升效率"为选题，为扩大有效供给和改善质量效益提供决策参考。

同时，在研究视角上，需要尽量下沉，一方面，要聚焦细分行业的改革问题，要根据不同行业所具备的特征和发展基础，研判每

---

① 姜长云：《服务业高质量发展的内涵界定与推进策略》，《改革》2019 年第 6 期。

② 2016 年 1 月 18 日，习近平总书记在省部级主要领导干部学习贯彻党的十八届五中全会精神专题研讨班上的讲话。

③ 何立峰：《服务业创新发展研究报告》，中国计划出版社 2017 年版。

④ 刘志彪：《全面深化改革推动服务业进入现代增长轨道》，《天津社会科学》2015 年第 1 期。

一个细分行业的发展趋势，分析行业改革所面临的障碍，有针对性地讨论建议和对策；另一方面，要从市场主体出发，多搜集和分析企业的诉求与困难，为激发主体发展活力和动力提供研究支持。

四 重视网络化时代服务业治理与改革的研究

随着网络时代的来临，中国在互联网技术以及互联网产业发展方面将形成较强优势，这为服务业供给侧效率的提升提供了难得的机遇，在此背景下，许多产业需要一个宽松包容的环境[1]。同时，新技术应用也在改变着服务业的交易模式和组织结构，平台经济迅猛发展，这就需要监管理念和治理方式上的创新跟进。因此，在风险可控的前提下，顺应新经济新服务的要求，以平台经济治理改革为突破口，适度放松管制、破除体制机制障碍、优化政策保障体系、促进多元共治的服务业现代化治理体系构建问题就显得尤为重要。以此为基础，负面清单管理、市场准入、政策协调、降低成本、平台治理、多元参与等诸多问题都是未来可能的研究主题和研究热点[2]。

当前，我国服务业发展进入战略机遇期，展望未来，应该尊重规律，立足国情，顺应发展潮流，继续做好深化服务业改革的研究课题，激发服务业发展动能，引领服务业产业升级，走高质量发展的服务业创新发展之路。

---

[1] 江小涓、罗立彬：《网络时代的服务全球化——新引擎、加速度和大国竞争力》，《中国社会科学》2019 年第 2 期。

[2] 夏杰长：《服务业高质量发展助力中国经济行稳致远》，《光明日报》2019 年 6 月 4 日第 16 版。

第十一章

新中国服务业开放研究

第一节 前言

在新中国成立后至改革开放前，经济界主要集中于研究传统经济学、计划经济学、政治经济学，主要为计划经济提供理论基础，服务业开放几乎没有涉及。因此，这段时期是我国进入服务业开放的准备期，也是我国服务业开放学术研究的空白期，在改革开放前服务业开放在中国几乎是空白。

改革开放以来，中国服务业开放不断推进，服务业对外开放在经济社会发展中的地位和作用越来越重要。学术界对服务业开放的研究也在不断深化。在中国服务业对外开放 40 年的渐进历程中，我国服务业开放研究所取得的丰硕成果，和我国政治、经济体制的不断改革以及法律制度的逐步健全密切相关。

1978 年改革开放政策的实施，拉开了我国服务业开放学术研究的序幕，服务业对外开放的必要性和基础条件开始受到一些学者的关注。进入 20 世纪 90 年代，我国相继出台了一些法律法规，为进出口贸易和外商投资指明了方向，一些学者重点关注服务业对外直接投资的现状及影响；这一时期中国经历了乌拉圭回合谈判，加入了 APEC，这些外交举措为服务业对外开放探索出了新路径，也为我国服务开放理论研究的迅速发展奠定了基础，这一时期学术界积累了大量的研究成果，为我国服务业对外开放研究提供了很好的借鉴。21世纪初至今，是我国服务业开放理论研究的全新突破期，在中国加入WTO这个大的国际背景下，我国服务业对外开放的范围和深度不断加大，实践的发展客观上推动了服务业开放理论的研究，人们关于服务业开放问题的认识不断深化。可以预计，随着我国以服务业扩大开放引导经济高质量发展，值得深入研究的问题将不断涌现，服务业开放问题研究会更加繁荣。

第二节 服务业开放研究的起步阶段（1978—1989）

在改革开放后至20世纪80年代末，我国进入服务业开放的起步阶段，我国对外商投资准入的行业进行严格限制，1987年我国出台了《指导吸收外商投资方向暂行规定》，将我国外商投资项目分为鼓励、允许、限制和禁止四类，其中限制外商投资的项目包括六大类，禁止外商投资的项目包括三大类，鼓励外商投资的项目包括四大类，因此对外商投资限制类项目较多。同时从"六五计划"开始，我国相继建立深圳等4个经济特区，开放14个沿海城市，开辟沿海经济开放区，划海南岛为经济特区。由此，我国服务业开放理论研究进入起步阶段。

从20世纪80年代开始，国内学者开始重视第三产业对外开放对经济增长和就业的贡献，该阶段的研究成果不但重视第三产业对外开放对经济发展潜力的巨大贡献，而且重视服务业对外开放在改善投资环境等方面能弥补发展加工工业的不足。在我国服务业开放理论研究的初始期，关于服务业开放的理论研究在国内是空白，学术界开始借鉴国际经验认为必须推动中国服务业对外开放，而且将服务业开放与经济发展紧密结合起来。当然，这个阶段的服务业开放理论研究只是初步的，许多关键问题都没有触及，比如，没有考虑到中国服务业对外开放面临的风险，仅仅给出了各种服务业对外开放的发展空间和发展潜力；没有研究中国服务业应对风险的战略举措，也没有阐释第三产业发展与经济开放的内在关联和分析服务业对外开放的重点。

一 服务业对外开放的必要性和基础条件

这段时期，我国学者对服务业开放的研究，主要集中在必要性和基础条件等问题上。比如，李西林（1985）较早将中国第三产业的发展与对外开放联系起来[①]，这段时期，我国服务业还很不发达，明显滞后于工业。因此，他主张应将经济对外开放与服务业高速发展紧密联系起来，通过推动服务业对外开放来促进服务业快速发展。服务业开放是中国对外开放的重要组成部分，中国服务业对外开放的条件不能忽视。许昌明（1990）指出，经济开放的基础和条件是第三产业的高质量快速发展，该成果分析了我国沿江四个城市的商业贸易、金融保险、交通通信、科技教育的发展[②]，为了推动我国经济开放，以上产业必须快速发展，应正确认识我国商业贸易、金融保险、交通通信、科技教育的发展空间和发展事实。

二 开始关注服务贸易问题

这个阶段，中国的服务贸易刚刚起步，学界对其作用有了初步的研究，普遍认为服务贸易对发达国家和发展中国家各有利弊。邹加怡（1988）分析了美国提出的国际服务贸易自由化对发展中国家的影响，该成果分析国际服务贸易自由化对中国影响

---

① 李西林：《开放与第三产业》，《社会科学》1985年第2期。
② 许昌明：《经济开发开放的基础条件和保证——谈谈沿江四市第三产业发展问题》，《学术界》1990年第6期。

的利和弊，提出了要善于利用服务贸易的积极作用，也要防范服务贸易的风险①。邹加怡（1988）的另一项成果也分析了国际贸易自由化对服务业 FDI 的影响，服务贸易和服务业直接投资两种经济活动的本质不同②，因此他不赞同服务贸易包括服务业直接投资的观点，并认为发达国家坚持认为服务贸易包括服务业直接投资主要是因为发达国家是服务业外商直接投资的主要东道国和母国。

这段时间，国内学者业开始走出国门，参加国际学术会议，与国际知名学者广泛探讨服务贸易问题。比如，第十六届太平洋地区贸易与发展大会于 1987 年 1 月 25 日至 29 日在新西兰首都惠灵顿举行，来自太平洋地区的美国、加拿大、日本、新西兰、中国等国家和地区的学者代表参加了会议③。与会代表普遍认为：和商品贸易相比，服务贸易的障碍更多，更复杂，因为它往往涉及人员的运动，资金的运动，还受社会、文化习俗和政治方面等其他非经济因素的限制④。

第三节　服务开放研究的迅速发展期（1990—2000）

进入 20 世纪 90 年代，中国对外开放的行业仍集中在第二产业，我国对服务业外商投资的壁垒仍较高，1990 年对外经济贸

---

① 邹加怡：《国际服务贸易自由化包括服务业外国直接投资吗？——新一轮多边贸易会谈中关于服务贸易的一个争论问题》，《国际贸易》1988 年第 5 期。
② 邹加怡：《国际服务贸易自由化：发展中国家的得失与选择》，《世界经济》1988 年第 10 期。
③ 张广瑞：《第十六届太平洋地区贸易与发展大会综述》，《经济学动态》1987 年第 5 期。
④ 同上。

易部发布《中华人民共和国外资企业法实施细则》，其中五大类行业禁止设立外商投资企业，1995年我国相继出台的《指导外商投资方向暂行规定》《外商投资产业指导目录》，成为引导进出口贸易和鼓励外商投资的重要法规。在"八五"计划期间，我国开放内地部分省会城市、沿江沿边城市，利用外资和对外贸易形势喜人。

在我国服务开放理论研究的迅速发展期，我国学者对服务业对外投资的影响因素、乌拉圭谈判对服务业开放的影响、中国加入WTO后服务业对外开放面临的挑战和机遇等领域形成了大量成果，为我国服务业对外开放研究提供了很好的借鉴。这些研究成果能否在国内得到验证和应用，是否需要调整和改变还需要进一步研究，很多成果提出了促进金融服务贸易开放的目标和促进政策，但没有提出针对不同类型的金融服务业开放的促进政策。因此以后应关注中国加入WTO后如何不断提升中国服务贸易竞争力，同时应重视如何不断提升中国服务业真实开放度，如何在推动中国服务业开放进程中维护产业安全。

一　服务业对外投资的影响

进入20世纪90年代后，我国服务业对外开放快速发展，服务业对外投资能促进东道国经济增长和产业结构升级。袁庆、夏申（1990）很早就关注服务业对外直接投资的现状及影响，该成果发现全球对外直接投资的主要行业为服务业，而且服务业对外直接投资所占比重不断上升，该成果还发现当时发达国家之间的直接投资占主体地位，而发展中国家的对外直接投资仍处于起步阶段[1]。该成果还分别分析了服务业对外直接投资对东道国和母国的影响，该成果也分析了服务业对外直接

---

[1]　袁庆、夏申：《关于服务业跨国直接投资》，《国际贸易》1990年第7期。

投资的动因，但该时期的研究成果均没有给出促进我国服务业对外直接投资的政策建议。

二 《服务贸易总协定》对中国服务业开放的影响

《服务贸易总协定》签订后成员国服务业开放度快速提高，各成员国逐步开放服务业各部门，消减服务贸易壁垒能够促进服务业增长，但幼稚工业保护理论认为服务贸易壁垒能促进本国服务业经济增长。消减服务贸易壁垒会挤占本国就业，但有些服务业外资能促进东道国就业增长。另外，消减服务贸易壁垒能提升服务业全要素生产率[1]。20世纪90年代后，中国即将重返关贸总协定，但《服务贸易总协定》要求包括中国在内的各参加方消减关税和非关税壁垒，但与发达国家和其他发展中国家相比，我国服务业产值所占比重太低，服务业质量不高，我国服务业对外开放领域及服务业概念所涵盖的范围很窄[2]。因此，发达国家和发展中国家对待服务贸易持有不同的态度和政策主张。熊贤良（1991）认为，发达国家要求积极推动服务贸易自由化，而发展中国家反对将服务贸易纳入乌拉圭谈判之中，那么，发展中国家应该用不占优势的关税让步换取发达国家占有优势的关税让步[3]。在研究乌拉圭谈判对服务业开放的影响同时，不能忽视关贸总协定对金融服务贸易自由化的影响。杨培新、姜永凯（1990）提出了中国金融服务贸易进口和金融服务贸易出口的不同目标和促进政策，认为要促进外资银行在中国开展业务，同时要制定优惠政策促进金融服务出口[4]。冯晴、王晓萍（1993）认为，在乌拉圭回合中，虽然中国面临服务业发展滞后、与国际差距

---

[1] 户艳辉、孙巧丽：《服务贸易壁垒对服务业发展影响研究文献评述》，《对外经贸》2018年第3期。

[2] 韩玉军：《"服务贸易总协定"与中国服务业》，《经济理论与经济管理》1995年第6期。

[3] 熊贤良：《论服务贸易》，《南开经济研究》1991年第2期。

[4] 杨培新、姜永凯：《金融服务贸易初探》，《国际金融研究》1990年第11期。

大等问题，但中国必须有序推动服务业对外开放，必须从服务业管理系统、服务业具体分类、逐步取消能推动服务贸易开放但不符合国民待遇的各种做法、重视对外资企业的监管、加大力度培养人才等方面大力推动服务业开放[①]。

三　中国与 APEC 成员国服务贸易竞争力的对比及影响因素

1991 年 11 月，中国以主权国家身份加入 APEC，但中国与亚太经合组织成员国的服务贸易竞争力显著不同，中国服务贸易竞争力显著小于美国等 APEC 其他成员国服务贸易竞争力。黄陈刘、张晓（2018）发现与 APEC 成员国相比，中国服务贸易不具有比较优势，该成果使用显示性比较优势指数和贸易竞争力优势指数对比了 APEC 成员国服务贸易竞争力，发现 2008 年中国服务贸易出口额及占世界比重仅次于美国，高于日本、韩国和新加坡，在 APEC 成员国中，我国服务贸易出口额及占世界比重排名第二[②]。但是在 2017 年中国仅有电信、计算机与信息行业和其他商业服务业的显示性比较优势指数大于 1，其他行业的显示性比较优势指数均小于 1，同时中国只有电信、计算机与信息行业和其他商业服务业的 TC 指数大于零，因此中国服务业处于比较劣势。俞灵燕（2004）分析了亚太经合组织区域服务贸易的特点，发现在 1992—2002 年间，APEC 成员国的服务贸易进出口额增长速度比货物进出口贸易额增长速度慢，亚太经合组织成员国的服务贸易受到成员国货物贸易的显著影响[③]。季剑军、曾昆（2016）研究了中国服务贸易进口、服务业外商直接投资、中国服务贸易显示性比较优势指数等变量之间的关系，发现中国服

[①] 冯晴、王晓萍：《乌拉圭回合与我国服务业市场的对外开放》，《经济科学》1993 年第 1 期。

[②] 黄陈刘、张晓：《中国与 APEC 成员服务贸易国际竞争力的比较研究》，《未来与发展》2018 年第 12 期。

[③] 俞灵燕：《APEC 区域服务贸易的特点与问题》，《世界经济研究》2004 年第 3 期。

务贸易进口、中国服务贸易出口、服务业外商直接投资、中国服务贸易显示性比较优势指数之间呈现长期均衡关系①。

三 即将加入 WTO 背景下，中国服务业对外开放面临的挑战与机遇

改革开放后至 20 世纪 90 年代末，中国政府正在艰辛地进行加入 WTO 的谈判。这个阶段，中国服务业对外开放不断推进，中国服务贸易快速增长，但是中国服务出口仍比较落后，中国服务业部分行业出现逆差，如 1992 年中国货物运输业逆差为 23.7 亿美元，港口供应及劳务项目逆差为 0.87 亿美元，并且从 1993 年开始出现中国服务贸易逆差，因此扩大中国服务出口势在必行②。中国政府对服务业对外开放的境外消费没有太多限制，通信和运输行业的跨境交付已经开放，自然人流动快速增加，商业存在是我国服务业对外开放的主要形式③。在 20 世纪 80 年代中国在服务业利用外资方面限制较多，从 20 世纪 90 年代开始，中国扩大了服务业利用外资的领域，逐步拓宽了外商对中国银行、保险、商业零售、工程设计、民用航空等服务业投资的限制④。虽然中国已加入 APEC，但在我国加入 WTO 之前，促进我国服务贸易开放势在必行，很多学者分析了中国服务业进一步对外开放的必要性，并给出了中国服务业对外开放应坚守的原则。何金旗（1999）认为虽然我国服务业快速发展，但我国面临服务业发展滞后、技术和资本密集型服务贸易发展滞后、服

---

① 季剑军、曾昆：《服务业对外开放与竞争力关系的研究》，《经济与管理研究》2016 年第 1 期。

② 卢进勇：《论扩大我国的服务出口》，《对外经济贸易大学学报》1994 年第 6 期。

③ 柯缇：《逐步开放我国服务业市场的战略措施》，《国际经济合作》1997 年第 5 期。

④ 仇光玲：《中国扩大第三产业利用外资领域及有关政策》，《中国对外贸易》1994 年第 12 期。

务经济市场体系很不完善等挑战，因此我国应优化出口贸易结构，大力发展现代服务业①。也有学者在这个阶段着手研究中国服务业对外开放的原则、中国服务业各部门对外开放的策略选择、中国服务业对外开放的政策建议。比如，薛荣久、张汉林（1997）就提出了中国服务业对外开放应坚持对内开放与对外开放相结合、对服务业中的幼稚部门进行适度保护、中国加入 WTO 及中国加入 APEC 的开放承诺协调一致、新型服务领域积极开放、将全国服务业对外开放与西部地区对外开放紧密结合、服务业对外开放先在代表性地区和行业进行试点后在全国进行推广、坚持市场换技术的原则、最长时间的无条件最惠国待遇不应超过十年、服务业开放不应按照地区进行梯度开放、服务业对外开放应坚持逐步对外开放、服务业对外开放不能危害国家安全等十一项原则②。

第四节　服务业开放理论研究全新突破（2001年至今）

进入 21 世纪，我国服务业开放迈开了新步伐，其中一个重要的契机，就是中国加入了 WTO。在这个大的国际背景下，我国服务业对外开放的范围和深度不断加大。比如，我国相继出台《外商投资铁路货物运输业审批与暂行办法》《外商投资电信企业管理规定》《中华人民共和国外资金融机构管理条例》等法规，我国服务业开放快速推进。2013 年 11 月在北京召开的党的十八届三中全会通过了《中共中央关于全面深化改革若干重大

---

① 何金旗：《面对 WTO 的中国服务贸易》，《金融教学与研究》1999 年第 6 期。
② 薛荣久、张汉林：《论中国服务业对外开放》，《国际贸易问题》1997 年第 2 期。

问题的决定》，提出要构建开放型经济新格局，坚持对内开放与对外开放相结合，放宽外资准入，建立全方位多层次对外开放新格局，为推动我国服务业对外开放和全面深化改革提供了强大动力和有力保障。服务业对外开放不断扩大的实践，客观上推动了服务业开放理论的研究。在这段时期，对服务业开放的研究，无论是相关文献的数量，还是研究的深度，或者研究方法，都迈出了新的步伐，取得了全新的突破。

一 推动服务业开放跨越升级

进入21世纪，中国要在对外开放过程中推动服务业不断升级。张祥（2012）[1]看到了信息技术快速推进背景下服务业全球化将代替服务离岸化的发展趋势，中国服务业开放将面临难得的历史机遇。改革开放30年以来，中国服务业进出口贸易规模不断增加，服务业外商投资额不断增长，服务业开放的范围越来越广泛，但服务业对外开放质量需要不断提高[2]。同时，中国服务贸易逆差不断增加，服务业外商投资结果仍不合理，服务业走出去仍处于起步阶段[3]。针对中国服务业，王子先（2011）提出了全球化背景下中国服务业跨越式升级的路径和开放战略，应将产业结构升级的重点视为服务业开放式升级，要防止掉入简单跟随式外包的陷阱，扩大服务进口的同时大力推动服务业走出去，提升服务业引进来的水平[4]。迟福林（2015）则提出，中国不但要逐步开放生产性服务业、消费性服务业，也要开放基本医疗卫生等基本公共服务业和健康保健等非基本

---

[1] 张祥：《全球视野下的中国服务经济战略》，《全球化》2012年第11期。

[2] 夏杰长：《中国服务业三十年：发展历程、经验总结与改革措施》，《首都经济贸易大学学报》2008年第6期。

[3] 姜长云、邱灵：《扩大和深化我国服务业对外开放的新思路》，《经济纵横》2014年第10期。

[4] 王子先：《全球化下中国服务业跨越式升级的路径及开放战略》，《宏观经济研究》2011年第7期。

公共服务，要全面开放健康保健等非基本公共服务，鼓励市场主体参与基本医疗卫生等基本公共服务[①]。周蕾（2013）试图在全球化发展新趋势的背景下，依托全球价值链分析框架，提出了生产性服务贸易促进产业升级的思路和路径[②]。

二 顺应经济全球化，积极应对加入 WTO 后服务业开放的压力与竞争

2001 年中国加入 WTO，中国刚开始加入 WTO，不能忽视服务业对外开放对中国的负面影响，因此应大力提高国内企业的市场占有率，不断提高企业竞争力，实现利益共享。朱杰堂（2002）[③]提出了面对加入 WTO 中国电信的发展策略，认为中国加入 WTO 以后中国电信应抓住机遇，抢占市场空间，并不断发挥自身优势，扩大市场占有额。但该成果无法解释中国的事实，中国的事实是在当前中国电信等服务业的承诺开放度不但低于发达国家，而且低于发展中国家，同时中国固定线路电信、移动通信等服务业的总体限制指数高于发达国家和发展中国家的平均水平，因此中国电信、移动通信等服务业的政策友好度很低。刘莉（2008）[④] 认为各国服务业快速发展，服务贸易自由化非常重要但步履艰难，推动服务贸易自由化是大势所趋，但服务业开放面临复杂的竞争问题。中国服务业开放政策不断完善，该成果认为区域贸易自由化将成为推动服务贸易自由化的主要力量。我国服务业发展比较滞后，国际竞争力不高，加入 WTO 后面临的挑战和压力可想而知，

---

① 迟福林：《以政府购买服务为重点 加快公共服务业市场开放》，《人民政协报》2015 年 7 月 16 日第 3 版。

② 周蕾：《生产性服务贸易与全球价值链提升》，浙江大学出版社 2013 年版。

③ 朱杰堂：《面对入世中国电信的应对策略》，《科技进步与对策》2002 年第 9 期。

④ 刘莉：《服务贸易自由化与竞争政策的建设及国际协调》，博士学位论文，厦门大学，2008 年，第 4 页。

但这并不意味着我们被动封闭，而是要积极打开大门，勇敢面对全球化趋势和国际竞争的现实，应大力推动服务业对外开放。江小涓（2008）[①]认为全球制造转向全球服务是全球化发展的必然趋势，制造全球化与服务业紧密关联，服务全球化具有不同于制造全球化的四个关键特征，即非物质资本的重要性、企业将非核心服务剥离出来、知识密集型生产性服务占主体、服务业对外开放产生的影响显著不同于制造业。夏杰长（2015）认为当前我国服务增加值占全球服务业份额远远小于中国GDP占全球GDP总量的比重，同时，中国服务业进出口贸易占GDP的比重位居全球前五位，但中国服务贸易在全球服务贸易中所占比重大大低于中国国内生产总值在全球GDP总量中的占比，因此中国服务业必须追赶发达国家，中国应该采取创新发展、融合发展、集聚发展、壮大主体、双向开放的发展战略[②]。郑吉昌、朱旭光（2009）认为全球服务产业转移与国际服务贸易发展之间是互促互动的关系，服务贸易正在成为全球产业链竞争的关键，而服务外包成为新兴国家进入全球分工体系的重要途径；商业模式的创新复制成为商业存在的主要形式。中国作为发展中国家，必定要经历承接全球服务产业转移的过程，发展国际服务贸易是应对经济全球化的必然选择[③]。

服务全球化是经济全球化的一个重要表现形式，更是其主要的发展趋势。但是，研究服务全球化问题有一些理论特点和现实难点。江小涓、薛澜（2011）在其合作主编的"服务经济译丛"的"总序"中作了如下解释：首先是定义和统计问题。"服务贸易"与"商品贸易"的含义相差甚远，商品贸易主要的形式是跨境交易，服

[①] 江小涓：《服务外包：合约形态变革及其理论蕴意——人力资本市场配置与劳务活动企业配置的统一》，《经济研究》2008年第7期。

[②] 夏杰长：《服务业将是下一步对外开放的重中之重》，《经济参考报》2015年12月28日第8版。

[③] 郑吉昌、朱旭光：《全球服务产业转移与国际服务贸易发展趋势》，《财贸经济》2009年第8期。

务贸易却包括服务本身、生产要素、服务提供者或服务消费者中任何一项的跨境移动，要准确定义服务贸易的宽泛及统计有很大的困难。其次是服务外包这种独特贸易形式产生的问题。服务外包影响到国际贸易理论中的一些重要结论，例如贸易双方的距离已经不是贸易流向的决定因素，对贸易区域分布理论产生影响；例如劳动力"虚拟跨境流动"的现象，即不必发生人员跨境流动，却能向境外提供劳务，减弱了距离、文化差异和各国移民政策等因素对劳动力流动限制所产生的影响，而这些影响在传统贸易理论中地位重要[1]。

2016年12月11日，中国加入WTO的过渡期结束，中国面临的问题、挑战和机遇不能忽视。江维、兰宜生（2008）[2]就5年过渡期结束后中国面临的问题、挑战和机遇进行了分析，研究了过渡期前后我国服务贸易的发展情况，并建立实证模型分析了中国加入WTO过渡期结束前后资本、劳动等各变量对中国服务贸易总额和服务贸易出口额的影响，发现加入WTO过渡期结束后中国贸易竞争力变化不大，除了少部分行业在加入WTO过渡期结束后国际竞争力得到提升以外，大多数行业的国际竞争力会下降。与其他学者不同，刘戒骄（2002）认为中国加入WTO后的服务业对提升工业竞争力具有显著的促进作用，服务业开放后会促进工业结构优化和国际分工的深化[3]。

当前，全球化正面临着严峻的挑战，过去几年里，针对全球化的质疑不绝于耳，甚至有不少"逆全球化"的呼声和举措。针对这些问题和挑战，荆林波、袁平红（2017）结合全球化发展历程，利用世界银行数据，对全球化进行分析发现，全球化并没有逆转。但是，全球化正面临全球收入差距扩大、贫困问题依然突出、网络安

---

[1] 江小涓、薛澜主编：《服务经济译丛》"总序"，格致出版社/上海人民出版社2011年版。

[2] 江维、兰宜生：《入世过渡期结束后我国服务贸易的发展研究》，《国际商务（对外经济贸易大学学报）》2008年第2期。

[3] 刘戒骄：《服务业的开放及其对工业的影响》，《管理世界》2002年第6期。

全监管缺位、全球金融体系社会基础薄弱等严峻挑战。当全球化走在十字路口的时候，作为仅次于美国的经济总量最大的国家，中国将在全球化中扮演更加重要的角色，要更加积极参与全球经济治理[1]。夏杰长、谭洪波（2019）也认为，经济全球化尽管遇到了一些挫折，但趋势不可逆转。近几十年来，世界经济不断向服务业转向，社会分工越来越细化、信息通信技术迅速发展并被广泛应用，这些因素促使服务贸易快速增长，服务全球化更是不可阻挡，服务业已成为世界上大部分国家和地区拉动经济增长的主要引擎，而服务业的快速增长在很大程度上得益于服务业开放与竞争[2]。

三 服务业开放与产业安全

在大力推动服务业对外开放的同时，中国也应理性推动服务业开放，并不是所有行业都应该提升真实开放度。夏杰长、陈军（2017）[3] 就发现虽然发达国家的金融、保险、零售、通信、交通运输等服务贸易限制指数很低，大大低于中国服务贸易限制指数，即中国的服务贸易开放度仍较低，但是发达国家所有行业的贸易限制指数并不是都是最低的，虽然中国广播、电影的服务贸易限制指数高于发达国家和发展中国家的平均水平，但是美国航空运输业的服务贸易限制指数是全球最高的。同时，不但中国金融业等服务业真实开放度较低，而且中国服务业整体真实开放度急需进一步提高。姚战琪（2018）[4] 就发现，在 2016 年以前，虽然中国服务业在商业

---

[1] 荆林波、袁平红：《全球化面临挑战但不会逆转——兼论中国在全球经济治理中的角色》，《财贸经济》2017 年第 10 期。

[2] 夏杰长、谭洪波：《服务贸易之商业存在：规模、竞争力与行业特征》，《财经问题研究》2019 年第 11 期。

[3] 夏杰长、陈军：《世界经济格局变迁与服务业开放》，《全球化》2017 年第 8 期。

[4] 姚战琪：《中国服务业开放度测算及其国际竞争力分析》，《国际贸易》2018 年第 9 期。

存在上的政策开放度大大低于发达国家，但中国金融业的商业存在的限制指数小于跨境提供的限制指数，并且中国金融业的 FDI 的限制指数不但高于发展中国家的平均水平，也大大高于发达国家的平均水平。同时若综合考虑了各国服务贸易进出口、服务业外商直接投资的流入和服务业外商投资的流出、根据各国不同的价格水平计算出来的货币之间的等值系数等因素，测算中国服务业的真实开放度，就会发现中国服务业真实开放度不仅小于日本、美国、英国，而且也小于俄罗斯、南非等发展中国家，因此中国服务业真实开放度很低。不少学者开始关注我国服务业的真实开放度。姚战琪（2019）认为当前虽然中国服务业总体限制指数低于发展中国家平均水平，但大大高于发达国家平均水平。同时中国邮递服务业的服务贸易限制指数最高，而工程咨询业的服务贸易限制指数最低[1]。来有为、陈红娜（2017）[2] 就发现中国在服务贸易总协定和特惠贸易协定中所做的承诺开放水平都低于发达国家，并且中国总体服务业限制度指数不但高于发达国家平均水平，也高于发展中国家平均水平。

在中国服务业对外开放进程中，不能忽视产业安全问题。中国服务业对外开放可能带来安全风险，服务业外商投资并未提高我国显示性比较优势指数，服务业外商投资不能提升我国产业前向参与度[3]。欧阳彪（2016）[4] 就认为服务业外商投资会挤入国内投资，而不会挤出国内投资，因此服务业外商投资有助于我国产业安全。欧

---

[1] 姚战琪：《服务业对外开放对我国产业结构升级的影响》，《改革》2019 年第 1 期；姚战琪：《全球价值链背景下提升中国服务业真实开放度研究》，《河北学刊》2019 年第 1 期。

[2] 来有为、陈红娜：《以扩大开放提高我国服务业发展质量和国际竞争力》，《管理世界》2017 年第 5 期。

[3] 夏杰长、姚战琪：《全力构筑我国服务业对外开放新格局》，《光明日报》2013 年 12 月 21 日第 7 版。

[4] 欧阳彪：《开放经济下中国服务业产业安全的理论与实证研究》，博士学位论文，湖南大学，2016 年，第 124 页。

阳彪、王耀中（2015）[1] 构建了中国服务业产业安全评价体系，认为在 2012 年，中国产业国际竞争力的安全度得分表现为不安全，而产业生存环境的安全度得分、产业控制力的安全度得分表现为基本安全，产业对外依存度的安全度得分表现为安全。王海峰（2014）[2] 就认为中国服务业开放有助于增强我国抵御风险的能力，中国服务业整体具有较强的抵抗风险的能力，因此应减少政府管制，提升服务业对外开放水平。在中国服务业全面开放条件下，必须正确认识服务贸易安全的特点及变化，正确应对中国服务贸易安全面临的严峻挑战[3]。

四 服务业外商直接投资、服务贸易与全球价值链

（一）服务业直接投资与服务贸易的关系

进入 21 世纪，在中国服务贸易进出口额快速增长的同时，中国服务业外商直接投资也快速增长。魏作磊、蔡玉平（2016）[4] 使用省级面板数据，研究了中国服务业外商直接投资对服务业国际竞争力的影响，发现服务业外商投资显著促进中国服务业国际竞争力的提升。张根能、沈婧雯、郭倩囡（2015）[5] 研究了服务业外商投资与中国服务贸易出口之间的关系，发现服务业外商直接投资与我国服务贸易出口呈现长期均衡关系。姚战琪（2006）[6] 研究了金融服

---

[1] 欧阳彪、王耀中：《开放经济下中国服务业产业安全的测度与评价》，《湖南社会科学》2015 年第 2 期。

[2] 王海峰：《推进服务业开放必须从理论上解决几个认识问题》，《中国经贸导刊》2014 年第 25 期。

[3] 姚磊：《试论服务业全面开放下的贸易安全与监管》，《上海经济研究》2016 年第 1 期。

[4] 魏作磊、蔡玉平：《扩大对外开放对中国服务业竞争力的影响——基于服务业 FDI 省级面板数据的实证分析》，《兰州财经大学学报》2016 年第 2 期。

[5] 张根能、沈婧雯、郭倩囡：《服务业外商直接投资与服务贸易出口——基于中国数据的实证研究》，《生产力研究》2015 年第 4 期。

[6] 姚战琪：《金融部门 FDI 和金融服务贸易的理论与实证分析》，《财贸经济》2006 年第 10 期。

务贸易与金融部门外商直接投资之间到底存在替代关系还是互补关系，发现中国金融服务贸易进出口与金融服务业外商投资之间存在显著的正相关关系，两者之间不存在替代关系。姚战琪（2009）[1]研究了服务业外商直接投资与中国服务业进出口额之间的关系，发现服务业外商直接投资与中国服务业进出口额之间呈现正相关关系，虽然服务业外商投资与中国服务贸易出口额之间关系不显著，但服务业外商直接投资与中国服务贸易出口之间呈现双向格兰杰因果关系。袁永娜（2007）[2] 也发现外商直接投资能促进中国服务贸易进口，但外商直接投资对中国服务贸易出口具有不显著的负面影响，同时外商直接投资的存量无论在短期还是在长期都会显著促进中国服务贸易进口。夏杰长、姚战琪（2013）[3] 的研究发现，服务业外商直接投资不但促进中国服务贸易进出口额增长和中国服务业国际竞争力，而且服务业外商投资是中国二、三产业增加值变化的格兰杰因，因此服务业外商投资能直接促进我国二三产业增加值增长。

（二）中国对"一带一路"沿线国家服务业直接投资对中国攀升全球价值链进程的影响

中国对"一带一路"沿线国家对外直接投资（Outward Foreign Direct Investment，OFDI）能显著促进我国包含间接国内增加值的中间品贸易和包含国外增加值的最终产品贸易，因此，中国参与全球价值链的分工的程度不断提高。中国对外投资不仅能促进出口所包含的间接国内增加值，也能显著促进出口所包含的国外增加值。魏龙、王磊（2016）[4]

---

[1] 姚战琪：《全球化背景下中国外商直接投资与服务贸易的关系研究》，《财贸经济》2009 年第 7 期。

[2] 袁永娜：《外商直接投资与中国服务贸易关系的实证分析》，《世界经济研究》2007 年第 9 期。

[3] 夏杰长、姚战琪：《服务业外商投资与经济结构调整：基于中国的实证研究》，《南京大学学报（哲学·人文科学·社会科学版）》2013 年第 3 期。

[4] 魏龙、王磊：《从嵌入全球价值链到主导区域价值链——"一带一路"战略的经济可行性分析》，《国际贸易问题》2016 年第 5 期。

也发现,"一带一路"建设为中国主导的区域价值链代替美欧日主导的 GVC 提供了重大机遇,实现从全球价值链向区域价值链转变,中国将改变低端发展的老路,实现对 GVC 高端技术环节的控制,但由于我国从"一带一路"沿线国家大量进口中间品,然后中国国内经过加工装配后,最终出口到美国等发达国家。因此,虽然中国对"一带一路"沿线国家直接投资能显著提升中国全球价值链参与指数,但中国对"一带一路"沿线国家直接投资不能促进中国全球价值链地位指数提升。刘志彪、吴福象(2018)的研究表明,改革开放以来,中国凭借生产要素低成本的竞争优势,以加工贸易方式嵌入了全球价值链,成就了制造业的大国地位。但伴随着国内外经济形势的变化,中国不仅出现了产能的结构性过剩,而且人口红利也在逐步耗尽。当前中国制造业正面临发达国家"高端回流"和发展中国家"中低端分流"的双重压力,改进对"一带一路"沿线国家的对外直接投资方式,增强投资的知识技术含量,是助力中国攀升全球价值链的重要因素[①]。

(三)服务贸易对全球价值链的影响

中国服务业对外开放,特别是服务贸易的发展对中国攀升全球价值链的影响,主要包括从服务业中间品贸易及服务业中间品市场开放两个角度研究其对中国攀升全球价值链的影响。中间服务外资管制的放松将显著促进中国下游企业全要素生产率的提升,侯欣裕、孙浦阳、杨光(2018)使用中国工业企业数据库的数据验证了上游服务业外资管制程度对企业全要素生产率的影响,发现上游服务业外资管制程度的放松显著提升了中国下游企业全要素生产率[②]。孙湘湘、周小亮(2018)[③] 研究了中国服务业对外开放对中国制造业

[①] 刘志彪、吴福象:《"一带一路"倡议下全球价值链的双重嵌入》,《中国社会科学》2018 年第 8 期。

[②] 侯欣裕、孙浦阳、杨光:《服务业外资管制、定价策略与下游生产率》,《世界经济》2018 年第 9 期。

[③] 孙湘湘、周小亮:《服务业开放对制造业价值链攀升效率的影响研究——基于门槛回归的实证分析》,《国际贸易问题》2018 年第 8 期。

攀升全球价值链的影响，认为中国服务业对外开放显著推动中国制造业攀升全球价值链，建立的门槛模型的检验结果发现，中国人力资本、生产性服务业发展水平、制度环境在中国服务业对中国制造业攀升全球价值链的影响中存在门槛效应。孙浦阳、侯欣裕、盛斌（2018）从中国服务业中间品贸易角度研究外资开放政策对中国制造业下游产品出口的影响，发现服务业中间品贸易通过降低企业生产成本的方式推动我国企业出口[1]。姚战琪（2019）通过建立中介效应模型系统考察了中国生产性服务的中间品进口贸易对中国在全球价值链中的前向参与度和后向参与度的影响，即通过检验生产性服务中间品进口对制造业服务化的促进作用、生产性服务中间品进口对制造业对第一产业完全消耗系数的推动作用、生产性服务中间品进口对劳动生产率的提升作用、生产性服务中间品进口对出口贸易的拉动作用等渠道验证生产性服务中间品进口对我国攀升全球价值链的影响。发现生产性服务中间品进口通过制造业服务化的促进作用、生产性服务中间品进口对制造业对第一产业完全消耗系数的推动作用、生产性服务中间品进口对劳动生产率的提升作用促进我国全球价值链后向参与度的不断提升[2]。中国服务贸易的国际竞争力比较弱，尤其是生产性服务贸易竞争力，这是客观事实。中国作为世界最大的发展中国家，正在积极参与全球价值链的国际分工，但这并不意味着我们所处的价值链环节和分工地位必定提升。为此，周蕾（2013）提出了要把生产性服务业作为一种知识与人力资本密集的中间品投入全球产业链中，使之成为生产性服务贸易作为全球价值链的重要纽带，支撑服务贸易竞争力提升[3]。

---

[1] 孙浦阳、侯欣裕、盛斌：《服务业开放、管理效率与企业出口》，《经济研究》2018年第7期。

[2] 姚战琪：《生产性服务中的投入、制造业服务化对中国制造业出口的影响——基于全球价值链视角的研究》，《北京工商大学学报（社会科学版）》2019年第4期。

[3] 周蕾：《生产性服务贸易与全球价值链提升》，浙江大学出版社2013年版，第1页。

（四）全球价值链视角下服务贸易地位的再估算

服务在贸易中的作用一直被忽略，直到近年来，随着服务贸易自由化，对服务业作用的认识经历了从作为中间投入到服务创造价值的作用升华。根据传统总值贸易统计数据，服务贸易只占全球贸易中的1/5左右。但是，夏杰长、倪红福（2017）基于全球价值链的视角，根据增加值贸易数据库（TiVA）测算，服务业大致占到全球出口贸易的50%。不同统计方法衡量服务业出口占比存在较大差异，主要原因是传统总值贸易统计存在"重复统计"，传统总值贸易方法低估了服务业在国际贸易中的作用[1]。

当然，这种现象在发达国家也普遍存在。那么，从全球价值链视角来看，中国服务业在国际贸易的作用及其动态变化趋势是怎样的？以及与OECD等发达国家的比较情况又如何？夏杰长、倪红福（2017）作了详细的实证分析。他们从全球价值链的视角下，利用最新的增加值出口核算和分解方法，测算分析了中国服务业在出口贸易中的作用，并初步考察了企业内置高端服务活动价值。研究发现：（1）服务业增加值的直接出口相对比较少，主要通过隐含在制造业部门而间接出口。服务业各行业前向联系的增加值出口与相应行业总值出口的比率几乎都大于1，且该比率远大于第二产业。（2）服务业在国际贸易中发挥的作用被低估。按增加值测算方法计算服务业增加值出口比重达31.32%，比传统总值贸易方法计算的服务业比重（13.92%）高17.4个百分点。（3）无论是按传统总值贸易方法还是增加值测算方法，中国服务业出口占总出口的比重相对较低，甚至比印度服务业出口比重还要低。（4）中国制造业部门内置的高端服务活动（研发、管理）的比重较低，导致出口中来自制造业部门的内置服务活动价值的贡献很少[2]。

---

[1] 夏杰长、倪红福：《服务贸易作用的重新评估：基于全球价值链视角》，《财贸经济》2017年第10期。

[2] 同上。

基于以上的研究结论，他们提出了相应的政策建议：（1）充分认识到服务业在全球价值链中的作用，服务业是全球价值链体系正常和有效率运行的关键因素。服务业在国际贸易中的贡献日益突出，但是从国际比较来看，中国服务业出口占总出口的比重相对较低，甚至低于印度。因此，中国服务业贸易存在较大发展空间，中国应该大力发展服务业，着力推进服务业供给侧结构性改革，优化服务业发展环境，释放服务业活力。鼓励制造型制造企业向服务型制造企业转型。（2）传统制造业的转型升级需要增加更多服务要素投入、竭力挖掘服务环节附加值。引导企业在研发设计、生产控制、产品营销、企业管理等多个环节延伸服务链和拓展价值链，以服务化、信息化、智能化为抓手，形成一批充满活力和竞争力的服务型制造企业[1]。

五　积极发展服务外包产业

2007年12月1日起我国施行新的《外商投资产业指导目录》，新的《外商投资产业指导目录》将"承接服务外包"列为鼓励类项目，并且鼓励外资通过从事信息技术支持管理等外包服务方式承接服务外包，而房地产中介及房地产二级市场交易被列入限制FDI产业目录。2009年1月22日，商务部转发《国务院办公厅关于促进服务外包产业发展问题的复函》[2]，不但鼓励创业投资投向服务外包企业，而且中西部地区服务外包基础项目建设可享受中央财政贴息政策。各地对发展服务外包产业热情高涨，我国服务外包产业连续十多年呈现快速增长之态势。实践的发展，引领了学术的繁荣。这一时期，我国学术界关于服务外包问题的研究成果极为丰硕，不少领域的研究有重要的突破。

---

[1] 夏杰长、倪红福：《服务贸易作用的重新评估：基于全球价值链视角》，《财贸经济》2017年第10期。

[2] 朱雷：《离岸服务外包税收政策演变及完善建议》，《新会计》2014年第4期。

（一）服务外包的作用机理及服务外包效用

对接包方而言，服务外包能促进东道国经济包容性增长、提升企业生产率、促进总产出增长。服务外包能够通过提升中国技术进步、促进中国产业结构调整、促进人力资本增长、提升中国贸易竞争力等途径促进中国经济包容性增长，服务外包对生产率的促进效应显著为正，服务外包对制造业生产率的影响要大于制造业外包。顾玲妹、陈永强（2019）使用中介效应检验法就发现，我国服务外包能通过产业结构调整的中介效应显著促进我国经济包容性增长[1]。对服务外包承接国而言，服务外包不但具有促进就业增长、优化产业结构、促进区域经济协调发展的经济效应，也具有提高社会效应，承接国能获得显著的技术外溢效应。服务外包不但促进制造业产业升级，也促进服务业产业升级。服务外包必然促进生产性服务业外包快速发展，从而促进制造业与生产性服务业边界互动和制造业与服务业之间的互动发展。但不能忽视服务外包对我国产业升级也会带来负面效应，承接服务外包的中国可能会被跨国公司锁定在全球价值链的低端环节，承接服务外包可能削减企业创新力，各地承接服务外包的恶性竞争不利于我国产业结构升级[2]。

对发包方而言，大量研究成果认为服务外包对发包国具有负面影响，但其他研究成果发现离岸服务业外包能增加对高端服务业的就业需求，因此会增加高端服务业的就业岗位，离岸服务外包与美国失业率并没有必然联系。Mary Amiti、魏尚进等（2006）[3] 研究了服务外包对就业和生产率的影响，该成果使用国际投入产出表，使用制造业各行业数据分析了服务外包对产出和就业的影响。制造业部门

---

[1] 顾玲妹、陈永强：《承接"一带一路"国际服务外包对包容性增长的影响机制——以浙江省为例》，《商业经济研究》2019 年第 2 期。

[2] 姜凌、卢建平：《服务外包对我国制造业与服务业升级的作用机理》，《经济学家》2011 年第 12 期。

[3] Mary Amiti、魏尚进、刘晓萍、张明志：《服务外包、生产率与就业：基于美国的实证》，《经济资料译丛》2006 年第 4 期。

的服务外包会显著提升制造业生产率和促进产出增长,该成果对学术界非常关注的由于外包导致美国大量就业岗位流失到国外进行了研究,事实是,若不考虑规模效应,外包促进就业增长,因此发达国家的跨国公司在国外的附属机构带来的对国外的劳动需求和发达国家跨国公司对母国的劳动需求之间不是替代的,而是互补的,同时如果考虑行业效应和规模效应,高科技资产跨国公司国外投资对母国就业没有负效应。另外,服务外包会拉动发包方和接包方的技术工人工资之间的差距,同时服务外包能促进发包方的生产率不断提升,因此服务外包对发包方具有显著的工资效应和生产力效应[1]。

(二) 服务外包的动因及影响因素

服务外包的动因包括外部环境动因和内部环境动因两种,外部环境动因包括互联网和信息技术为服务外包提供了良好的技术支持、经济全球化促进了企业外包程度不断提升、服务外包能使企业应对市场挑战,内部环境动因包括服务外包能节约成本,服务外包能提高发包方和接包方的核心竞争力。服务外包的动因与服务业外商直接投资的动因不同,国际服务外包是企业将核心资源集中在核心业务上,而将企业非核心业务交由第三方提供,服务业外商直接投资是跨国公司通过 FDI 进入东道国后为外资制造业提供生产性服务业,并提供消费性服务业[2]。服务外包的动机及影响因素研究已经很成熟,服务外包包括提高企业生产率的外包、弥补研究开放能力和信息系统不足的外包、提高企业核心能力的外包[3]。陈菲 (2005)[4] 以美国为研究对象就发现,人均国内生产总值对企

---

[1] 肖琛、陈雯、袁丰:《服务外包产业发展规律和效应评估的研究进展》,《长江流域资源与环境》2012 年第 12 期。

[2] 叶海燕:《我国参与服务业国际转移方式的比较分析》,《特区经济》2016 年第 12 期。

[3] 毕小青、彭晓峰:《"外包"的动机及其实现方式》,《企业经济》2000 年第 4 期。

[4] 陈菲:《服务外包动因机制分析及发展趋势预测——美国服务外包的验证》,《中国工业经济》2005 年第 6 期。

业服务外包率的影响最显著。全球服务离岸外包的动因主要包括跨国公司能消减人力成本、服务外包能实现规模经济效应、服务外包能提升企业核心竞争力，影响中国承接离岸服务外包的主要因素包括市场机制的作用、国家产业发展方向、服务业配套基础设施建设、人力资源的数量和质量。我国发展服务外包的潜力巨大，通过服务外包能显著提升我国出口结构，发展服务外包能促进外商在华直接投资不断增长，何骏（2006）[1]也发现我国具有发展服务外包的优势。网络空间的服务业推动服务外包和服务全球化不断加强，江小涓、罗立斌（2019）发现网络空间的服务业使得服务业改变了生产和消费同时进行性、不可储存性、服务的无形性等传统属性，从而网络空间的服务业推动服务全球化与服务外包不断加速[2]。

同时我国西部地区发展服务外包的动因更成熟，西部地区具有发展服务外包的比较优势，我国西部地区的成都、重庆、西安在发展服务外包方面比东部地区其他城市更有比较优势：西部中心城市的IT人才素质高于其他城市、西部中心城市的人力成本低于东部地区中心城市、西部中心城市软件业的成熟程度高于东部地区中心城市、西部中心城市具有良好的人文环境，因此通过将服务外包列为优势产业加快发展，大力发展服务外包的龙头企业等方法能促进西部中心城市服务外包的不断成熟[3]。

（三）服务外包与劳动就业

进入21世纪以来，全球外包服务市场发展极为活跃。但是，在外包服务需求方所在国和外包服务提供商所在国之间也发生了激烈

---

[1] 何骏：《我国发展服务外包的动因、优势和建议》，《当代经济管理》2006年第6期。

[2] 江小涓、罗立彬：《网络时代的服务全球化——新引擎、加速度和大国竞争力》，《中国社会科学》2019年第2期。

[3] 李志军：《发展服务外包：西部中心城市的比较优势与路径选择》，《国际经济合作》2006年第11期。

的争论。其中，一个焦点问题就是，对发包国而言，会失去就业岗位和侵蚀其就业市场吗？荆林波（2005）从外包服务的一个基本假说——"降低成本假说"入手，从外包服务存在的原因、获得的收益和是否导致核心竞争力丧失三个方面，进行了深入分析，澄清了对外包服务存在的一些误解①。在荆林波（2005）看来，信息技术外包对就业市场具有双重的作用，一方面，它对工人具有挤出效应。另一方面，信息技术带动了新产业的发展，增加了全社会的就业需求。从硬件企业到软件企业，从基础设施建设到网络服务提供商、网络内容提供商、网络应用提供商，从企业信息平台服务到网上交易服务，从网络社区到无线交易，各种新的信息服务型企业，无疑吸纳了大量的就业人员②。洪鑫（2014）以中国为发包方的离岸服务外包对中国劳动力就业的影响作了实证分析，其结果表明，离岸服务外包会导致就业流失，其中对第三产业劳动就业的影响比第一产业、第二产业更显著③。

（四）发展中国家逆向服务外包

当前逆向服务外包开始出现，逆向外包引起关注，逆向外包不同于传统外包，逆向外包是指包括中国在内的发展中国家作为服务外包提供商在发包方所在国家和地区建立子公司或离岸中心，在发达国家从事生产的一种离岸外包形式。逆向服务外包能通过提升创新能力等方式促进发展中国家攀升全球价值链，离岸服务外包从 20 世纪 90 年代末期开始快速发展，逆向服务外包的重要促进因素包括获得创新资源而不追求降低成本、追求规模经济，发展中国家通过逆向外包即在本土以外的发达国家设立子公司能吸引当地优秀人才和开辟市场，发展中国家通过逆向外包能规避签证管制和吸引发达

---

① 荆林波：《质疑外包服务降低成本及引起失业的假说——以信息技术外包服务为例》，《经济研究》2005 年第 1 期。

② 同上。

③ 洪鑫：《离岸服务外包对中国劳动力就业影响研究》，硕士学位论文，华侨大学，2014 年，第 2 页。

国家人才，开展逆向服务外包的条件必须具备两个条件，一是该国内需旺盛，二是该国市场竞争激烈①。发达国家的高服务质量显著促进中国逆向服务外包，中国与其他发达国家之间的政治关系也显著促进中国逆向服务外包，传统离岸外包也与我国逆向服务外包正相关，但中国在发达国家开展逆向服务外包的用工成本与我国逆向服务外包呈现负相关关系。少部分研究成果开始重视逆向服务外包的知识产权保护，应高度重视逆向服务外包知识产权保护的必要性，从而促进服务外包的发包方和接包方发挥各自比较优势，因此必须改变我国不完善的知识产权保护制度，改变我国在知识产权保护规则上没有话语权的现实②。

发展中国家逆向服务外包与发展中国家服务外包发展滞后、竞争力较弱、各国差异明显紧密关联，当前服务外包发展最快、处于服务外包产业领跑位置的国家仍然是印度、澳大利亚等国家，中国服务外包国际竞争力无法赶超以上国家，因此不能忽视我国服务外包存在的问题，我国服务外包产业存在市场机制不健全、中高技术人才缺失、服务外包企业集群化建设滞后等问题③。

（五）服务外包绩效及风险防范

服务外包的绩效与企业服务外包能力之间关系紧密，同时制度环境也影响企业服务外包能力与我国企业服务外包绩效之间的作用机制。其中，服务外包企业的技术能力对企业服务外包绩效的促进作用最显著，同时制度环境能提高服务外包企业的绩效，不但制度环境因素的提升能促进服务外包企业绩效改善，而且能提高企业服

---

① 张月友、刘丹鹭：《逆向外包：中国经济全球化的一种新战略》，《中国工业经济》2013年第5期；张月友、方瑾：《逆向外包驱动力的实证研究》《中国地质大学学报（社会科学版）》2018年第5期。

② 王兰忠、周政宇：《逆向服务外包企业知识产权保护策略研究》，《山东社会科学》2019年第1期。

③ 郭锐、陈丹：《中国服务外包产业发展的现状、问题及对策探讨——基于相关文献的综述分析》，《行政与法》2013年第12期。

务外包发展水平[1]。朱福林（2019）的研究发现虽然中国服务外包企业之间合作分工很紧密，但中国企业服务外包仍以中小企业为主，有国际知名度的大型服务外包企业很少，中国离岸服务外包仍以中低端服务外包为主，而印度等国以中高端服务外包为主，因此快速发展的中国服务外包企业能够通过技术能力、设立国际分支机构等方式提升国际竞争力。我国离岸服务外包面临以下窘境：我国传统服务业外包仍处于全球价值链低端、中国人力成本快速上升导致中国已丧失比较优势、我国作为服务外包的接包方不能满足发包方的高端需求，因此我国必须大力发展云外包，将传统服务外包升级为云外包的价值链模式[2]。

服务外包产业发展，对地方的经济增长、劳动就业和税收增长都起到了积极的作用，但效果最明显的则是服务外包示范城市。王晓红、谢兰兰（2018）的研究显示，示范城市服务外包产业规模高速扩张，业务结构不断优化，产业定位不断明晰，区域分工体系逐步建立，产业竞争力显著提升。示范城市作为我国服务外包产业的政策创新高地，政策集成效应最为显著。全国31个服务外包示范城市为推动区域经济结构转型升级、辐射带动服务经济发展、促进劳动就业、提升服务业从业人员素质和推进服务业对外开放发挥了重要作用[3]。

不能忽视服务外包面临的风险，我国企业服务外包会面临由于决策不当导致核心竞争力丧失、过度外包导致企业丧失对该业务的控制权、服务供应商选择不当导致不能满足服务外包的要求的决策风险，也会面临由于信息不对称导致的逆向选择风险和契约签订后

---

[1] 朱福林：《制度环境、外包能力与绩效提升》，《暨南学报（哲学社会科学版）》2019年第2期。

[2] 裘莹、张曙霄、肖刚：《中国云外包产业升级策略研究——基于全球价值链视角》，《宏观经济研究》2013年第12期。

[3] 王晓红、谢兰兰：《服务外包示范城市推动区域服务业开放发展的研究》，《全球化》2018年第9期。

无法观察对方行为的道德风险，同时会面临外包合同签订后发包方对接包方监管不力的运作风险[①]，因此应高度重视服务外包的风险防范。

（六）服务业对外开放推动产业升级

当前我国服务业对外开放进入新格局，我国服务业快速推进，但服务业开放力度和水平还有待提高。戴翔（2018）认为，在当前中美贸易摩擦背景下，中国应大力推动服务业开放，通过服务业不断开放提升制造业在全球价值链中的地位[②]。在周小川（2018）[③] 看来，中国服务业对外开放能通过各种渠道推动中国产业结构升级，因此必须理性认识服务业促进中国产业结构升级的各种因素。当前我国服务业快速发展，服务业对外开放进入新格局，使中国成为世界工厂的制造业开放已扩展到中国服务业对外开放，同时服务业对外开放对我国产业结构升级的影响受到关注。迟福林（2017）[④] 提出以后要推动中国"二次开放"，即从长期来看，应大力推动以中国服务贸易为重点代替以工业品贸易为重点，以服务贸易为重点的新格局能为我国经济转型和结构调整提供强大的动力。姚战琪（2019）使用中介效应检验法，系统考察了中国服务业开放对中国产业结构升级的影响，发现服务业开放主要通过服务业开放促进就业、促进资本积累等渠道推动中国产业结构升级，而服务业开放不能通过促进技术效应等渠道推动我国产业结构升级。同时我国东部地区通过服务业开放对产业结构升级和产业结构高级化的促进作用最显著，

---

① 黄玉杰、冯雷鸣、刘妍：《企业服务外包的风险及应对策略》，《国际经济合作》2013年第12期。

② 戴翔：《在扩大服务业开放中发展更高层次开放型经济》，《国家治理》2018年第12期。

③ 周小川：《中国经济的对外开放：从制造业扩展到服务业》，《清华金融评论》2018年第12期。

④ 迟福林：《以服务贸易为重点推进二次开放》，《经济参考报》2017年4月28日第1版。

但我国中部地区和西部地区服务业开放对产业结构高级化不存在促进作用[1]。金梅、何莉（2016）[2] 也研究了中国西北五省服务业对外开放对该地区产业结构升级的影响，该成果发现，西北地区产业结构得到不同程度的提升，但西北地区服务业对外开放程度低，该成果发现西北地区各省服务业对外开放对该地区的产业结构升级的影响程度不同，发现青海省产业结构水平值增长幅度最大，而甘肃省产业结构水平值增长幅度最小。陈明、魏作磊（2017）[3] 研究了中国生产性服务业对外开放对我国产业结构升级的影响，认为生产性服务业开放显著促进中国产业结构高级化和产业结构合理化，该成果中的生产性服务业包括我国交通运输等五大产业。

第五节 研究展望

一 进一步以区域价值链视角进行服务业开放研究

在中国进入服务业全面开放理论研究的新格局内，我国服务业开放理论领域的学者很少研究中国对"一带一路"沿线国家服务业直接投资和服务贸易进口额对中国主导的"一带一路"沿线区域价值链的影响研究，我国应尽快与"一带一路"沿线国家完善产业分工布局，推动中国由一带一路沿线区域价值链的外围向核心转变。

二 进一步以对内开放和对外开放相结合视角进行服务开放研究

不但生产性服务中间品贸易通过各种渠道影响中国攀升全球价

---

[1] 姚战琪：《服务业对外开放对我国产业结构的影响》，《改革》2019 年第 1 期。
[2] 金梅、何莉：《"一带一路"背景下服务业对外开放对产业结构转型升级的影响——以西北五省区为例》，《兰州大学学报（社会科学版）》2016 年第 5 期。
[3] 陈明、魏作磊：《生产服务业开放与中国产业结构升级》，《经济问题探索》2017 年第 4 期。

值链，而且生产性服务中间品进口对制造业服务化也具有重要影响，但国内缺少此领域的研究。未来服务业开放领域将关注服务业对内开放和对外开放二者之间关系研究，将探索中国服务业开放对我国东部地区、中部地区和西部地区的不同影响以及如何通过服务业开放缩小东部、中部和西部之间的区域经济差异，将研究如何缩短中国服务业开放度与发达国家开放度之间的差距。

三 进一步以生产性服务中间品进口的影响视角进行服务开放研究

中国服务开放现有研究主要集中于改革开放以来我国服务业最终品贸易对我国经济增长和产业结构升级的影响视角，很少从生产性服务中间品进口视角进行研究。在我国服务业行业内应从生产性服务中间品进口视角研究其对我国制造业服务化的影响，应从生产性服务中间品进口对制造业外商投资的影响等角度研究生产性服务中间品进口对我国制造业服务化的最终影响；在考虑我国制造业出口竞争力的条件下，生产性服务中间品进口是否能促进我国制造业服务化值得学术界关注，因此应研究在我国制造业出口竞争力不断增长的时期，生产性服务中间品进口到底对我国制造业服务化具有促进作用还是抑制作用。

四 进一步以服务业分行业视角进行服务业开放研究

世界投入产出表（WIOT）中的服务业产业代码为 28 至 54 的 27 个行业，我国投入产出表中的 16 个部门可划入服务业，但中国投入产出表和世界投入产出表差异很大，国内服务业开放研究主要集中于使用我国投入产出表研究服务业分行业开放度。应使用最新的世界投入产出表研究中国服务业分行业开放对我国全球价值链前向参与度和后向参与度的影响，应研究中国服务业分行业开放对我国全球价值链地位指数和全球价值链参与指数的影响程度与发达国家服务业分行业开放的影响程度有何不同，应研究中国服务业分行业开放对制造业攀升全球价值链的影响有何差异。

五 进一步以中国服务业最终品出口、中间品出口、生产性服务中间品出口的影响因素视角研究服务业开放

中国服务业开放现有研究主要集中于最终品出口、服务贸易出口复杂度、服务业 FDI 的影响因素等方面，很少从最终品出口、中间品出口、生产性服务中间品出口的影响因素视角进行研究，应充分考虑东道国经济特征、东道国 FDI、东道国政治稳定程度、中国 GDP 等因素研究中国最终品出口、中间品出口、生产性服务中间品出口的影响因素，应研究中国 OFDI 对我国最终品出口、中间品出口的影响有何不同，应研究北京距离各国首都的直线距离对我国服务业出口的影响是否显著。

六 以中国服务业对外投资、服务贸易出口对东道国经济增长和结构升级的影响视角进行服务业开放研究

目前国内研究主要集中于服务业对外开放对我国经济增长和结构调整的影响等方面，中国服务业对外开放不但促进中国攀升全球价值链，也显著促进东道国产业结构调整，因此应从中国服务贸易出口促进东道国经济增长角度展开研究，应研究中国服务业对外开放如何促进东道国产业结构升级。

主要参考文献

著作类、学位论文类

陈宪：《中国服务产业研究》，经济管理出版社2010年版。

陈云：《陈云文选（1949—1956年）》，人民出版社1984年版。

谷书堂等：《社会主义经济学通论》，上海人民出版社1989年版。

国家统计局国民经济综合统计司：《新中国60年统计资料汇编》，中国统计出版社2010年版。

韩枫：《中国第三产业经济思想史》，经济管理出版社2016年版。

何立峰主编：《服务业创新发展研究报告》，中国计划出版社2017年版。

黄少军：《服务业与经济增长》，经济科学出版社2000年版。

［加］赫伯特·G. 格鲁伯、迈克尔·A. 沃克：《服务业的增长：原因与影响》，陈彪如译，上海三联书店1993年版。

江小涓等：《网络时代的服务型经济：中国迈向发展新阶段》，中国社会科学出版社2018年版。

李冠霖：《第三产业投入产出分析》，中国物价出版社2002年版。

李江帆：《第三产业经济学》，广东人民出版社1990年版。

《马克思恩格斯全集》第23卷，人民出版社1972年版。

马克思：《剩余价值学说史》，上海三联书店1958年版。

［美］维克托·R. 富克斯：《服务经济学》，许微云等译，商务印书馆1987年版。

钱伯海：《社会劳动价值论》，中国经济出版社1997年版。

任兴洲、王微：《服务业发展制度、政策与实践》，中国发展出版社2011年版。

夏杰长等：《中国现代服务业发展战略研究》，经济管理出版社2019年版。

杨丹辉、王子先：《服务外包与社会服务业开放式发展战略》，经济管理出版社2014年版。

中共中央文献研究室：《关于建国以来党的若干历史问题的决议》，人民出版社1985年版。

周蕾：《生产性服务贸易与全球价值链提升》，浙江大学出版社2013年版。

周振华、周国平：《服务经济发展与制度环境（理论篇）》，格致出版社、上海人民出版社2011年版。

刘丹鹭：《中国服务业生产率及其影响因素研究》，博士学位论文，南京大学，2012年。

欧阳彪：《开放经济下中国服务业产业安全的理论与实证研究》，博士学位论文，湖南大学，2016年。

论文类、报告类

白仲尧、白景明、苏广文：《服务经济理论讨论会综述》，《商业经济研究》1985年第4期。

白仲尧：《第三产业的地位和作用》，《商业经济研究》1985年第2期。

白仲尧：《谈谈服务经济学的研究对象》，《财贸经济》1987年第4期。

北京日报理论部：《关于"商业服务业工作是不是低人一等"讨论的体会》，《新闻业务》1963年第7期。

蔡昉：《中国经济改革效应分析——劳动力重新配置的视角》，《经济研究》2017年第7期。

草英、攸全：《关于生产劳动与非生产劳动》，《中国经济问题》

1962 年第 9 期。

草英、攸全：《怎样认识社会主义的生产劳动与非生产劳动？——与何炼成同志商榷》，《中国经济问题》1965 年第 6 期。

陈菲：《服务外包动因机制分析及发展趋势预测——美国服务外包的验证》，《中国工业经济》2005 年第 6 期。

陈建军、陈国亮、黄洁：《新经济地理学视角下的生产性服务业集聚及其影响因素研究——来自中国 222 个城市的经验证据》，《管理世界》2009 年第 4 期。

陈明、韦琦、邝明源：《生产服务业开放对中国产业生产率的影响及其国际比较》，《广东财经大学学报》2019 年第 1 期。

陈明、魏作磊：《生产性服务业开放对中国服务业生产率的影响》，《数量经济技术经济研究》2018 年第 5 期。

陈鹏联：《关于我国第三产业结构效应的评价与思考》，《西安电子科技大学学报（社会科学版）》2000 年第 4 期。

陈少峰：《互联网 + 文化产业的价值链思考》，《北京联合大学学报（人文社会科学版）》2015 年第 10 期。

陈书生：《大力发展第三产业与今后我国的劳动力就业》，《郑州大学学报（哲学社会科学版）》1986 年第 6 期。

陈文玲：《互联网与新实体经济》，《中国流通经济》2016 年第 4 期。

陈宪、黄建锋：《分工、互动与融合：服务业与制造业关系演进的实证研究》，《中国软科学》2004 年第 10 期。

陈晓红、唐立新、李勇建、霍宝锋、刘士新、顾远东、张兴伟、吴刚：《数字经济时代下的企业运营与服务创新管理的理论与实证》，《中国科学基金》2019 年第 3 期。

陈艳莹、赵旭：《制造业服务外包对服务业劳动生产率的影响——基于中美两国行业数据的比较研究》，《暨南学报（哲学社会科学版）》2011 年第 6 期。

程安东：《论城市发展与公共服务》，《江西社会科学》1989 年第 2 期。

程大中、陈福炯：《中国服务业相对密集度及对其劳动生产率的影响》，《管理世界》2005年第2期。

程大中：《论服务业在国民经济中的"黏合剂"作用》，《财贸经济》2004年第2期。

程大中、汪蕊：《服务消费偏好、人力资本积累与"服务业之谜"破解：Pugno模型拓展及基于中国的数值模拟》，《世界经济》2006年第10期。

程大中、郑乐凯、魏如青：《全球价值链视角下的中国服务贸易竞争力再评估》，《世界经济研究》2017年第5期。

程大中：《中国服务业的增长与技术进步》，《世界经济》2003年第7期。

程大中：《中国服务业与经济增长：一般均衡模型及其经验研究》，《世界经济》2010年第10期。

程大中：《中国服务业增长的特点、原因及影响——鲍莫尔－富克斯假说及其经验研究》，《中国社会科学》2004年第2期。

程大中：《中国生产性服务业的水平、结构及影响——基于投入—产出法的国际比较研究》，《经济研究》2008年第1期。

程恩富：《科学地认识和发展劳动价值论——兼立"新的活劳动价值一元论"》，《财经研究》2001年第27期。

迟福林：《以服务贸易为重点推进二次开放》，《经济参考报》2017年4月28日第1版。

初玉岗：《制造业与工业化中期的经济发展战略》，《经济学家》2003年第5期。

崔林：《我国城市第三产业的发展和城市人口问题》，《人口与经济》1989年第1期。

戴翔：《生产率与中国企业"走出去"：服务业和制造业有何不同？》，《数量经济技术经济研究》2014年第6期。

党诚恩：《第三产业的划分及我国服务业发展方向》，《商业经济研究》1985年第4期。

丁守海、陈秀兰、许珊:《服务业能长期促进中国就业增长吗》,《财贸经济》2014年第8期。

丁守海、丁洋、沈煜、南毓:《新常态背景下服务业就业的滞后风险》,《中国软科学》2016年第9期。

董小麟:《论第三产业的崛起》,《中山大学学报(哲学社会科学版)》1985年第4期。

都阳:《就业政策的阶段特征与调整方向》,《劳动经济研究》2016年第4期。

豆建民、张可:《中国区域经济格局与城市网络体系的演化趋势》,《城市问题》2015年第7期。

杜传忠、杜新建:《我国服务业结构升级的就业效应及其影响因素分析》,《东岳论丛》2016年第7期。

杜逸冬:《消费性服务业发展对居民消费质量影响路径探讨》,《商业经济研究》2017年第14期。

方秉铸:《发展第三产业与国民经济核算体系——关于建立有中国特色的统计核算体系问题》,《统计研究》1986年第4期。

方民生:《论劳务在社会再生产过程中的作用》,《经济研究》1982年第5期。

冯晴、王晓萍:《乌拉圭回合与我国服务业市场的对外开放》,《经济科学》1993年第1期。

傅殷才:《评现代资产阶级服务经济理论》,《世界经济》1981年第12期。

高传胜:《老龄服务业促进政策及现实问题再审视》,《社会科学辑刊》,2016年第4期。

高涤陈:《开展服务经济研究,推动第三产业发展》,《商业经济与管理》1985年第4期。

高红冰:《平台经济崛起改变互联网治理模式》,《前线》2016年第2期。

高翔:《大砍商品流转的多余环节是商业企业经营管理的革命》,

《经济研究》1958年第6期。

高翔：《高速铁路在服务业分布中的作用——基于城市层级体系视角的研究》，《中国经济问题》2019年第1期。

戈力：《实现1959年商业部门劳动力计划的几个主要措施》，《劳动》1959年第5期。

耿永志、魏云娜、周瑾：《"互联网+养老服务"发展问题探究》，《宏观经济管理》2019年第1期。

谷书堂、柳欣：《新劳动价值论一元论——与苏星同志商榷》，《中国社会科学》1993年第6期。

顾宝孚：《服务部门的独立化以及对再生产实现条件的修正》，《经济科学》1980年第6期。

顾纪瑞、张君诚、徐七凌：《有计划商品经济和服务业的发展》，《商业经济研究》1985年第4期。

顾玲妹、陈永强：《承接"一带一路"国际服务外包对包容性增长的影响机制——以浙江省为例》，《商业经济研究》2019年第2期。

顾乃华、毕斗斗、任旺兵：《生产性服务业与制造业互动发展：文献综述》，《经济学家》2006年第6期。

顾乃华、李江帆：《中国服务业技术效率区域差异的实证分析》，《经济研究》2006年第1期。

顾乃华：《我国城市生产性服务业集聚对工业的外溢效应及其区域边界——基于HLM模型的实证研究》，《财贸经济》2011年第5期。

归克：《美国的饮食服务业》，《国际问题资料》1985年第12期。

郭怀英：《制造业服务化：国际趋势及其启示》，《全球化》2013年第9期。

郭克莎：《第三产业的结构优化与高效发展（上）》，《财贸经济》2000年第10期。

郭克莎：《第三产业的结构优化与高效发展（下）》，《财贸经济》2000年第11期。

郭文杰：《服务业改革、城市化与经济发展——改革开放后中国数据的经验研究》，《当代经济科学》2006 年第 5 期。

郭文杰、李泽红：《劳动力流动、服务业增长与经济结构转换——基于中国省际面板数据的实证研究》，《数量经济技术经济研究》2009 年第 11 期。

国务院发展研究中心第三产业专题组：《加速我国第三产业协调发展的对策研究》，《经济研究》1986 年第 12 期。

韩玉军：《"服务贸易总协定"与中国服务业》，《经济理论与经济管理》1995 年第 6 期。

郝宏杰、付文林：《劳动力技术禀赋与消费性服务业增长——来自中国省级层面的经验证据》，《财贸研究》2015 年第 2 期。

何德旭：《中国金融服务业发展的趋势》，《经济学动态》2004 年第 8 期。

何军红、李仲香：《生活服务 O2O 带动消费模式升级的路径探讨》，《商业经济研究》2018 年第 16 期。

何炼成：《三论社会主义制度下的生产劳动与非生产劳动》，《学术研究》1981 年第 2 期。

何炼成：《十年来我国学术界对生产劳动理论讨论的回顾与展望——纪念党的十一届三中全会 10 周年》，《西北大学学报（哲学社会科学版）》1989 年第 1 期。

何炼成：《试论社会主义制度下的生产劳动与非生产劳动》，《经济研究》1963 年第 2 期。

何小锋：《劳务价值论初探》，《经济研究》1981 年第 4 期。

侯欣裕、孙浦阳、杨光：《服务业外资管制、定价策略与下游生产率》，《世界经济》2018 年第 9 期。

胡培：《什么是社会主义制度下的生产劳动与非生产劳动》，《浙江学刊》1963 年第 1 期。

胡润松、刘百扬：《第三产业的理论和上海发展第三产业的实践》，《社会科学》1985 年第 3 期。

黄汉民:《经济全球化与我国零售服务业发展的对策思考》,《财贸经济》2002年第9期。

黄焕中:《谈发展农村第三产业》,《安徽大学学报》1986年第1期。

黄永春、郑江淮、杨以文、祝吕静:《中国"去工业化"与美国"再工业化"冲突之谜解析——来自服务业与制造业交互外部性的分析》,《中国工业经济》2013年第3期。

黄玉杰、冯雷鸣、刘妍:《企业服务外包的风险及应对策略》,《国际经济合作》2013年第12期。

霍景东、夏杰长:《现代服务业研究开发竞争力的国际比较》,《中国软科学》2007年第10期。

纪良纲:《关于发展传统服务业两个理论问题的探讨》,《江西财经学院学报》1987年第5期。

冀归山:《我国第三产业发展的历史阶段和特点》,《经济研究参考》1995年第42期。

贾履让、陶琲、郭冬乐、白仲尧:《第三产业的发展与分析》,《学术论坛》1994年第1期。

贾英勋:《试论生产性劳务》,《长白学刊》1989年第1期。

江静、刘志彪、于明超:《生产者服务业发展与制造业效率提升:基于地区和行业面板数据的经验分析》,《世界经济》2007年第8期。

江小涓:《服务全球化的发展趋势和理论分析》,《经济研究》2008年第2期。

江小涓:《服务外包:合约形态变革及其理论蕴意——人力资本市场配置与劳务活动企业配置的统一》,《经济研究》2008年第7期。

江小涓:《服务业增长:真实含义、多重影响和发展趋势》,《经济研究》2011年第4期。

江小涓:《高度联通社会中的资源重组与服务业增长》,《经济研究》2017年第3期。

江小涓、李辉:《服务业与中国经济:相关性和加快增长的潜力》,

《经济研究》2004 年第 1 期。

江小涓、罗立彬：《网络时代的服务全球化——新引擎、加速度和大国竞争力》，《中国社会科学》2019 年第 2 期。

江小涓：《"十一五"期间中国服务业发展的思路、目标和体制政策保障》，《管理世界》2005 年第 1 期。

江小涓：《网络空间服务业：效率、约束及发展前景——以体育和文化产业为例》，《经济研究》2018 年第 4 期。

江小涓：《学习贯彻"三个代表"重要思想 加强服务经济理论研究》，《财贸经济》2003 年第 11 期。

姜长云：《服务业高质量发展的内涵界定与推进策略》，《改革》2019 年第 6 期。

姜长云：《农业生产性服务业发展的模式、机制与政策研究》，《经济研究参考》2011 年第 51 期。

姜长云、邱灵：《扩大和深化我国服务业对外开放的新思路》，《经济纵横》2014 年第 10 期。

姜凌、卢建平：《服务外包对我国制造业与服务业升级的作用机理》，《经济学家》2011 年第 12 期。

金建：《全国第三产业理论第二次讨论会观点综述》，《探索与争鸣》1987 年第 3 期。

金云哲、朴松子：《城市第三产业发展的规律、问题及对策》，《财经问题研究》1993 年第 1 期。

经济结构调查研究组：《关于改善我国经济结构的意见》，《经济管理》1980 年第 12 期。

荆林波、袁平红：《全球化面临挑战但不会逆转——兼论中国在全球经济治理中的角色》，《财贸经济》2017 年第 10 期。

荆林波：《质疑外包服务降低成本及引起失业的假说——以信息技术外包服务为例》，《经济研究》2005 年第 1 期。

邝日安、刘国光、董辅礽：《试论实现我国社会主义建设总路线中国民经济平衡工作的基本任务和原则》，《经济研究》1959 年第

12 期。

邝日安、赵效民、王庆令、张卓元、何振一：《试论国营工业企业实行严格经济核算问题》，《经济研究》1963 年第 8 期。

来有为、陈红娜：《以扩大开放提高我国服务业发展质量和国际竞争力》，《管理世界》2017 年第 5 期。

来有为：《服务业供给侧结构性改革重点及建议》，《经济日报》2017 年 3 月 4 日第 12 版。

来有为、苏爱珍：《中国现代服务业差距何在》，《科学决策》2004 年第 7 期。

蓝宏、荣朝和：《日本东海道新干线对城市群人口和产业的影响及启示》，《经济地理》2017 年第 8 期。

雷小清：《信息通信技术对服务业"成本病"的影响研究——基于 OECD 国家生产率的增长核算分析》，《财经论丛》，2011 年。

李长洲、孙艾华：《关于建立中国社会主义服务经济学体系几个问题的探讨》，《财贸研究》1985 年第 4 期。

李成瑞、孙冶方、王积业：《首都经济理论界座谈生产劳动与非生产劳动问题》，《经济学动态》1981 年第 8 期。

李定中：《关于先进技术创造价值的问题——兼与钱伯海同志商榷》，《经济学家》1994 年第 5 期。

李纲、杨宽宽：《关于服务业统计改革》，《中国统计》1999 年第 10 期。

李钢：《服务业能成为中国经济的动力产业吗》，《中国工业经济》2013 年第 4 期。

李冠霖、任旺兵：《我国第三产业就业增长难度加大——从我国第三产业结构偏离度的演变轨迹及国际比较看我国第三产业的就业增长》，《财贸经济》2003 年第 10 期。

李建华、孙蚌珠：《服务业的结构和"成本病"的克服——Baumol 模型的扩展和实证》，《财经研究》2012 年第 11 期。

李江帆、毕斗斗：《国外生产服务业研究述评》，《外国经济与管理》

2004 年第 11 期。

李江帆：《第三产业的产业性质、评估依据和衡量指标》，《华南师范大学学报（社会科学版）》1994 年第 3 期。

李江帆：《第三产业发展状况的评估依据与评价指标》，《经济管理》1997 年第 8 期。

李江帆：《第三产业与中国现代化建设的若干问题》，《宏观经济研究》2001 年第 10 期。

李江帆：《服务劳动不创造价值吗？——与否定服务劳动创造价值的流行论点商榷》，《财贸经济》1997 年第 9 期。

李江帆：《服务消费品的使用价值与价值》，《中国社会科学》1984 年第 3 期。

李江帆：《劳动价值理论的新发展——服务价值理论》，《经济学家》1996 年第 2 期。

李江帆：《略论服务消费品的价值问题》，《上海经济研究》1984 年第 10 期。

李江帆：《略论服务消费品》，《华南师范大学学报（社会科学版）》1981 年第 3 期。

李江帆：《论服务产品与实物产品价格剪刀差》，《南方经济》1987 年第 1 期。

李江帆：《市场经济与第三产业》，《经济学动态》1993 年第 2 期。

李晋中：《政府和市场在公共产品供给中的作用》，《当代中国史研究》2016 年第 1 期。

李京文：《关于我国产业结构调整的几个问题》，《数量经济技术经济研究》1990 年第 11 期

李平、付一夫、张艳芳：《生产性服务业能成为中国经济高质量增长新动能吗》，《中国工业经济》2017 年第 12 期。

李善同、高传胜：《中国生产性服务业：内容、发展水平与内部结构——基于中国 1937—2002 年投入产出表的分析》，《现代经济探讨》2007 年第 8 期。

李文秀：《促进高端服务业发展》，《人民日报》2012年6月4日第7版。

李文秀、谭力文：《服务业集聚的二维评价模型及实证研究——以美国服务业为例》，《中国工业经济》2008年第4期。

李杨、张鹏举、黄宁：《中国服务业开放对服务就业的影响研究》，《中国人口科学》2015年第6期。

李勇坚、夏杰长：《服务业是节约投资的产业吗？——基于总量与ICOR的研究》，《中国社会科学院研究生院学报》2011年第5期。

李勇坚、夏杰长：《服务业体制改革的动力与路径》，《改革》2010年第5期。

李勇坚、夏杰长：《我国经济服务化的演变与判断——基于相关国际经验的分析》，《财贸经济》2009年第11期。

李勇坚：《中国第三产业体制改革的动力与路径（1978—2000年）》，《当代中国史研究》2015年第6期。

李哲、石亮元：《城镇个体商业、服务业的作用、性质及其发展趋势》，《商业研究》1980年第6期。

李志军：《发展服务外包：西部中心城市的比较优势与路径选择》，《国际经济合作》2006年第11期。

李志猛、李世峰：《"七五"期间大力发展第三产业是解决我国劳动就业的重要途径》，《中国劳动科学》1986年第1期。

梁厚斌：《探索中国式的第三产业的路子》，《经济学周报》1985年第12期。

梁晶晶、黄繁华：《制造业对生产性服务业产出增长的作用效果——基于中国投入产出表的实证分析》，《上海财经大学学报》2007年第5期。

梁若冰：《Solow悖论引出的思考：服务业的生产率之谜》，《世界经济》2002年第9期。

梁志高、厉璠：《扩大上海劳动就业的几点建议》，《社会科学》1979年第4期。

梁志华、盛绳武:《破除传统观念 大力发展第三产业——崇文区发展第三产业的几点体会》,《学习与研究》1985 年第 4 期。

廖少廉:《东盟国家的"无烟工业"——旅游业》,《南洋问题研究》1979 年第 2 期。

林宏桥、徐兴田、黄祖馨、秦广生:《正确认识和对待城镇个体商业服务业》,《经济研究》1980 年第 11 期。

林文益:《以市场为中心发展服务业》,《经济理论与经济管理》1987 年第 4 期。

刘国平:《第三产业、对外开放与民族地区经济体制改革》,《广西民族学院学报(哲学社会科学)》1986 年第 2 期。

刘戒骄:《服务业的开放及其对工业的影响》,《管理世界》2002 年第 6 期。

刘莱夫:《商业工作要促进生产的发展》,《前线》1959 年第 1 期。

刘培林、宋湛:《服务业和制造业企业法人绩效比较》,《经济研究》2007 年第 1 期。

刘日新:《客运是物质生产部门吗?——划分是生产领域与非生产领域的原则》,《教学与研究》1957 年第 6 期。

刘诗白:《论社会主义制度下的生产劳动与非生产劳动》,《财经科学》1982 年第 1 期。

刘维刚、倪红福:《制造业投入服务化与企业技术进步:效应及作用机制》,《财贸经济》2018 年第 8 期。

刘伟:《第三产业与国民收入》,《改革》1985 年第 2 期。

刘奕:《服务业地理集中:产业尺度和空间尺度的影响》,《中国社会科学院研究生院学报》2013 年第 6 期。

刘奕、雷雄:《全球价值链体系中的社会服务业外包:趋势、效应与启示》,《学习与探索》2013 年第 8 期。

刘奕、夏杰长、李垚:《生产性服务业集聚与制造业升级》,《中国工业经济》2017 年第 7 期。

刘英传:《我对商业部门实行计时加奖励的工资制度的体会》,《商业研究》1978年第3期。

刘志彪：《论以生产性服务业为主导的现代经济增长》，《中国经济问题》2001年第1期。

刘志彪：《全面深化改革推动服务业进入现代增长轨道》，《天津社会科学》2015年第1期。

刘志彪、吴福象：《"一带一路"倡议下全球价值链的双重嵌入》，《中国社会科学》2018年第8期。

陆立军：《关于研究社会主义生产劳动的指导思想问题》，《江淮论坛》1981年第6期。

吕拉昌、阎小培：《服务业地理学的几个基本理论问题》，《经济地理》2005年第1期。

罗国勋、罗玥：《经济发展与第三产业分析》，《数量经济技术经济研究》1999年第5期。

罗浥尘、施宗全：《服务人员不创造价值吗？——从第三次产业谈起》，《文汇报》1981年5月5日。

骆耕漠：《必须分清"第三产业"的大杂烩性质——发展"第三产业"（服务业）问题之一》，《经济学动态》1985年第8期。

骆耕漠：《个人服务的社会化和分类统计问题》，《财经问题研究》1989年第2期。

骆耕漠：《关于我国实行按劳分配制度的经验研究》，《经济研究》1961年第4期。

毛中根、洪涛：《中国服务业发展与城镇居民消费关系的实证分析》，《财贸经济》2012年第12期。

倪红福、夏杰长：《中国区域在全球价值链中的作用及其变化》，《财贸经济》2016年第11期。

欧阳峣、王耀中：《开放经济下中国服务业产业安全的测度与评价》，《湖南社会科学》2015年第2期。

欧阳钧：《第三产业的发展特点和我们对它的看法》，《人口学刊》1985年第6期。

庞瑞芝、邓忠奇:《服务业生产率真的低吗?》,《经济研究》2014 年第 12 期。

平新乔、安然、黄昕:《中国服务业的全要素生产率的决定及其对制造业的影响》,《学术研究》2017 年第 3 期。

钱伯海:《劳动价值理论与三次产业》,《经济学家》1995 年第 3 期。

渠慎宁、吕铁:《产业结构升级意味着服务业更重要吗——论工业与服务业互动发展对中国经济增长的影响》,《财贸经济》2016 年第 3 期。

肜新春:《陈云与新中国成立前后的交通运输事业》,《党的文献》2010 年第 5 期。

沙吉才、孙长宁:《论社会主义的服务劳动》,《财贸经济》1981 年第 3 期。

商业部组织技术局:《商业企业挖掘劳动潜力的基本经验》,《劳动》1960 年第 6 期。

苏星:《劳动价值论一元论》,《中国社会科学》1992 年第 6 期。

孙浦阳、韩帅、靳舒晶:《产业集聚对外商直接投资的影响分析——基于服务业与制造业的比较研究》,《数量经济技术经济研究》2012 年第 9 期。

孙浦阳、侯欣裕、盛斌:《服务业开放、管理效率与企业出口》,《经济研究》2018 年第 7 期。

孙尚清、马建堂:《产业结构:80 年代的问题与 90 年代的调整》,《管理世界》1991 年第 2 期。

孙冶方:《关于生产劳动和非生产劳动;国民收入和国民生产总值的讨论——兼论第三次产业这个资产阶级经济学范畴以及社会经济统计学的性质问题》,《经济研究》1981 年第 8 期。

谭成文、杨开忠:《京津第三产业分工协作特征》,《经济地理》1999 年第 6 期。

谭洪波、郑江淮:《中国经济高速增长与服务业滞后并存之谜——基于部门全要素生产率的研究》,《中国工业经济》2012 年第 9 期。

唐一大：《略论社会主义商业在国民经济发展中的作用》，《财经研究》1960 年第 9 期。

陶桓祥、金火：《对建立服务业经济学的初步意见》，《江汉论坛》1981 年第 6 期。

陶桓祥：《尽快建立服务经济学》，《财贸经济》1982 年第 4 期。

陶永宽：《全国首次第三产业经济理论讨论会观点综述》，《社会科学》1985 年第 11 期。

汪绍铨：《要适当发展个体商业服务业》，《商业研究》1980 年第 5 期。

王朝阳：《发展现代服务业 推动产业结构优化升级——"现代服务业与产业升级学术研讨会"会议综述》，《财贸经济》2012 年第 10 期。

王积业：《关于社会主义制度下生产劳动与非生产劳动的区分问题》，《经济研究》1981 年第 9 期。

王恕立、胡宗彪：《中国服务业分行业生产率变迁及异质性考察》，《经济研究》2012 年第 4 期。

王微：《消费性服务业需进一步深化供给侧结构性改革》，《经济日报》2018 年 9 月 20 日第 15 版。

王晓红、谢兰兰：《服务外包示范城市推动区域服务业开放发展的研究》，《全球化》2018 年第 9 期。

王子先：《全球化下中国服务业跨越式升级的路径及开放战略》，《宏观经济研究》2011 年第 7 期。

卫兴华：《马克思的生产劳动理论》，《中国社会科学》1983 年第 6 期。

魏江、朱海燕：《知识密集型服务业与产业集群发展的互动模式研究——以慈溪家电产业集群为例》，《研究与发展管理》2006 年第 2 期。

魏翔：《国外休闲经济研究的发展与演进》，《国外社会科学》2018 年第 3 期。

魏作磊:《服务业能承担转移我国农村剩余劳动力的重任吗》,《财贸经济》2006年第11期。

温端云:《试论第三产业劳动的性质及其效益、产值的核算》,《湖北大学学报(哲学社会科学版)》1986年第5期。

奚兆永:《关于社会主义制度下的生产劳动和非生产劳动问题》,《中国经济问题》1981年第6期。

夏杰长、陈军:《世界经济格局变迁与服务业开放》,《全球化》2017年第8期。

夏杰长:《大力发展服务业是扩大内需的重要途径》,《经济学动态》2009年第2期。

夏杰长:《服务业高质量发展助力中国经济行稳致远》,《光明日报》2019年6月4日第16版。

夏杰长、刘奕、李勇坚:《"十二五"时期我国服务业发展总体思路研究》,《经济学动态》2010年第12期。

夏杰长、倪红福:《服务贸易作用的重新评估:全球价值链视角》,《财贸经济》2017年第11期。

夏杰长、倪红福:《中国经济增长的主导产业:服务业还是工业?》,《南京大学学报(哲学·人文科学·社会科学版)》2016年第3期。

夏杰长:《我国服务业发展的实证分析与财税政策选择》,《经济与管理研究》2007年第2期。

夏杰长:《我国劳动就业结构与产业结构的偏差》,《中国工业经济》2000年第1期。

夏杰长、肖宇、李诗林:《中国服务业全要素生产率的再测算与影响因素分析》,《学术月刊》2019年第2期。夏杰长、姚战琪:《生产性服务中间投入对中国制造业服务化的影响》,《社会科学战线》2019年第5期。

夏杰长:《迎接服务经济时代的来临》,《财贸经济》2010年第11期。

谢伏瞻：《积极推动服务业统计工作——在部门服务业财务统计座谈会上的讲话》，《中国统计》2007年第12期。

徐学珍、刘溶沧：《发展第三产业要重视社会效益》，《北京日报》1985年9月16日。

许柏年：《再论社会主义生产劳动——与何炼成同志商榷》，《经济研究》1965年第5期。

许涤新：《论农业在国民经济中的地位和发展农业生产的关键》，《经济研究》1962年第12期。

许宪春、董礼华、赵同录、刘慧平、金红：《中国服务业统计的现状及其改革与发展》，《统计研究》2004年第1期。

宣烨：《生产性服务业空间集聚与制造业效率提升——基于空间外溢效应的实证研究》，《财贸经济》2012年第4期。

宣烨：《要素价格扭曲、制造业产能过剩与生产性服务业发展滞后》，《经济学动态》2019年第3期。

薛暮桥：《国家统计局薛暮桥局长在全国私营商业及饮食业普查工作会议上的总结报告》，《统计工作通讯》1955年第8期。

杨长福：《社会主义制度下的生产劳动与非生产劳动》，《经济研究》1964年第10期。

杨坚白：《关于第三次产业和国民生产总值指标》，《财贸经济》1985年第11期。

杨坚白、于光远、钟兆修、杨春旭：《首都经济理论界继续座谈生产劳动与非生产劳动问题》，《经济学动态》1981年第9期。

姚战琪：《服务业对外开放对我国产业结构升级的影响》，《改革》2019年第1期。

姚战琪：《技术进步与服务业的融合和互动——基于中国投入产出表的分析》，《财经研究》2008年第7期。

姚战琪：《全球化背景下中国外商直接投资与服务贸易的关系研究》，《财贸经济》2009年第7期。

易炼红：《论第三产业产品的交换》，《经济问题》1986年第12期。

于光远：《马克思论生产劳动与非生产劳动》，《中国经济问题》1981 年第 3 期。

于光远《在社会生产成果的统计中应不应该包括劳务》，《经济研究》1983 年第 7 期。

余鑫炎：《商业部门职工的劳动主要是非生产性劳动——与杨百揆同志商榷》，《经济研究》1981 年第 7 期。

余泳泽、潘妍：《中国经济高速增长与服务业结构升级滞后并存之谜——基于地方经济增长目标约束视角的解释》，《经济研究》2019 年第 3 期。

袁富华、张平、刘霞辉、楠玉：《增长跨越：经济结构服务化、知识过程和效率模式重塑》，《经济研究》2016 年第 10 期。

原毅军、刘浩、白楠：《中国生产性服务业全要素生产率测度——基于非参数 Malmquist 指数方法的研究》，《中国软科学》2009 年第 1 期。

岳希明、张曙光：《我国服务业增加值的核算问题》，《经济研究》2002 年第 12 期。

曾巩：《我国第三产业成长阶段及发展对策》，《管理世界》1986 年第 5 期。

曾山：《国务院第五办公室曾山副主任在全国私营商业及饮食业普查工作会议上的报告》，《统计工作通讯》1955 年第 8 期。

曾世宏、郑江淮、丁辉关：《国外服务业生产率研究：一个文献综述》，《产业经济评论》2010 年第 2 期。

曾艺、韩峰、刘俊峰：《生产性服务业集聚提升城市经济增长质量了吗》，《数量经济技术经济研究》2019 年第 5 期。

张彬斌、陆万军：《公路交通性能与服务业发展机会——基于国道主干线贯通中国西部的研究》，《财贸经济》2016 年第 5 期。

张车伟、王博雅、高文书：《创新经济对就业的冲击与应对研究》，《中国人口科学》2017 年第 5 期。

张寄涛、夏兴园：《社会主义制度下生产劳动与非生产劳动》，《经济研究》1980 年第 12 期。

张建华、程文：《服务业供给侧结构性改革与跨越中等收入陷阱》，《中国社会科学》2019 年第 3 期。

张颖熙：《中国城镇居民服务消费需求弹性研究——基于 QUAIDS 模型的分析》，《财贸经济》2014 年第 5 期。

张月友、董启昌、倪敏：《中国经济进入"结构性减速"阶段了吗》，《经济学家》2017 年第 5 期。

张月友、刘丹鹭：《逆向外包：中国经济全球化的一种新战略》，《中国工业经济》2013 年第 5 期。

张月友：《中国的"产业互促悖论"——基于国内关联与总关联分离视角》，《中国工业经济》2014 年第 10 期。

张卓元：《从计划经济体制向社会主义市场经济体制的大跨越》，《经济研究》1998 年第 11 期。

张卓元：《开展第三产业经济理论问题的研究——在全国第三产业经济理论讨论会上的开幕词》，《财贸经济》1985 年第 11 期。

郑吉昌、夏晴：《现代服务业与制造业竞争力关系研究》，《财贸经济》2004 年第 9 期。

郑吉昌、朱旭光：《全球服务产业转移与国际服务贸易发展趋势》，《财贸经济》2009 年第 8 期。

郑家亨、吴戎：《对建立第三产业统计的几点认识》，《统计》1985 年第 3 期。

《支持第三产业 活跃经济生活》，《中国金融》1980 年第 10 期。

周小川：《中国经济的对外开放：从制造业扩展到服务业》，《清华金融评论》2018 年第 12 期。

朱玲：《计划经济下的社会保护评析》，《中国社会科学》1998 年第 5 期。

《抓紧建立国民生产总值和第三产业统计——国务院办公厅转发国家统计局〈关于建立第三产业统计的报告〉》，《统计》1985 年第 6 期。

资料室：《我国商业纲的发展和 1955 年的基本情况》，《统计工作通讯》1956 年第 18 期。

邹加怡：《国际服务贸易自由化：发展中国家的得失与选择》，《世界经济》1988 年第 10 期。

《政务院第二十二次政务会议记录》，1950 年 3 月 3 日。

《支持第三产业 活跃经济生活》，《中国金融》1980 年第 10 期。

《中华人民共和国国务院公报》1958 年第 28 号（总号：155），中华人民共和国政府网站政策历史资料库（http：//www. gov. cn/gongbao/shuju/1958/gwyb195828. pdf）。

《中华人民共和国国务院公报》一九五四年第一号（总第一号），中华人民共和国政府网站政策历史资料库（http：//www. gov. cn/gongbao/shuju/1954/gwyb195401. pdf）。

《中华人民共和国国务院公报》一九五五年第十五号（总第十八号），中华人民共和国政府网站政策历史资料库（http：//www. gov. cn/gongbao/shuju/1955/gwyb195515. pdf）。

《中华人民共和国国务院公报》一九五五年第五号（总第八号），中华人民共和国政府网站政策历史资料库（http：//www. gov. cn/gongbao/shuju/1955/gwyb195505. pdf）。

后 记

本书是中国社会科学院组织编撰的《庆祝中华人民共和国成立70周年书系》国家哲学社会科学学术研究史系列之一。2018年底，我接到这个任务后，就向单位（中国社会科学院财经战略研究院）主要负责人报告了此事，得到了所在单位主要领导的大力支持。

对新中国70年的学术思想进行系统梳理和研究，是一件严谨而又艰难的事情，特别是新中国成立初期，服务业的研究几乎空白，要搜集当时的文献，梳理当时的研究成果，是一件极为困难的事情。我们通过走访部分老一辈经济学家和业界的老同志获取了一些相应的资料文献或者实践感悟。在此对他们表示感谢，这对我们更好地撰写这部书稿有着重要的帮助。

接到这本书的撰写任务后，我召集了作者多次讨论写作大纲。在对写作大纲多次修改的基础上，我根据各自的特长，布置给相关作者写作初稿。参与本书写作的有：中国社会科学院财经战略研究院的研究人员夏杰长、李勇坚、姚战琪、刘奕、魏翔、张颖熙、张彬斌、丰晓旭；中国社会科学院经济研究所倪红福；北京工业大学经济管理学院刘维刚；湖南工程学院经济学院徐运保；中国社会科学院研究生院博士生肖宇；复旦大学旅游系博士生王莹。具体分工如下：第一章（李勇坚、夏杰长）；第二章（夏杰长、倪红福）；第三章（夏杰长、刘维刚）；第四章（夏杰长、肖宇）；第五章（张彬斌、徐运保、夏杰长）；第六章（刘奕）；第七章（李勇坚、夏杰长）；第八章（魏翔、王莹）；第九章（张颖熙）；第十章（丰晓旭、李勇坚）；第十一章（姚战琪、夏杰长）。李勇坚、姚战琪、刘奕和魏翔协助我修订了部分书稿，谢谢他们的支持！最后由我统撰定稿。

  新中国服务经济学70年的研究，跨越70年漫长的历程，而且服务业涉及范围非常广泛，有些内容我们不一定把握得很准确。希望学界前辈和同仁多提宝贵意见，帮助我们团队把服务经济学的研究做得更严谨、更扎实。我们也将不断鞭策自己，努力攀登学术高峰，为繁荣中国服务经济学术和推进服务经济学科体系建设贡献应有的力量。

夏杰长

2019年7月20日于北京